녹봉정사와
조선 중기의 낙중학

계명한국학총서 53

녹봉정사와 조선 중기의 낙중학

2020년 9월 1일 초판 1쇄 인쇄
2020년 9월 18일 초판 1쇄 발행

지은이 | 계명대학교 한국학연구원 편
펴낸이 | 신일희
펴낸곳 | 계명대학교 출판부
42601 대구광역시 달서구 달구벌대로 1095
전화 053-580-6233 팩스 053-0580-6235
등 록 | 1970. 9. 1.(신고번호 제347-1998-1호)

ISBN 979-11-6516-049-4 93150
값 24,000원

이 도서의 국립중앙도서관 출판예정도서목록(CIP)은 서지정보유통지원시스템 홈페이지(http://seoji.nl.go.kr)와 국가자료종합목록 구축시스템(http://kolis-net.nl.go.kr)에서 이용하실 수 있습니다. (CIP제어번호 : CIP2020034948)

Foreword
책을 펴내며

녹봉정사鹿峰精舍는 조선 중기 퇴계退溪 이황(李滉, 1501~1570)의 선창 아래 서원설립운동이 한창 일어나기 시작한 무렵인 1561년 성주목星州牧의 속현屬縣이었던 팔거현(八莒縣, 현 칠곡군 지천면 창평리)에 세워졌으며, 이후 20세기 초 근대에 이르기까지 근 350여 년 동안 활발하게 강학을 이어왔다. 향촌의 한 사학私學이 이렇듯 긴 시간 동안 강학을 이어온 경우는 역사상 그 유사한 예를 찾아볼 수가 없다. 우리는 그 까닭을 무엇보다 이황과 그의 대표적 제자 가운데 한 사람인 금계錦溪 황준량(黃俊良, 1517~1563) 같은 대유大儒가 설립과 경영에 앞장서고, 한강寒岡 정구(鄭逑, 1543~1620)와 석담石潭 이윤우(李潤雨, 1569~1634) 같은 석학碩學들을 배출한 것에서 찾을 수 있으며, 여기에는 광주 이씨 등 몇몇 토착 사족 가문들의 향촌 자제들에 대한 높은 향학열도 기여한 바가 크다.

녹봉정사는 조선 중기의 '낙중학', 곧 낙동강 중류 지역의 유학을 이해하는 데 중요한 위치를 차지하고 있다. 우리는 녹봉서원의 건립을 통해 낙동강 상류 지역에서 발흥한 이황의 퇴계학이 낙동강 중류 지역으로 전파, 확산하는 과정을 잘 살펴볼 수 있으며, 또한 녹봉서원의 경영과 강학을 통해 낙동강 중류 지역의 유학이 전개되는 양상을 잘 파악할 수 있다.

본 책에 실은 4편의 글은 2019년 10월 계명대학교 한국학연구원과 칠곡문화원, 녹봉정사 영모회가 공동 주최한 학술대회 때 발표된 뒤 『한국학논집』 제78집(계명대학교 한국학연구원, 2020. 3.)에 특집 논문으로 실린 것이다. 먼저 홍원식은 녹봉정사 건립의 역사적 배경과 의의를 살펴본 뒤 한강 정구에서 낙재樂齋 서사원(徐思遠, 1550~1615)으로 이어진 대구지역의 낙중학 전개를 정리했다. 이어 구본욱은 『녹봉정사사적』과 『녹재강사록』을 세밀히 비교, 분석하여 녹봉정사가 건립되는 과정과 경영 및 강학 상황을 정리했으며, 정석태는 황준량을 중심으로 녹봉정사의 건립을 주도한 내용과 성주목사 재직시절의 활동을 살펴보았다. 마지막으로 추제협은 녹봉정사의 설립과 경영을 통해 낙동강 상류 지역의 퇴계학이 중류 지역으로 남전하는 상황을 자세히 살펴보았다.

녹봉정사에 대한 기억이 가물가물해져 가던 터에 우리가 몇 편의 글이나마 적어 기억을 되살릴 수 있었던 것은 전적으로 금계종가와 성주도씨 서재 문중에서 소중히 간직해 온 『녹봉정사사적鹿峰精舍事蹟』과 『녹재강사록鹿齋講舍錄』 덕택이다. 이 두 자료는 유일본으로 녹봉정사의 건립과 경영 및 강학 내용은 물론 조선 중기 낙중학의 전개 양상을 살펴보는 데 더없이 귀중한 것이어서 사진으로 찍어 뒤에 실었다.

녹봉정사는 지금 폐허의 상태이나 다행히도 민·관의 뜻과 마음이 모아

져 우뚝 다시 세워질 날을 기다리고 있는 중이다. 이 책도 이러한 우리들의 열망에 미력이나마 보탬이 될 수 있기를 기대해본다.

2020. 8.

홍원식 적다.

목 차 Contents

녹봉정사와 조선 중기 낙중학의 전개

홍원식

녹봉정사와 조선 중기 낙중학의 전개

홍 원 식

1. 머리말

녹봉정사鹿峰精舍는 조선 중기 퇴계退溪 이황(李滉, 1501~1570)의 선창 아래 서원설립운동이 한창 일어날 무렵인 1561년 성주목星州牧의 속현이었던 팔거현(八莒縣, 현 칠곡군 지천면 창평리)에 세워진 뒤 20세기 초 근대에 이르기까지 근 350여 년 동안 강학을 이어왔다. 향촌의 한 사학私學이 이렇듯 긴 시간 동안 강학을 이어온 경우는 역사상 그 유사한 예를 찾아볼 수가 없다. 조선 후기에 이르면 대부분의 서원들마저 강학은 멈추고 제향 기능만 겨우 남긴 채 목숨을 부지하기에 급급했던 것과 비교해보아도 아주 특이하고 특별나다. 녹봉정사는 현재 폐허가 된 상태이지만, 『녹봉정사사적鹿峰精舍事跡』[1]과 『녹재강사록鹿齋講舍錄』[2] 등 그에 관한 기록들이 몇몇 남아 있어 설립

1) 錦溪 黃俊良 宗家 所藏.

2) 星州 都氏 門中 所藏.

의 경위와 규모, 경영 상황 등을 어느 정도 살펴볼 수 있다.

나는 녹봉정사가 이처럼 긴 시간 동안 강학을 이어올 수 있었던 까닭을 무엇보다 뭇 유현儒賢들과 깊은 인연이 있었으며, 특히 낙동강 중류지역의 유학을 일컫는 '낙중학洛中學'의 전개와 깊은 연관이 있었기 때문이라고 생각한다. 그 대표적 인물이 바로 한강寒岡 정구(鄭逑, 1543~ 1620)와 낙재樂齋 서사원(徐思遠, 1550~1615)이다. 정구는 낙동강 상류지역에서 일어난 이황의 퇴계학을 낙동강 중류지역으로 전파한 대표적 인물이자 또한 서사원과 더불어 대구지역의 유학과 문풍을 연 핵심적 인물이다. 이후 대구지역의 유학은 이들의 '한·락학파寒·樂學派'가 주도하게 되며, 이러한 상황이 근대에 이르기까지 이어지게 됨은 경재景齋 우성규(禹成圭, 1830~1905)의 〈운림구곡가雲林九曲歌〉에서 확인할 수 있다.[3)]

이에 이 글에서는 녹봉정사를 중심에 두고 조선 중후기 대구지역 낙중학을 연 정구와 서사원의 활동에 대해 살펴보고자 한다.

2. 녹봉정사, 사학 설립의 열풍 속에 세워지다

'유교입국儒敎立國'을 표방하며 세워진 조선은 태조 때부터 곧장 전국의 목牧과 부府, 군郡, 현縣에 1곳씩 향교鄕校를 세우는 '흥학興學'의 정책을 대대적으로 시행했다. 그리고 흥학의 목표는 인재양성과 풍속교화였다. 이에 따라 목민관, 곧 지방수령의 주요 임무인 '수령칠사守令七事' 중 하나도 바로 교육기관을 세우는 '학교흥學校興'이었다.

---

3) 우성규는 〈운림구곡가〉 7곡 '仙槎'와 9곡 '泗陽書堂'에서 낙재 서사원을 거쳐 한강 정구에 이르는 도학의 근원을 찾아감을 노래했다. 『景齋集』 참조.

조선 건국 후 100여 년이 지난 16세기 초에 이르면 연이어 사화士禍가 일어나면서 여러모로 조선사회를 바꾸어 놓았다. 그 가운데 하나가 재지사족在地士族의 형성과 지방교육의 활성화였다. 당시 많은 관료지식인들이 사화의 화를 입어 유배되거나 쫓겨났으며, 때로는 화를 피하기 위해, 또 때로는 중앙의 정치현실에 실증을 느껴 지방으로 흩어졌다. 그들은 정착하는 곳에서 재지사족으로 성장했으며, 자신들의 학문적 교양을 바탕으로 교육에 적극적으로 나서면서 사학이 여기저기에서 생겨나기 시작했다. 여기에서의 교육은 관학官學인 향교와 달리 스승과 제자 사이 끈끈한 사생師生 관계를 만들어 동도同道·동학同學의 길을 걷게 했다. 이들은 하나같이 중앙의 훈구세력에 대해 비판적 입장을 견지하며 지방의 사림 세력으로 성장했으며, 머지않아 16세기 후반에 이르면 마침내 중앙권력마저 차지했다. 그리고 뜨거운 강학의 열풍 속에 스승의 학설을 이어가며 여러 문파와 학파들이 생겨나기도 했다.

이러한 사회적 배경 아래 또 하나 조선사회를 바꿔놓을 큰 운동이 일어났다. 그리고 그 운동은 큰 성공을 거두었다. 그것은 바로 이황이 주도한 서원설립운동이다. 그는 관직 생활을 버리고 산림처사山林處士의 삶을 선택한 뒤 향촌에서 한거閑居하며 공부와 강학에 전심전력하는 가운데 서원교육의 중요성에 주목하여 서원설립운동에 앞장섰다. 이후 조선에는 근 1천 곳에 이르는 서원이 설립되었으며, 이 서원을 중심으로 주자학은 깊이 연구되고 널리 확산되어 갔다.

이황의 서원설립운동은 남송南宋 주자(朱子, 1130~1200)로부터의 영향이 컸다. 주자는 강서江西 남강군南康軍 지사知事 시절 여산廬山에 있던 옛 백록동서원白鹿洞書院 터를 방문한 뒤 폐허가 된 서원을 중건하였다. 이후 그의 발길이 닿은 곳마다 서원들이 세워져 새로운 연구와 강학의 풍경이 펼쳐졌다. 이를 본받은 이황은 1549년 풍기 군수에서 물러나면서 순흥의 백운동서원白雲洞書院에 대한 사액賜額을 청하여 소수서원紹修書院이라는 이름으로 사액을 받게 함으로써 조선 최초의 사액서원이 등장하였다. 특히 조선의 서원은 그 지역과 연고가 있는 인물의 제향을 통해 이를 적극적으로 교육과 연결시킴으로써 사학의 특징을 잘 드러냈으며, 이는 학통계승과 학파형성에 큰 영향을 미쳤다.

이황이 직간접적으로 서원 설립에 관계한 것은 다음과 같다. 백운동서원 사액 청원을 한 것에 이어 그는 동향인 예안에 문인 조목趙穆을 내세워 우탁禹倬을 주향한 역동서원易東書院의 설립을 주도했다. 설총薛聰을 주향한 경주의 서악서원西岳書院은 그의 배후 지원 아래 문인 이정李楨이 세웠으며, 성주의 영봉서원(迎鳳書院, 뒷날 川谷書院) 경우는 목사로 있던 그의 문인 노경린盧慶麟과 황준량黃俊良이 깊게 관계하면서 주향 인물을 놓고 그에게 여러 차례 자문을 구하였으며, 이 일에는 노경린의 사위였던 율곡栗谷 이이李珥와 한강 정구도 함께 관계하였다.[4] 그리고 영주의 이산서원伊山書院 경우는 원규院規를 마련하는 과정에서 그가 주자의 「백록동규白鹿洞規」를 가져와 보완함으로써 이후 조선 서원들의 전범이 되게 했으며, 또한 마땅치 않을 경우 반드시 선현을 모실 필요가 없다는 그의 의견에 따라 사당이 없이 세워진 것이 특징이다.[5] 이에 따라 대구의 화암서원(畵巖書院, 뒷날 硏經書院)도 사당이 없이 설립되었는데, 그의 제자 이숙량李叔樑과 전경창全慶昌이 설립을 주도했다. 이밖에도 그는 정몽주鄭夢周를 주향한 영천의 임고서원臨皐書院에 사서賜書와 사전賜田을 청하였으며, 역동서원[6]과 이산서원, 영봉서원 등에 대해서는 직접 기문을 짓기도 하였다. 그는 어느 정도 서원 설립을 보게 되자 축하와 기

4) 정만조, 『조선시대 서원연구』, 집문당, 1997, 70-75쪽 참조.

5) 李滉, 『退溪全書』 卷42, 「伊山書院記」 참조.

6) 李滉, 『退溪全書』 卷42, 「易東書院記」 참조.

대의 마음을 담아 「서원십영書院十詠」[7]을 지었는데, 이곳에서 9개 서원을 들어 각각 노래했다.[8]

녹봉정사는 바로 이러한 사학 설립의 열풍 속에 세워졌다. 그리고 앞의 예와 같이 녹봉정사도 이황의 관심과 후원 아래 그의 제자인 황준량이 설립을 주도했으며, 이황은 준공을 맞아 축하와 기대의 마음을 담은 시를 지어 보냈다. 녹봉정사는 비록 서원으로 설립되지 않았지만, 사당이 없는 것을 빼고는 그 규모가 여느 서원과 다를 바 없었다. 녹봉정사가 이처럼 서원의 규모를 갖추었음에도 서원으로 설립되지 않은 이유는 교육을 중시했던 이황의 서원관을 볼 때 지역 연고를 가진 마땅한 배향 인물이 없으면 굳이 사당을 세울 필요가 없다는 생각과 더불어 성주목에 이미 영봉서원이 설립되었기 때문인 것으로 짐작된다.

녹봉정사는 성주 목사 금계錦溪 황준량(黃俊良, 1517~1563)이 주도한 가운데 대표적 토착 사족이었던 광주廣州 이씨 등 몇몇 가문이 앞장서고 이황의 적극적 관심과 후견 아래 세워졌다. 그리고 강석에는 성주 향교의 교관 덕계德溪 오건(吳健, 1521~1574)이 앉았으며, 제자이자 종이질인 19세의 정구가 학생으로 그의 강의를 들었다. 이처럼 정구는 성주 향교와 녹봉정사를 오가며 공부를 이어갔다. 당시 녹봉정사 강학의 자리에는 이윤우(李潤雨, 1569~1634)의 종조부 이원경과 부친 이희복, 그리고 서사원의 스승 정사철鄭

7) 이황은 1565년 竹溪書院(紹修書院, 풍기), 臨皐書院(영천), 文憲書院(해주), 迎鳳書院(뒷날 川谷書院, 성주), 丘山書院(강릉), 藍溪書院(함양), 伊山書院(영주), 西岳書院(경주), 畵巖書院(뒷날 硏經書院, 대구) 9곳에 대해 각각 詩를 짓고 '總論諸院'을 더해 총 10首의 「書院十詠」을 지었다. 李滉, 『退溪全書』 卷4, 「書院十詠」 참조.

8) 『增補文獻備考』와 『俎上錄』을 보면, 李滉 당시의 서원은 1534년에 설립된 부안의 道東書院을 시작으로 영주의 紹修書院(1543), 해주의 文憲書院(1549), 함양의 藍溪書院(1552), 영천의 臨皐書院(1555), 강릉의 丘山書院(1556), 영주의 伊山書院(1559), 성주의 迎鳳書院(1560), 경주의 西岳書院(1561)이 실려 있다. 부안의 도동서원을 제외하고는 모두 그의 「書院十詠」 속에 포함되어 있다.

師哲이 동석했고, 서사원의 스승인 전경창과 그의 생부生父 서흡徐洽은 녹봉정사를 방문하기도 했다.

이미 살펴보았듯이 1561년 녹봉정사가 설립될 무렵 이에 조금 앞서 인근 영천에 임고서원(1555)이, 성주에 영봉서원(1560)이 세워졌다. 그리고 녹봉정사 설립에 뒤이어 바로 대구에 화암서원(연경서원, 1565)이, 현풍에 김굉필金宏弼을 주향한 도동서원(道東書院, 1568)이, 선산에 길재吉再를 주향한 금오서원(金烏書院, 1570)이 세워졌다. 특히 녹봉정사의 설립은 화암서원 설립에 직접적인 영향을 미쳤다.[9)]

녹봉정사에 관한 기록은 주로 설립 초기에 집중되어 있다. 문집 등 흩어져 있는 자료들을 통해 그 대강의 모습을 살펴보면, 임진왜란 전까지는 활발하게 강학이 이어진 것으로 보이며, 임진왜란 직후인 1599년에 손처눌孫處訥과 이윤우가 강학한 기록이 있는 것을 볼 때 크게 전화를 입지 않은 것 같다. 1609년에는 정구가 곽재겸(郭再謙, 1547~1615)과 함께 정사를 방문하였으며, 그 무렵 이윤우가 정사에 머물렀던 기록도 있다.

이들이 모두 세상을 뜬 뒤인 17세기 후반에 이르면 성주의 회연서원檜淵書院에는 정구에 이어 이윤우가 배향되었고, 배향문제로 크게 논란이 일어났던 영봉서원은 천곡서원川谷書院으로 이름이 바뀐 채 김굉필을 이어 정구와 장현광(張顯光, 1554~1637)이 배향되었다. 현풍의 도동서원에도 김굉필에 이어 정구가 배향되었다. 원래 사당이 없이 세워졌던 대구의 연경서원은 임진왜란 후 중건되면서 이황에 이어 정구를 배향했으며, 향현사에는 이숙량과 전경창을 배향했다. 정구가 대구 인근 사양정사에서 고종을 맞자 그 자리

9) 안동 예안에서 대구로 이거해와 화암서원(연경서원) 설립을 주도했던 이숙량은 당시 동문인 성주 목사 황준량을 여러 차례 방문한 기록이 남아 있다. 이들의 만남에서 영봉서원 주향 문제와 녹봉정사, 화암서원 설립 문제가 폭넓게 거론되었을 것으로 짐작된다.

에 바로 사양서원泗陽書院이 세워지고, 뒷날 이윤우가 추가 배향되었다. 또 서사원의 강학처였던 완락재玩樂齋에는 이강서원伊江書院이, 장현광의 강학처였던 부지암정사不知巖精舍에는 부지암서원(뒷날 東洛書院)이 세워져 이들을 제향했다. 위에서 말한 서원들은 녹봉정사와 멀지 않은 거리에 있었으며, 여기에서 거론된 인물들은 녹봉정사와 깊은 인연을 두고 활동했다. 그리고 이 사실들은 조선 중기 낙중학의 전개양상을 그대로 말해주고 있다.

녹봉정사는 1768년 큰 위기를 맞게 되는데, 당시 칠곡 부사였던 윤광정尹光鼎이 쇠락과 물력의 부족 등을 이유로 들어 정사를 훼철하려 들자 도산서원과 호계서원虎溪書院, 회연서원, 이산서원, 연경서원 등의 유림들이 들고 일어나 이를 저지했다. 이후 백불암百弗庵 최흥원(崔興遠, 1705~1786)의 문인인 만각재晩覺齋 이동급(李東汲, 1738~1811)이 정사를 중수하여 옛 모습을 회복하였는데, 그 자세한 규모는『칠곡부읍지漆谷府邑誌』(1832)를 통해 알 수 있다. 1889년 칠곡 부사 우성규禹成圭가 정사를 방문하여 시를 지은 기록도 남아 있다. 마지막 중수는 1904년 벽진碧珍 이씨, 매남(梅南, 야로) 송씨, 납실鉛室 정씨, 광주 이씨 가문들이 중심이 되어 이뤄졌다.[10)]

3. 정구의 대구지역 이거와 낙중학의 전개

한훤당 김굉필의 외증손인 정구는 성주에서 태어나 성주 향교와 녹봉정사를 오가며 공부를 시작하여 학문적 성취를 이룬 뒤 대구 출신의 서사원, 인동 출신의 장현광, 팔거(칠곡) 출신의 이윤우 등과 사제 혹은 혼맥 관계 등으로 깊은 학문적 유대를 맺으며 조선 중기 낙중학을 이끌었다. 이에 정구와

10) 『鹿峰精舍事跡』과『鹿齋講舍錄』등 참조.

녹봉정사를 중심에 두고 그 상황을 좀 더 자세히 살펴보기로 한다.

오건의 문하에서 성주 향교와 녹봉정사를 오가며 수업한 정구는 21세 때인 1563년 오건의 권유로 도산을 찾아 이황을 배알하면서 그의 문하에 들었으며, 3년 뒤인 1566년 다시 산청을 찾아 남명南冥 조식(曺植, 1501~1572)의 문하에도 나아간 뒤 38세(1580) 때 비로소 천거로 창녕 현감에 출사하였다. 이후 그는 동복, 함안, 통천, 강릉, 충주, 성천, 안동 등의 지방관과 강원도 관찰사를 지냈으며, 내직으로는 좌·우 부승지와 형조참의, 형조참판을 거쳐 1608년(광해군 원년)에는 대사헌에 올랐다. 그가 대사헌으로 있을 때 임해군臨海君 옥사가 일어나 추국에 참여하였는데, 이때 그는 임해군 일파에게 관대한 처분을 청하는 이른바 '전은설全恩說'을 주장하였으나 받아들여지지 않자 사직하고 고향 성주로 낙향했다.

정구는 성주 사월리 유촌에서 태어났지만 여러 차례 거처를 옮겼다. 30대에는 유촌 인근 창평산의 한강정사寒岡精舍에서 거처한 뒤 40~50대에는 그 곳에서 가까운 곳에 회연초당檜淵草堂을 지어 강학처로 삼았으며, 60대에는 무흘정사武屹精舍를 지어 수도산修道山 깊숙이 살다가 70세 때인 1612년 대구 인근 칠곡의 노곡정사蘆谷精舍로 거처를 옮겼다. 그런데 노곡정사가 불타자 다시 72세 때인 1614년 근처 금호강변으로 옮겨 사양정사泗陽精)를 지은 뒤 학문과 강학에 힘쓰다 1620년 78세를 일기로 이곳에서 고종考終을 맞았다.

정구가 1612년 만년에 고향 성주를 떠나 대구 인근 노곡정사로 이거해 온 이유는 남명문하의 동문인 정인홍鄭仁弘과의 갈등, 특히 1610년 정인홍 일파인 박이립朴而立이 성주 일대에서 일으킨 무고誣告 사건과 관계도 있겠지만,[11] 일찍이 대구지역의 유학자들이 대거 그의 문하에 든 것과 무관하지 않

11) 홍원식, 「조선 중기 낙중학과 정구의 '한강학'」, 『한국학논집』 제48집, 계명대학교 한국학연구원, 2012, 11-12쪽 참조.

다. 모당 손처눌(1553~1634)이 1571년, 낙재 서사원이 1577년에 성주에 거처하던 그를 찾아 문하에 들었으며, 이후 대구 지역의 유림들이 속속 그의 문하에 입문하였다. 이에 따라 1600년경에 이르면 대구 지역 1세대 대표적 유학자로 일컬어지는 전경창, 채응린, 정사철의 문하 제자들 대부분이 그의 문하로 편입되었다.[12)]

이러한 상황을 잘 말해주는 대표적 사건이 1605년에 있은 정구의 선사재仙査齋 강학이었다.[13)] 선사재는 서사원의 강학처로, 그는 1599년 임진왜란이 끝난 뒤 청안 현감에서 물러난 뒤 1601년 금호강 가 이천 부근에 있던 선사재 옛 터에 완락재玩樂齋를 짓고 강학을 시작했다. 선사재는 임진왜란 전 정사철이 강학했던 곳인데, 전란으로 불타버린 상황이었다. 4년 뒤 정구가 제자인 서사원이 경영하고 있던 완락재를 방문하였다. 그는 관직생활 중 틈을 내 현풍 대곡大谷에 있는 선영에 성묘를 하러 가던 길에 완락재를 방문하였으며, 거기에서 하룻밤을 묵으며 강석을 마련하고 함께 어울려 선유를 즐겼다. 당시에 그를 맞았던 인물의 수가 무려 70여 명에 이르렀다. 이들 대부분이 바로 대구지역 출신 그의 제자들이었다. 서사원과 연경서원 원장으로 있던 손처눌, 그리고 곽재겸과 손처약, 서사술, 도응유, 도성유 등이 당시 참석한 대표적 인물들이다. 그는 1607년 2년 뒤에도 금호강에서 서사원, 장현광 등과 어울려 선유를 즐겼다. 1609년 그는 연경서원에서 강학을 하기도 했다.

앞서 말한 배경 등으로 정구는 마침내 1612년 칠곡의 노곡에 강학처를 마련하여 대구지역으로 이거했다. 대구가 임진왜란 직후인 1601년 경상감영

---

12) 김학수, 「조선 중기 한강학파의 등장과 전개」, 『낙중학, 조선시대 낙동강 중류지역의 유학』, 계명대학교 출판부, 2012, 149-161쪽 참조.; 장윤수·임종진, 「한강 정구와 조선 중기 대구권 성리학의 연계성에 관한 연구」, 『한강 정구』, 예문서원, 2011, 201-217쪽 참조.

13) 徐思遠, 『樂齋集』, 「爲寒岡鄭先生東遊記」 참조.

이 옮겨옴에 따라 영남의 수부首府가 된 것도 참고할만한 사항이다. 노곡정사에 거처할 때인 1613년 그는 이황의 연경서원 봉안과 관련해서 손처눌의 자문에 응하였다. 그가 세상을 뜨자 이러한 연유들로 대구지역 그의 제자들이 주도하고 있던 연경서원에 이황에 이어 곧장 추가 배향되었다. 당시 손처눌이 봉안문을 짓고,[14] 장현광이 그의 청을 받아 봉안고유문을 지었다.[15]

이처럼 정구가 만년에 칠곡의 노곡정사와 금호강 가 사양정사에 거처를 정하고 강학하면서 대구지역 유학계는 한강학맥으로 급속히 편입되고, 대구지역 유학은 그를 통해 퇴계학을 이음으로써 범퇴계학권에 들게 되었다. 그리고 이로 말미암아 대구는 영남의 정치·행정 중심지일 뿐만 아니라 학술·문화의 중심지로도 발돋움하기 시작했다. 대구지역 유학자들은 그를 종사宗師로 받들어 연경서원에는 이황을 이어 추가 배향했으며, 그의 마지막 강학처인 사양정사에는 사양서원을 세웠다. 그리고 인근 현풍의 도동서원에는 김굉필을 이어 그를 추가 배향했다. 이렇게 대구지역 유학자들이 정구의 학문 연원과 도학 계통를 퇴계 이황과 한훤당 김굉필로 연결시켜 추숭한 것은 스스로 그 계승자임을 드러낸 것이라고 볼 수 있다.

4. 서사원의 완락재 경영과 낙중학의 전개

낙재 서사원은 임진왜란을 전후한 시기에 활동한 대구지역의 대표적인 2세대 유학자이다. 그는 17세 때 송담 채응린(1529~1584)의 문하에 나아갔으며, 이어 계동 전경창(1532~1585)과 임하 정사철(1530~1593)의 가르침도

14) 孫處訥, 『慕堂集』 卷5, 「硏經書院寒岡先生奉安文」.

15) 張顯光, 『旅軒集』 卷11, 「奉安寒岡硏經時告退溪先生文」.

받았다. 그가 가르침을 받은 이 세 사람은 흔히 대구지역을 대표하는 1세대 유학자로 일컬어진다. 이 세 사람 가운데 전경창만 직접 이황의 문하에 나아갔으며, 그는 또한 이황의 권유를 받들어 매암 이숙량과 함께 대구지역 최초의 서원인 연경서원 설립을 주도했다.[16] 그렇지만 그는 얼마 후 관직생활로 대구를 떠나게 되면서 대구지역에서는 아직 퇴계학의 영향이 그다지 미치지 못했다.[17]

앞에서 살펴본 바와 같이 대구지역의 퇴계학 전개는 성주 출신의 정구를 통해서이며, 만년 그의 대구지역 이거는 여기에 결정적 역할을 했다. 그리고 정구의 대구지역 이거는 서사원을 위시한 대구지역 유학자들의 대거 입문이 중요한 역할을 했다. 서사원은 28세(1577) 때 성주의 정구를 찾아 입문했다. 두 사람의 나이 차이가 7세에 지나지 않았지만 사제의 관계로 맺어졌으며, 당시 정구는 천거를 받아 창녕 현감에 첫 출사를 할 무렵이었다. 서사원은 30세(1579) 때 금호강 가 이천伊川에 강학처를 마련했으며, 41세(1590) 때 직접 도산서원을 찾아 이황을 배알하고 청량산을 유람한 뒤 돌아왔다. 43세(1592) 때 임진왜란이 일어나자 그는 공산의병진을 구성하는 데 앞장섰으며,[18] 정사철을 이어 대구지역 의병장을 지냈다.[19] 임진왜란 중이던 46세(1595) 때 그는 청안 현감에 나아가 1599년 전란이 끝난 뒤 고향으로 돌아왔다. 이후에도 누차 관직이 내렸지만 나아가지 않고 학문 연구와 강학에 전념했다.

---

16) 연경서원 설립에 대해서는 홍원식의 「퇴계 이황 및 낙중 퇴계학파와 연경서원」(『퇴계학논집』 제11호, 영남퇴계학회, 2012) 등 참조.

17) 구본욱, 「대구지역의 성리학을 연 계동 전경창」(『조선사연구』 20권, 조선사연구회), 2011 등 참조.

18) 당시 서사원은 「향병을 불러 모으는 통문(招集鄕兵通文壬辰)」과 「향병입약(鄕兵立約)」(徐思遠, 강민구 역, 『國譯樂齋先生文集』3, 이회문화사, 2008, 100-113쪽)을 지었다.

19) 임진왜란 시기 대구지역 유학자들의 의병활동에 대해서는 구본욱의 『대구 유학자의 임진란 의병활동』(학이사, 2017), 「대구유림의 임진란 창의와 팔공산 회맹」(『조선사연구』 24권, 조선사연구회) 등 참조.

서사원은 낙향 후 전란으로 불탄 연경서원과 향교를 복원하는 데 앞장서는 한편 이천 인근 정사철이 강학했던 선사재 터에 새롭게 완락재를 경영했다. 정구의 만년 강학처인 사양정사는 금호강을 끼고 완락재와 지척의 거리에 세워졌다. 두 사람의 관계를 짐작하고도 남음이 있다. 그리고 이것은 다름 아닌 퇴계학의 대구지역 전파의 역사적 현장 그 자체이다.[20]

서사원을 위시한 대구지역의 유학자들은 재지사족在地士族으로서 정구를 통해 김굉필과 이황의 도학과 학문을 잇는다는 자부심과 책임감을 마음속 깊이 간직하며 전란으로 무너진 향촌 질서를 바로잡고 향촌 교육을 진흥하는 데 온 힘을 쏟았다. 이러한 모습은 조선 후기 내내 이어졌다. 서사원은 적지 않은 분량의 문집을 남겼으나, 당시 영남 유학자들이 그러했듯이 실천궁행을 중시한 탓에 성리학과 관련된 문장은 많지 않다. 그 가운데 그의 성리학적 관점을 살펴볼 수 있는 주요한 자료로 8개의 도설圖說[21]과 「공부차록工夫箚錄」[22]이 있다.[23]

서사원이 대구를 중심으로 한 낙중지역 유학자들과 어울린 모습은 1601년 금호강 선사재 앞에서 펼쳐진 '금호선사선유琴湖仙査船遊'에서 잘 그려볼 수 있다. 선유는 유산遊山과 더불어 선비들의 대표적인 놀이문화였는데, 특히

20) 기존의 서사원에 대한 연구 대부분에서 정구의 한강학을 통한 퇴계학의 대구지역 전파를 언급하고 있다. 장윤수·임종진, 「한강 정구와 조선 중기 대구권 성리학의 연계성에 관한 연구」, 『동양사회사상』 제8집, 동양사회사상학회, 2003.; 김형수, 「17세기 초 대구사림의 형성과 분화-손처눌의 <모당일기>를 중심으로」, 『역사교육논집』 36집, 역사교육학회, 2006.; 남재철, 「낙재 서사원의 학문연원과 매화시」, 『동방한문학』 30집, 동방한문학회, 2006.; 추제협, 「한강학파의 사상적 외연과 서사원의 심학」, 『동양철학』 44집, 한국동양철학회, 2014.; 정우락, 「임진왜란기 대구지역 한강학파의 문학적 대응」, 『퇴계학과 유교문화』 제59호, 경북대 영남문화연구원, 2016 등 참조.

21) 徐思遠, 강민구 역, 『國譯樂齋先生文集』3(원저: 『樂齋先生文集』 卷6, 「雜著·工夫箚錄」), 이회문화사, 2008, 57-65쪽.

22) 徐思遠, 강민구 역, 『國譯樂齋先生文集』3(원저: 『樂齋先生文集』 卷6, 「雜著·工夫箚錄」), 이회문화사, 2008, 39-56쪽.

23) 홍원식, 「낙재 서사원의 철학사상」, 『한국학논집』 제73집, 계명대학교 한국학연구원, 2018.

'금호선사선유'는 기문과 시, 그리고 그림까지 남아 있는 더없이 귀중한 선유 관련 문화유산이다. 이를 통해 당시 선유의 놀이와 문화 양상은 물론 교유 방식, 사상적 지향, 나아가 조선 중기 대구지역 유학의 전개상을 잘 살펴볼 수 있다.

금호강은 서호 지역으로 접어들면 침산과 와룡산을 끼고 돈 뒤 성산(마천산)과 궁산 사이를 빠져 나와 낙동강과 합류한다. 금호강 물줄기는 성산 기슭에 막혀 서에서 남으로 방향을 바꾸게 되는데, 선사는 바로 그 성산 기슭 강안에 위치해 있었다. 지금 달성군 죽곡리와 이천리 사이 지점이다. 이곳에는 일찍이 선사암仙査巖이 있어 신라 때 고운孤雲 최치원崔致遠이 가야산에 숨어 살기 위해 떠날 적 들려 노닐었던 곳으로 전해지며, 뒷날 정사철은 이곳에다 재실을 지어 강학했으나 임진왜란 때 전화를 크게 입었던 터였다.

서사원이 완락재를 경영한 것은 1601년, 그의 나이 52세 때였다. 그는 일찍이 30세 때 선사재 근처 이천에 별장을 마련한 뒤 강학을 시작했으며, 1599년 청안 현감에서 물러난 뒤 이천으로 돌아와 전란으로 폐허가 된 선사재 옛 터에 완락재를 경영하게 된 것이다. 낙성의 때를 맞아 인근 인동에 살던 도우 여헌 장현광이 이를 축하하러 방문한다는 소식을 듣고 인근의 선비들도 모여 들었다. 그리고 이들은 함께 선유놀이에 나선 것이다. 당시 선유는 3월 23일 완락재 앞 선사나루에서 배를 띄워 하류로 내려가 금호강과 낙동강의 합류처에 있는 부강정浮江亭에서 1박을 한 뒤 다시 완락재로 돌아오는 노정이었다. 이에 대한 구체적인 내용은 선유에 참석했던 감호鑑湖 여대로(呂大老, 1552~1619)[24]가 「금호동

24) 본관은 星州, 자가 渭叟, 호가 鑑湖이다. 1583년 별시문과에 급제하여 성균박사를 지냈다. 임진왜란이 일어나자 金山에서 의병을 일으켰으며 의병장 金沔 등과 협력하여 큰 전공을 세웠다. 군공으로 형조좌랑, 지례현감, 대구판관, 사헌부지평 등을 지냈다. 『鑑湖先生文集』이 있다.

주시서琴湖同舟詩序」[25]에 자세히 적어 놓았다.

여대로의 글 내용을 보면, 완락재 낙성을 축하하러 모인 사람들이 완락재 아래 선사나루에서 1박2일 일정으로 부강정을 왕복하는 선유에 나섰으며, 부강정이 임진왜란으로 지붕이 불타 부속 숙소에서 1박을 하고 여대로와 이규문은 인근 이종문의 집으로 가 하룻밤을 묵었다. 다음 날 추가로 몇 사람이 더 찾아와 함께 선유를 하면서 완락재로 돌아가는 길에 주희朱熹의 「무이정사잡영武夷精舍雜詠」 12수 중 맨 마지막 수 「어정漁艇」[26]의 20자에서 운자韻字를 따 시를 지었다. 다른 기록을 보면 당시 선유시회에 참여한 인원은 23명이고, 운자를 받은 이가 20명, 이 가운데 시를 완성하지 못한 사람이 있어서 현재 15수가 전하고 있다.[27] 이규문이 시를 완성하지 못하여 당나라 시인 이백李白이 금곡원에서 했던 예를 따라 벌주 세 잔을 받았으며, 장현광은 처음엔 시를 짓지 않으려고 빼던 사실도 알 수 있다.

서사원의 시를 옮겨본다.

> 가는 봄 못내 아쉬워
> 강 안개 가득 싣고 뱃놀이 떠나네.
> 마음 같은 선비들 여기저기에서 찾아와
> 구름과 안개 활짝 개어 기쁜 마음 그지없도다.
> 이락의 물길 거슬러 오르며
> 깊은 연원의 샘물 활발발活潑潑함 보기를 기약해보네.
> 고운 햇살 밝게 비추고

---

25) 呂大老, 『鑑湖先生文集』, 「琴湖同舟詩序」.

26) 朱熹, 「武夷精舍雜詠·漁艇」, "出載長烟重, 歸裝片月輕, 千巖猿鶴友, 愁節棹歌聲."

27) 徐思遠, 『樂齋先生文集』 卷1. 趙衡逵의 「琴湖仙査船遊圖」에도 그 자세한 내용이 실려 있다. 김문기는 위 내용을 종합적으로 정리했다. 김문기, 『대구의 구곡문화』, 대구광역시·경북대 퇴계연구소, 2014, 156-170쪽 참조.

맑은 바람 숲 속에서 불어오누나.
탄 배는 흔들흔들 은하수 속으로 접어들어
곧장 달 속 궁궐에 다다를 듯하네.
맑은 바람이 양 겨드랑에서 일어나
술 취해 문득 신선되어 날아오를 듯하도다.

서사원은 운자로 '출(出, 떠나네)'을 받아 시를 지었다. 그는 이 시에서 무엇보다 "이락의 물길 거슬러 오르며, 깊은 연원의 샘물 활발발함 보기를 기약해보네"라고 읊어, 본 선유가 단순한 뱃놀이가 아니라 금호강의 별칭인 이수伊水에서 행해짐을 상기시키며 유학의 깊은 연원을 찾는다는 의미를 부여했다. 그가 말한 이·락은 곧 유학의 본원인 하도낙서河圖洛書의 낙수와 정호程顥·정이程頤 형제의 이수를 가리킨다. 한편 그는 이수인 금호강 가에다 자신의 만년 강학처인 완락재를 경영하게 된 뜻을 여기에서 은근히 내보이기도 했다.

'금호선사선유'는 낙동강 중류지역의 후예들에게 아름다운 기억으로 오래 동안 전해졌다. 그것은 200년 훨씬 더 지나서 조형규趙衡逵가 「금호선사선유도琴湖仙査船遊圖」를 그린 것에서 잘 확인할 수 있다. 그는 이전 자료들을 바탕으로 이 그림을 그렸는데, 그림의 맨 위 '금호선사선유도'라는 한자 화제畫題와 더불어 당시 시회에 참가했던 이들의 이름과 나이, 운자, 시 등의 내용을 상세히 적어 놓았다. 이렇게 '금호선사선유'는 서문과 시, 그림으로까지 남겨짐으로써 우리나라 선비들의 선유문화를 이해하는 데 더없이 귀중한 역사적·문화적 가치를 지닌 것으로 평가할 수 있을 것이다.

그리고 낙동강과 금호강이 합류하는 낙동강 중류 일대에서는 '금호선사선유'에 이어 이 지역 선비들에 의한 선유놀이가 끊어지지 않고 펼쳐졌다. 이 지역에서의 선유놀이가 근 300년이 지나도록 이어졌음은 '상화대선유'에서 잘 확인할 수 있다. 상화대는 바로 낙동강과 금호강이 합류하는 곳에 위치해 있으며, 그 아래에는 사문진나루가 있다. '상화대선유'는 서찬규徐贊奎가 주도한 것으로 1899년에 있었으며, 당시 선유에 참여해 시를 남긴 것만 근 100수에 이른 것을 볼 때 그 규모가 대단했음을 알 수 있다.[28)]

일찍이 이황의 후견 아래 연경서원이 서고 중건 후 그를 배향하였으며, 정구 사후 그 또한 연경서원에 추가 배향되고 사양정사에는 사양서원이 세워진 데 이어, 서사원 사후에는 또 완락재에 이강서원伊江書院이 세워져 금호강은 대구지역 유학자들에게 도학의 연원이 있는 강으로 인식되었으며, 낙동강과 더불어 금호강은 '이·락'이라는 말로 자연스레 일컬어지게 되었다. 앞에서 말한 우성규의 〈운림구곡가〉 속에 이러한 의식이 잘 나타나 있다.

5. 맺음말

먼저 녹봉정사의 역사적 위상과 특징을 정리해보면 다음과 같다. 첫째, 녹봉정사는 성주 목사 금계 황준량이 설립을 주도하고 그의 스승인 퇴계 이황이 배후에서 지원함에 따라 퇴계학이 낙동강 중류 지역으로 전파되는 데 중요한 역할을 했다. 둘째, 조선 중기 낙중학을 이끌었던 한강 정구가 일찍이 녹봉정사에서 수업하였고, 만년에 마침내 대구 지역으로 이거해옴에 따라 녹봉정사는 낙중학의 중심적 위치에 서게 되었다. 셋째, 녹봉정사는 대구지역을 대표하는 연경서원의 설립에 직간접적으로 영향을 주었으며, 이 지역의 유학 전개와 깊은 관련성이 있다. 넷째, 녹봉정사는 한·려 곧 한강 정구와 여헌 장현광의 사승관계 문제로 후예들 간 시비가 일어나면서 정구에서

28) 김문기, 『대구의 구곡문화』, 대구광역시·경북대 퇴계연구소, 2014, 175-181쪽 참조.

서사원과 이윤우로 이어지는 후예들의 중심적 강학처가 되었다. 다섯째, 녹봉정사는 광주 이씨의 세거지에 세워졌기 때문에 이 가문과 깊은 관련이 있으며, 설립 때부터 광주 이씨 등 향촌 사족들이 중심이 되어 350여 년 경영을 이어왔다.

녹봉정사를 낙중학, 특히 대구지역 유학의 전개와 연결시켜 생각해보면, 무엇보다 녹봉정사가 대구지역에 아직 문풍이 일어나기 전 일찍이 세워져 많은 대구지역 출신의 유생들이 이곳을 출입한 점을 들 수 있다. 그 가운데 서사원의 생부 서흡도 포함되어 있다. 따라서 서사원도 수학기와 활동기에 모두 녹봉정사와 직간접적으로 연결되었을 것으로 짐작된다. 특히 정구와 서사원은 '한·락'으로 일컬어지며 대구지역 퇴계학 전개의 중심에 서 있었고, 정구와 녹봉정사는 깊은 인연이 있으며, 정구의 사양정사와 서사원의 완락재가 녹봉정사와 가까운 위치에 있는 점 등이 정구에서 서사원으로 이어지는 조선 중기 대구지역 낙중학의 전개에 있어서 녹봉정사가 가지는 역할과 위상을 잘 말해주고 있다.

참고문헌 reference

『增補文獻備考』.

『俎上錄』.

『鹿峰精舍事跡』, 錦溪 黃俊良 宗家 所藏本.

『鹿齋講舍錄』, 星州 都氏 門中 所藏本.

『漆谷府邑誌』(1832).

李滉, 『退溪全書』.

徐思遠, 『樂齋集』.

徐思遠, 강민구 역, 『國譯樂齋先生文集』3, 이회문화사, 2008.

孫處訥, 『慕堂集』.

呂大老, 『鑑湖先生文集』.

禹成圭, 『景齋集』.

張顯光, 『旅軒集』.

鄭逑, 『寒岡全書』.

구본욱, 「대구지역의 성리학을 연 계동 전경창」, 『조선사연구』 20권, 조선사연구회,

2011.

구본욱, 「대구유림의 임진란 창의와 팔공산 회맹」, 『조선사연구』 24권, 조선사연구회, 2013.

구본욱, 『대구 유학자의 임진란 의병활동』, 학이사, 2017.

김문기, 『대구의 구곡문화』, 대구광역시·경북대 퇴계연구소, 2014.

김학수, 「조선 중기 한강학파의 등장과 전개」, 『낙중학, 조선시대 낙동강 중류지역의 유학』, 계명대학교 출판부, 2012.

김형수, 「17세기 초 대구사림의 형성과 분화-손처눌의 <모당일기>를 중심으로」, 『역사교육논집』 36집, 역사교육학회, 2006.

남재철, 「낙재 서사원의 학문연원과 매화시」, 『동방한문학』 30집, 동방한문학회, 2006.

장윤수·임종진, 「한강 정구와 조선 중기 대구권 성리학의 연계성에 관한 연구」, 『한강 정구』, 예문서원, 2011.

정만조, 『조선시대 서원연구』, 집문당, 1997.

정우락, 「임진왜란기 대구지역 한강학파의 문학적 대응」, 『퇴계학과 유교문화』 제59호, 경북대 영남문화연구원, 2016.

추제협, 「한강학파의 사상적 외연과 서사원의 심학」, 『동양철학』 44집, 한국동양철학회, 2014.

홍원식, 「조선 중기 낙중학과 정구의 '한강학'」, 『한국학논집』 제48집, 계명대학교 한국학연구원, 2012.

_______ 「퇴계 이황 및 낙중 퇴계학파와 연경서원」, 『퇴계학논집』 제11호, 영남퇴계학회, 2012.

_______ 「낙재 서사원의 철학사상」, 『한국학논집』 제73집, 계명대학교 한국학연구원, 2018.

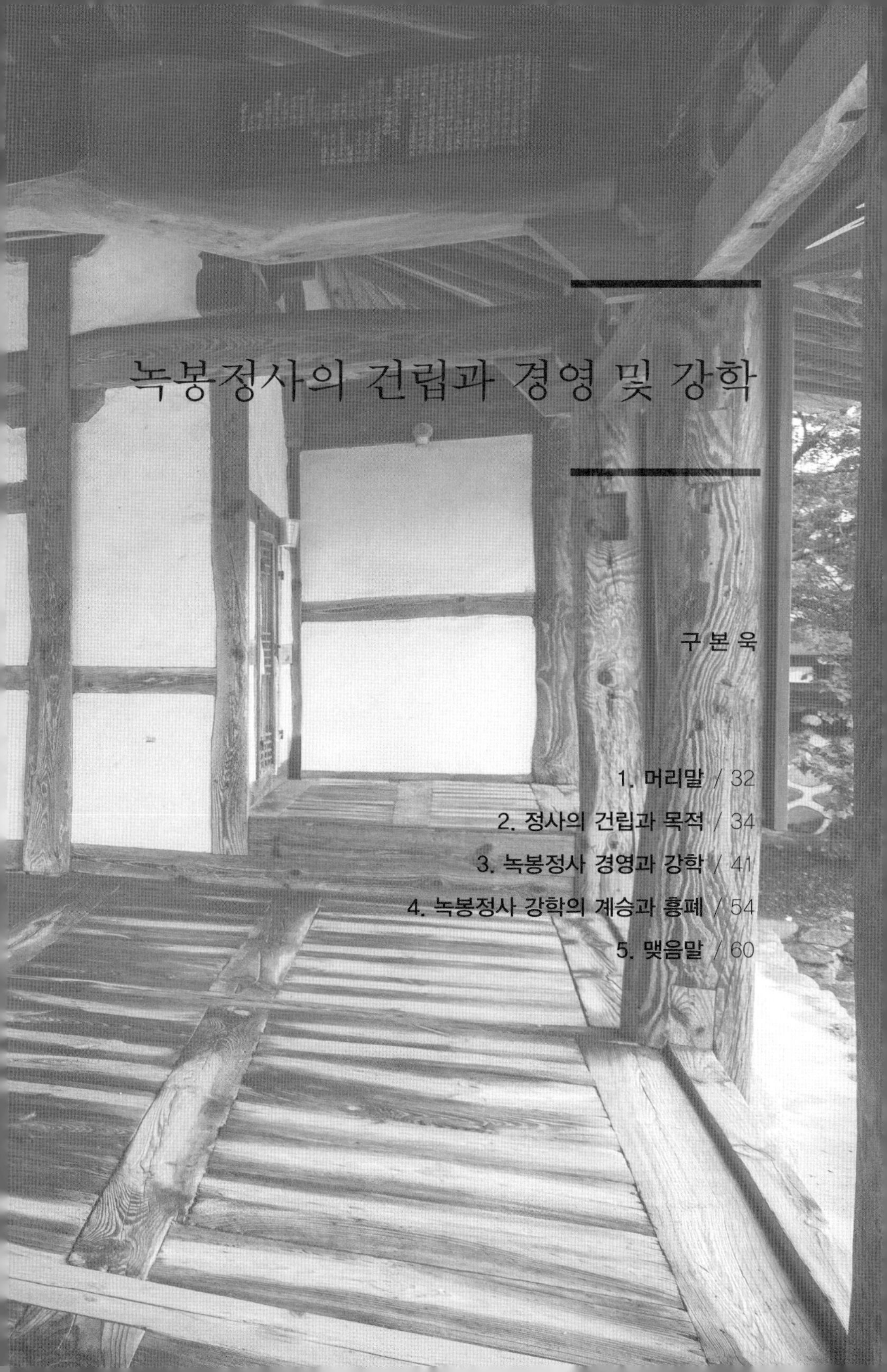

녹봉정사의 건립과 경영 및 강학

구본욱

녹봉정사의 건립과 경영 및 강학

구 본 욱

1. 머리말

녹봉정사는 조선 중기 경상도 성주에 건립되었던 정사精舍[1]로 서재書齋이다. 당시 성주목사로 부임한 금계錦溪 황준량黃俊良에 의해 건립되었다. 인조조에 성주목의 속현이었던 팔거현에 칠곡도호부가 설치됨에 이후에는 칠곡부의 소속으로 바뀌었다. 녹봉정사는 칠곡지역에 건립된 정사로는 건립의 연대와 강학의 규모, 지속성 등으로 보아 칠곡지역의 대표적인 서재로 간주할 수 있다. 이후에 사양서원泗陽書院이 건립되었으나 이 서원은 강학보다는 제향祭享의 기능이 강하였다고 할 수 있다.

녹봉정사는 창건 후 많은 학생(유생)들이 참여하여 강학을 하였는데, 성주지역 외 인근의 대구, 인동, 선산, 개녕, 상주 등에서도 참여하였다. 녹봉의

1) 불교에서 유래된 용어로 공부하고 修養하는 곳. 즉 學舍, 書齋와 같은 의미임.

강학은 조선 중기 영남지역에서 행한 강학 중에서 비교적 그 규모가 컸다고 할 수 있다. 이 강학에 금계는 교관 오건吳健과 함께 직접 참강參講을 하여 고강考講을 하기도 하였다. 이 강학에 참여한 인사들은 당대 최고의 학자들이었으며, 스승으로서 후학을 계도하여 많은 업적을 남겼다.

특히 연경서원을 창건하는 데 중요한 역할을 한 계동溪東 전경창全慶昌이 방문하였고, 퇴계학의 적전嫡傳으로 평가받고 있는 한강寒岡 정구鄭逑가 이 강학에 참여하였다는 것은 녹봉정사의 강학이 대단한 의의를 가지고 있다는 것을 말해 주고 있다. 그리고 석담石潭 이윤우李潤雨와 완석정浣石亭 이언영李彦英이 이 강학에 참여하였다는 것은 녹봉정사가 영남의 남인을 형성하는 데에도 주요한 역할을 한 서재였다는 것을 알 수 있다.

녹봉정사의 강학은 금계가 병으로 성주를 떠난 이후에도 계승되어 운영되었으며 조선말·일제 강점기까지 유지되었다. 그러나 그 이후 정사는 없어지고, 다시 사찰이 건립되었다.

이 글에서는 녹봉정사가 건립된 과정과 그 규모는 어떠하였으며, 강학은 어떻게 진행되었는가? 또 여기에 참여한 인사들의 명단과 이 강학이 후대에 미친 영향은 어떠하였는가에 대하여 알아보고자 한다. 아울러 녹봉정사의 건립이 퇴계학이 안동에서 영남의 각 고을로 확산되는 즉 남전南傳하는 데 주요한 역할을 한 서재書齋였다는 것도 살펴보고자 한다.

필자는 수년전에 대구의 성주도씨星州都氏 서재문중鋤齋門中에 소장된《녹재강사록鹿齋講舍錄》을 입수하였으며, 최근에 금계종가錦溪宗家에 소장되어 있는《녹봉정사 사적鹿峰精舍 事蹟》을 얻게 되었다. 그래서 이 두 자료와 관련 문집을 통하여 이 글을 작성하고자 한다.

2. 정사의 건립과 목적

1) 건립과정과 건물의 구조

녹봉정사는 경상도 성주목星州牧 팔거현八莒縣 건령산建靈山 아래 녹봉鹿峰에 지은 정사로 지금의 칠곡군漆谷郡 지천면枝川面 창평리昌坪里에 있었다. 정사는 녹봉서재鹿峰書齋로 불리기도 하였는데, 녹봉은 백록동白鹿洞을 줄인 말이다. 녹봉에 정사를 건립하기 이전에 이 봉우리에는 정토사淨土寺라는 사찰이 있었는데[2] 정사를 건립할 당시에는 이미 폐사가 된 상태였다.[3]

녹봉정사는 1560년 가을에 성주목사로 부임한 금계錦溪 황준량(黃俊良, 1517~1563 ; 중종12~명종18)에 의하여 건립되었다. 당시에 성주의 교육기관으로는 향교와 영봉서원迎鳳書院이 있었다. 금계는 부임한 후 향교와 서원이 있었는데도 고을의 동쪽에 공곡孔谷과 속현인 팔거현 녹봉鹿峰 두 곳에 서당을 건립하였다. 이것은 금계의 교육열과 관련이 있으나 영봉서원은 제향을 중심으로 건립된 서원이었고, 향교는 심성의 수양을 통한 인격 교육보다는 국가의 관리양성을 목적으로 하였기 때문일 것이다. 녹봉에 별도로 서당을 건립한 것은 성주 읍내와 거리가 멀어서 함께 공부할 수 없기 때문으로 보인다.

금계는 목사로 부임한 이듬해인 1561년(명종16)에 이 지역의 유생이던

2) 칠곡부 편, 『경상도읍지』, 《漆谷府邑誌》, 1832년(순조 32).

3) 錦溪宗家 所藏, 《鹿峰精舍 事蹟》, 黃俊良, <鹿峰精舍 新成 與吳敎官子强 講學 其中書示學徒>. "廢刹幻開興學地"(第3句).

도순신都舜臣[4], 송세례宋世禮[5], 이진경李進慶[6] 등에게 부촉付囑하여 동년 2월에 시작하여 4월에 녹봉정사를 완공하였다. 건립의 비용에 대하여 전하는 자료는 없으나 연경서원 건립의 경우에서 볼 수 있는 바와 같이 목사의 지원과 지역 유림가儒林家에서 물력을 제공하였을 것이다.[7] 이것은 후술하겠지만 녹봉정사 건립당시 운영에 필요한 상당한 토지를 소유하고 있었던 것에서 유추해 볼 수 있다.

건물의 구조와 명칭을 살펴보면 정사의 정당(正堂, 강당)과 동·서재, 문루門樓 그리고 동몽재童蒙齋가 있었다. 동재東齋는 시습재時習齋이고 서재西齋는 명선재明善齋이다. 그 곁에 동몽재가 있었고 문루인 양호루養浩樓, 관물대觀物臺, 천연지天淵池가 있었다. 관물대는 정사의 동쪽에 있었는데[8] 건물은 아니고 사물을 관찰하며 심신을 단련할 수 있는 언덕을 이름한 것이고, 천연지는 정사가 녹봉의 중턱에 있었던 점을 감안한다면 인공적으로 조성한 것일 것이다. 이것을 모두 합하여 녹봉정사鹿峰精舍라 이름 하였고, 정당에 녹봉정사라고 편액扁額한 것을 알 수 있다. 다만 건물의 배치는 정사의 부지로 보아 횡으로 펼쳐져 있었을 것으로 추측된다.

건물의 명칭은 금계가 지은 것이다. 물론 당시 교관教官이었던 덕계德溪 오건(吳健, 1521~1574)과 상의를 하였을 것이다. 그러나 최종적인 명칭은 목사였던 금계가 확정하였을 것이다. 정사가 완공되자 금계는 퇴계선생께 편지를 보내어 명칭의 가부可否와 편액의 글씨를 써 달라고 부탁하였다.

---

4) 본관은 星州, 호는 景齋이다.

5) 본관 冶爐, 아들 宋瀗의 무과방목에 禦侮將軍으로 權管을 역임하였다고 하였음.

6) 본관 廣州. 石潭 李潤雨의 종조부이다

7) 구본욱, 「연경서원의 경영과 조선중기 대구지역의 유학」, 『퇴계학논집』 제11호, 영남퇴계학연구원, 2012, 180쪽.

8) 李東汲, 『晩覺齋文集』, 권1 시, 〈敬次退溪先生鹿峰養浩樓板上韻〉. "更向東臺觀物理"

이때 금계가 보낸 편지는 문집에 수록되어 있지 않는데, 퇴계가 보낸 답서와 답서에 대해 금계가 올린 편지에서 확인할 수 있다. 퇴계가 금계에게 보낸 답서는 다음과 같다.

> 녹봉정사의 일은 참으로 잘 된 일이네. 그곳 선비들이 이러한 생각을 낸 것은 사군(使君, 황준량)과 교관(敎官, 오건)이 앞장선데 말미암은 것인가? 이쪽의 속된 기풍보다는 훨씬 훌륭하네. 편액篇額은 부탁한 대로 하겠네. 다만 호연루浩然樓의 연루然樓 두 글자는 서로 연접하여 부르는 음이 분명하지 아니하니 양호루養浩樓로 함이 어떠하겠는가?[9)]

금계는 위 퇴계의 편지를 받고 "편액扁額의 '연然'을 '양養'으로 바꾸는 것은 선생님의 지적이 온당합니다. 이미 써 두셨으면 보내주시는 것이 어떻겠습니까?"[10)]라고 답장을 올렸다.

위의 글에서 문루의 명칭인 양호루養浩樓는 처음에 호연루浩然樓로 명명한 것을 퇴계의 조언을 받고 이름을 바꾼 것을 알 수 있다. 여기에서 양호루는 맹자의 호연지기浩然之氣에서 명칭을 취한 것을 알 수 있다.

그런데 1832년(순조 32)에 발간된『경상도 읍지』에 포함된『칠곡부읍지』〈학교조〉에는 녹봉정사에 대해 다음과 같이 기록하고 있다.

> 성정당誠正堂, 시습재時習齋, 양정헌養正軒, 양호루養浩樓, 관물대觀物臺, 천연지天淵池가 있다. 곁에 승사僧舍를 두어 재곡齋穀을 관리하게 하고 유생들에게 공급하도록 하였다.

---

9) 李滉,『국역 퇴계전서』6, 퇴계학연구원, 1989, 108쪽. "鹿峰精舍事, 甚善甚善. 彼中士人, 乃發如此之願慕, 將由使君與教官倡作之力耶? 勝於此間之俗, 遠矣. 扁額當依示. 但浩然樓, '然樓'二字, 相接呼之, 音不響亮, 作養浩樓何如?"

10) 황준량,『국역 금계집(내집)』Ⅰ, 4권, 〈上退溪書〉, 강성위 역, 안동대 퇴계연구소, 2014, 362쪽. "扁額改然爲養, 盛諭甚當. 如已揮過寄來, 何如？"

이것으로 보면 정사가 조선 후기를 거치면서 여러 가지 사유로 건물의 구조 및 명칭이 바뀐 것을 알 수 있다. 녹봉정사의 건립당시 건물의 명칭은 후술하는 <정사유생공궤규식精舍儒生供饋規式>에 의하면 학생들의 입학 내지는 공부의 단계를 나타낸 것이었다. 다시 말하면 시습재에서 공부하는 학생보다 명선재에서 공부하는 학생이 높은 단계의 등급이었다. 동몽재는 어린 나이의 학생이 공부하는 것으로 위 두 재齋 보다 낮은 초보 단계이다.

그러나 위 글에서 볼 수 있는 바와 같이 위 건물의 명칭에서는 이와 같은 단계를 찾아볼 수 없다. 건립당시에는 정당(正堂: 강당)의 명칭인 성정당은 보이지 않는데, 위 읍지에 기록된 것으로 보아 이 명칭은 후에 지어진 것으로 보인다. 위 읍지에 보이는 녹봉정사의 명칭으로 보아 동재인 시습재는 건립당시와 동일하고 서재는 명선재와 동몽재를 합하여 양정헌으로 명명한 것으로 보인다. 그리고 건립당시에는 정사와 가까운 곳에 심천사深泉寺와 염불사念佛寺 두 절을 수리하여 정사에 필요한 각종 물품을 제공하도록 하였는데, 이후 동몽재 자리에 승사僧舍를 두었던 것으로 보인다.

녹봉사의 벽에 걸려 있는 벽화를 보면 정사의 남쪽에 문루가 있고 동쪽과 서쪽에 동·서재로 보이는 건물이 있다. 그리고 동쪽에 관물대로 보이는 높은 언덕이 그려져 있다.

2) 정사 건립의 목적

녹봉정사는 상량문이나 기문 등이 전하지 아니하기 때문에 서재의 일반적인 기능 이외에 정사 건립의 목적이나 목표 등을 파악하기 어렵다. 그래서 필자는 금계가 남긴 시와 편지 등에서 건립의 목적을 찾아보려고 한다. 금계는 이보다 먼저 신령현감 재직 시에 백학서당白鶴書堂을 건립[11]하고 누정을 중수한 바가 있다. 또 관내 치산雉山을 유람하고 팔공산 최대의 폭포 명칭을 '선주암 폭포仙舟巖 瀑布'라고 명명하고 지은 시가 있다.[12]

금계는 위와 같이 신령지역에서 보여준 교육에 대한 관심을 성주지역에서도 시행하였다. 그래서 그는 향교를 중수하고 공곡孔谷과 녹봉鹿峰에 서당을 지었다. 금계는 녹봉정사를 건립한 후 다음과 같은 시를 지었다.

千年白鹿愛佳名 천 년 전 백록동의 아름다운 이름을 사랑하였는데
精舍如今喜易成 정사가 지금과 같이 빨리 완성되니 기쁘다네.
廢刹幻開興學地 폐지된 사찰이 꿈과 같이 흥학지로 열리니
明窓好聽讀書聲 밝은 창에서 독서하는 소리 듣기 좋다네.
光風霽月傳遺趣 광풍제월이 남은 취미를 전하니
淸水高山遠世情 맑은 물 높은 산 세속의 실정 멀구나.
珍重此間眞樂在 이 사이에 진중한 참 즐거움이 있으니
莫將功利累虛靈 공리를 취하려고 허령에 누를 끼치지 마시게.

위의 시는『금계집』에는 수록이 되어 있지 않아 지금까지 알려지지 아니하였는데,《녹봉정사 사적》의 맨 앞장에 수록되어 있다. 위 시의 제목은 〈녹봉정사를 새로 건립한 후 교관 오자강(자강은 오건의 字)과 더불어 강학을 하던 중 시를 지어 학도들에게 보이다鹿峰精舍 新成 與吳教官子强 講學其中 書示學徒〉이다.

---

11) 백학서당은 1551년(명종 6)에 건립되었다.

12) 홍원식 외,『중악 팔공산을 말한다』, 학이사, 2016, 57-73쪽. 이 책에 수록되어 있는 구본욱, 〈팔공산 치산계곡의 폭포 명칭〉에는 선주암 폭포에 대한 금계의 原韻詩와 퇴계를 비롯한 諸賢의 次韻詩가 수록되어 있다.

위 시 제목에 의하면 금계는 오건과 함께 정사를 방문하여 학생들이 강학하는 모습을 보고 그 자리에서 바로 지어 학도(학생)들에게 보인 것을 알 수 있다. 따라서 위 시는 금계가 정사를 건립한 목적 내지는 이유를 담고 있는 시라고 할 수 있다. 금계는 먼저 기구起句에서 "천 년 전 백록동의 아름다운 이름을 사랑하였는데"라고 말하고 있다. 이 말은 녹봉의 봉우리가 백록동을 의미하는 것으로 주자가 남강군수로 부임하여 당唐의 이발李渤의 유적을 계승하여 건립한 백록동서원과 그 명칭이 일치됨을 말하고 있다. 이것은 금계가 이 정사는 주자의 학문인 성리학性理學을 계승하기 위하여 건립한 것이라는 것을 암시하는 것이고, 결구에서 "공리功利를 취하려고 허령虛靈에 누를 끼치지 마시게"라는 말은 과거보다는 수양을 통하여 심성心性을 도야하는 위기지학을 추구하는 것을 목표로 하고 있는 것을 알 수 있다. 이것은 퇴계의 서원교육의 목표와 일치된다. 퇴계는 〈연경서원 기문 후기書李大用 硏經書院記後〉에서 다음과 같이 말하고 있다.

> 일찍이 생각건대, 지금의 학교가 도처에 두루 있으니 여기에서 유遊하고 거居하면 족할 것이다. 무엇 때문에 서원에서 이와 같이 간절히 추구하려고 하는가? 그것은 학사행정에 구속되지 않고 오로지 '우리의 학문[吾學]'에 전념할 수 있기 때문이 아니겠는가? 그렇다면 고을의 사람들이 협력하여 크게 이 서원을 지은 것이 어찌 공연한 일이겠는가? 창도唱導하고 분발하게 하여 진실로 위기지학爲己之學에 종사하게 하여 서로 보고 선해지도록 하며[相觀而善], 서로 힘쓰게 하여 성취시켜 줄[相勖以成] 그런 사람이 반드시 있을 것이다.[13]

13) 李滉,『退溪先生文集』, 권43 跋, 〈書李大用, 硏經書院記後〉. "今之學校, 遍于中外, 士之遊居於此足矣. 何所取於書院, 而惓惓若是. 其不以無拘於學政, 而可專於吾學也耶. 然則彼中諸人所以合謀竝力, 大作此院者, 夫豈徒然哉. 倡起奮發, 實從事於爲己之學, 相觀而善, 相勖以成者, 必有其人也."

위의 글에서 퇴계는 서원을 건립하려는 목적이 우리의 학문, 즉 성리학을 연구하고 또 위기지학을 추구하려는 것이라고 말하고 있다. 다시 말하면 유학의 두 기능인 수기修己와 치인治人 중에서 수기에 중점을 두는 것이 서원 교육의 목적인 것이다.

금계의 위 시에 대하여 퇴계는 다음과 같은 차운次韻을 지어 보내었다.

儒館何須續舊名 유학의 집이 어찌 옛 이름을 이었는가?
鹿峰堪賀落新成 녹봉에 어렵게 정사 낙성을 축하하네.
武城言偃興絃誦 무성 땅 언언의 현가絃歌 풍속을 일으키고[14]
蜀地文翁闡敎聲 문옹[15]의 촉 땅 가르침 명성을 드러내시게.
古道未亡同受性 고인의 도가 없어지지 아니하여 같은 본성을 받았고
今人那欠獨超情 지금 사람이라고 어찌 부족하여 실정을 초월하였겠는가?
星山本號英雄藪 성산에 본래 영웅이 많다고 하였는데
莫負群生我最靈 뭇 사람들 우리의 최령을 저버리지 마시게.[16]

위 퇴계의 시는 금계가 말한 교육의 내용을 더욱 보충하고 있다. 결구結句에서 '뭇 사람들 우리의 최령最靈을 저버리지 마시게'라고 하였는데 '최령' 역시 '허령'과 같은 의미로 한시漢詩의 표현상 동일한 어구를 바꾸어 표현한 것이다. 퇴계는 고인이나 지금 사람이 다르지 않고 모두 같은 본성을 부여받았으므로 수양을 통하여 본성을 보존할 수 있음을 말하고, 또 금계가 목민관

14) 『논어』, 17권 陽貨 4장. "子之武城, 聞弦歌之聲, 夫子莞爾而笑. 日 割雞焉用牛刀. 子游對日 昔者, 偃也聞諸夫子日, 君子學道則愛人, 小人學道則易使也. 子日 二三子 偃之言是也, 前言 戱之耳.

15) 文翁: 漢나라 廬江 舒 땅 사람. 蜀郡太守가 되어 成都에 學館을 설치하고 文風을 떨침.

16) 李滉, 『退溪先生文集』, 권3 詩, 〈次韻黃仲擧 寄示鹿峰精舍落成〉.

으로 『논어』 속에서 이상적인 다스림을 나타내는 현가지성絃歌之聲을 이룰 것을 당부하고 있다. 위 퇴계의 시는 학생들이 늘 보고 마음에 새기게 하기 위하여 정사의 문루인 양호루養浩樓 위 판자에 새겨 걸려 있었다.[17]

금계가 녹봉정사에 공부하는 학생들에게 당부한 편지에도 "여럿이 함께 거주하면서 인仁을 돕게 되면 이로움이 반드시 깊을 것입니다. 여러분들의 학업은 단지 구두점이나 찍어 해석하여 명성과 이익이나 취하는 데에 그치게 하여서는 안 됩니다."라고 말하였다.

3. 녹봉정사 경영과 강학

1) 정사의 운영과 재정, 서책, 공궤규식

가. 정사의 경제와 물품

녹봉정사는 건립당시 전답田畓은 93두락지(斗落只, 마지기)였다. 위의 전답은 당시 재산으로 상당히 많은 편인데, 이것이 어떻게 조성되었는지에 대한 구체적인 내용은 알 수 없다. 그러나 앞에서 언급한 연경서원의 경우와 같이 성주목사의 지원과 당시 성주와 팔거지역 유림가儒林家에서 자녀들의 공부를 위해 제공한 것이었을 것이다.

기타 물품 및 생활도구로는 유쟁반(鍮錚盤, 놋쇠쟁반) 2립立, 유대야(鍮大也, 놋쇠대야) 2립立, 시(匙, 숫가락) 4단丹, 저(筯, 젓가락) 2단丹, 유동해鍮東海, 놋쇠[유기] 동이) 2립立, 노구(爐口, 노구솥) 1, 부(釜, 가마솥) 2, 정(鼎,

17) 이동급, 『만각재문집』, 권1 시, <敬次退溪先生鹿峰養浩樓板上韻>. "鹿峰山水古來名, 精舍何年此地成. 百尺樓臺開浩氣, 千年絃誦有遺聲. 孰非先輩栽培力, 遂切吾儒景慕情. 更向東臺觀物理, 一春紅紫此心靈."

솥) 7, 목반(木盤, 나무쟁반) 4, 죽백[18]사발(竹白沙鉢, 대나무 사발) 2, 죽백대접(竹白大楪, 대나무 대접) 3, 죽백보아(竹白甫兒, 대나무 보시기)[19] 2, 죽백종자(竹白種子, 대나무 종지) 2, 죽백접시(竹白楪匙, 대나무 접시) 10, 죽소작(竹小勺, 대나무 국자) 1, 봉로(烽爐, 향로) 1개가 있다.[20]

나. 서책

『대학』 2건件, 『중용』 2건, 『논어』 2건, 『맹자』 2건, 『서전』 2건, 『근사록』 2건, 『심경부주』 2건, 『통감』 2건, 『이정전서二程全書』 2건, 『고문진보』 2건, 『이백집李白集』 2건, 『두시杜詩』 2건, 『주자서절요朱子書節要』 2건, 『가례』 2건[21]을 갖추고 있었다.

위의 전답과 물품 및 서책書冊과 후술하는 〈정사유생공궤규식精舍儒生供饋規式〉과 함께 "책으로 작성하여 날인을 하여 정사에 두고, 또 제목을 쓴 1권은 녹봉의 석굴에 보관하여 병화를 피하게 한다."[22]라고 하였다.

다. 정사의 운영규정

녹봉정사의 운영 규정은 정사에 거재居齋하는 학생들에게 제공한 식사의 규칙, 즉 〈정사유생공궤규식精舍儒生供饋規式〉에서 살펴볼 수 있다. 규식(規式, 규칙)은 7조목으로 되어 있는데 전문을 열거하면 다음과 같다.

---

18) 대나무의 껍질을 벗긴 것.

19) 보아지(甫兒只)'라고도 하는데 작은 사발과 같이 생긴 반 찬 그릇.

20) 《鹿峰精舍 事蹟》, 〈田畓器皿秩〉.

21) 《녹봉정사 사적》, 〈書册秩〉.

22) 《녹봉정사 사적》, 〈田畓器皿秩〉. "右三條作成1册 打印之在精舍, 又題名一卷, 幷藏於鹿峰石穴免兵火."

① 초시初試에 입격入格한 사람은 하루 두 끼의 식사를 제공[供饋]하고 명선재明善齋에서 거재居齋한다. 비록 입격入格은 하지 못하였으나 경전에 밝고 행실이 뛰어나 사표가 되는 자는 명선재 거재를 허락한다.

② 재능과 덕행이 있으나 입격入格하지 못한 자는 하루 한 끼를 제공하며 시습재時習齋에서 거재한다.

③ 동몽童蒙은 양식과 반찬을 스스로 구비한다. 하재下齋인 동몽재童蒙齋에서 거재한다. 어린나이에 영이(穎異: 뛰어남)하다고 사람들이 인정하는 자는 재齋 중에서 논의하여 시습재時習齋로 승격하여 거재하게 한다. 나이가 약관을 넘었으나 특별한 재능과 덕행이 없는 자는 하재下齋에 둔다.

④ 학장學長의 일과日課는 동몽童蒙을 부지런히 가르쳐 재능을 이루기를 기약하여야 한다. 입격한 사람들의 예에 의거 공궤供饋하고 명선재에 거주한다. 산장山長은 학장의 예에 의거 공궤供饋한다.

⑤ 정사精舍의 가까운 곳에 심천深泉, 염불念佛 두 절을 수리하여 유생들에게 식사와 채소를 공급하도록 하고 잡역雜役을 완전히 면제한다. 만일에 승군僧軍 등의 일로 뽑힐 경우에는 정사의 유생들이 관官에 완문完文으로 고告한다.

⑥ (정사) 곁 가까이에 수철장水鐵匠[23] 하나를 두고 거주하게 하여 정사에 필요한 기구器具를 갖추어 공급하게 하고 잡역을 완전히 면제한다. 만일에 공무를 빙자하여 감독을 벗어나면 유생 등이 관에 고하여 수호할 것.

⑦ 정사의 아래 촌村에 거주하는 김金과 윤尹 등에게 신역身役을 면제하고 영구히 정사에 소속시켜 사환으로 삼는다. 혹 한량良閑을 빙자하여 유생儒生을 침범하면 관에 고하여 수호하도록 할 것.[24]

---

23) 무쇠를 다루어 그릇이나 기구 등을 만드는 장인.

24) 《녹봉정사 사적》, <精舍儒生供饋規式>. "一. 初試入格者, 兩時供饋, 居明善齋. 雖未入格而

위의 규칙에 의하면 정사에서 공부하는 학생들이 매우 엄격하게 교육을 받았던 것을 알 수 있다. 그리고 산장 혹은 학장을 선임하여 학생들의 교육과 정사의 운영을 담당하게 한 것을 알 수 있다.

2) 정사의 강학

가. 강학의 참여자와 방문자

앞에서 살펴본 <정사유생공궤규식>에 의하면 정사에는 산장山長 혹은 학장學長을 임명하여 그 책임 하에 강학 등을 운영하게 하였다.

녹봉정사의 강학에 관한 기록은 두 종류가 전하는데 하나는 성주도씨 서재문중 소장본[25]인 《녹재강사록鹿齋講舍錄, 성주본으로 칭함》이고, 또 하나는 금계종가 소장본[26]인 《녹봉정사 사적, 금계본으로 칭함》내에 수록된 것이다.

위 두 자료를 살펴보면 성주본에는 <강사록講舍錄>과 <입사록入舍錄>으로 구분되어 있고, 금계본에는 <방사록訪舍錄>과 입사록入舍錄으로 구분되어 있다. 그리고 두 자료에 수록된 전체의 명단에는 거의 차이가 없으나[27] 두 부분으로 구분하여 수록한 명단에는 차이가 있다. 모두 성명 아래 자字와 거주지가 기록되어 있다.

明經行秀, 可謂師表者, 許入明善齋. 一. 有才德, 未格入者, 一時供饋, 居時習齋. 一. 童蒙自備糧給饌具, 居下齋童蒙中. 有早年穎異, 衆所推服者, 齋中僉議, 升時習齋. 年過弱冠而別無才德者, 置之下齋. 一. 學長日課, 童蒙, 勤勤敎誨, 期於成材. 依入格例供饋, 居明善齋. 山長依學長例, 供饋. 一. 精舍近地, 修葺深泉, 念佛二寺, 儒生供饋. 四時蔬菜, 備給次 以一應雜役完除, 如有僧軍抄發等事, 精舍儒生告官完文. 一. 傍近居水鐵匠一店, 精舍器具備給, 以雜役完除. 如有憑公, 侵督者, 儒生等, 告官完護. 一. 精舍下村居, 金尹等乙, 除其身役, 永屬精舍, 以爲使喚. 或憑良閑, 旣侵儒生, 告官完護."

25) 소장자는 연경서원 중건준비위원장 都在旭 씨이다.

26) 소장자는 금계 황준량의 종손 黃載天 씨이다. 이 자료는 소수서원 박물관에 기증되었다.

27) 금계본에는 손여눌, 이심택, 이성화, 곽후태 4명이 누락되어 있다.

두 자료 중 전체의 명단과 두 부분으로 구분한 것은 성주본이 더 정확한 것으로 보인다. 그러나 성주본에서 〈강사록〉이라고 한 것은 금계본의 〈방사록〉이 더 타당한 것 같다. 왜냐하면 목사 김취려는 당시에 상주목사였는데[28], 다른 지역 정사의 학생으로 참여하여 강학을 한다는 것은 타당하지 않기 때문이다. 그 외에 다른 분들도 이미 관직에 있는 분이 다수가 있다.

〈방사록〉은 정사를 방문한 인사에 대한 기록이고, 〈입사록〉은 녹봉에서 거재居齋하면서 강학하며 통강通講을 한 명단이다. 따라서 이 글에서는 성주본을 바탕으로 하되 성주본의 〈강사록〉을 〈방사록〉으로 수정하여 살펴보고자 한다.

성주본에 수록된 방문 인사는 다음과 같다.

> 牧使 黃俊良(居풍기), 敎授 吳健(居산음)[29], 牧使 金就文(居선산), 正字 李景明, 진사 李仁博, 진사 全慶昌(居대구), 徐洽(居대구), 金澄(居京, 서울), 李弘量, 李忱, 裵澐(居영산), 진사 金震揚(居청주), 金震章(居청주), 진사 朴閑驥, 金宗武(居선산), 훈도 李瑜, 교수 黃秀良(居풍기), 李涵, 韓世璉, 金載(居선산), 張崑(居인동), 李潤, 李淳, 宋琪(居인동), 金彊(居의성), 李敏德(居대구), 呂沉, 생원 金聃壽, 李天錫(居의성), 朴潛, 朴濂, 李應春(居진주), 李達生(居龜山), 朴慶延(居청도), 李泰春, 진사 蔡應龍(居대구), 목사 河晋寶(居진주), 교수 郭應機(居현풍), 鄭忻(居진주), 李忠俊, 張嵂(居인동), 金大遊(居청주), 李德混[30], 朱愼言(居대구)[거주지를 표기하지 않는 사람은 居성주 임]

28) 李文楗,『默齋日記』下, 국사편찬위원회, 1998, 400쪽. 〈1561년 2월 26일〉.

29) 문과방목에 의거 거주지 첨가.

30) 『묵재일기』에 의거 거주지 첨가.

위의 명단에는 목사 황준량과 교관 오건을 포함하여 모두 44명이다.[31] 방문한 시기는 목사 황준량부터 장곤까지는 1563년 이전에 방문한 인사이고, 이윤과 이순은 1563년 3월이고, 송기부터 마지막 주신언까지는 1563년 4월 이후에 방문한 인사이다.[32]

신분은 목사, 교수, 정자, 훈도, 생원, 진사가 다수 포함되어 있다. 거주지역은 성주本州 17명, 대구 5명, 인동 3명, 선산 3명, 청주 3명, 진주 3명, 의성 2명, 풍기 2명, 산음 1명, 청도 1명, 현풍 1명, 영산 1명, 귀산 1명, 서울 1명이다.

위의 명단에는 녹봉정사의 교육을 담당한 산장이나 학장 등도 다수 포함되어 있는 것으로 보인다.

그 다음으로 정사에 거재居齋하면서 직접 강학講學하며 통강通講에 참여한 인사로 <입사록>에 수록된 명단을 성주본에서 열거하면 다음과 같다.

> 金應麗, 黃胤祖, 姜景淵, 朴坤驥, 李遠慶, 李汝楫(居開寧), 李命龍, 鄭逑, 李鄧林, 徐弘胤(居대구), 金廷幹(미상), 金轃, 玄太元, 李心得, 李大榮, 李寶林, 韓士傑, 李卓爾, 金晛, 朴佶(居인동), 李天培, 李天封, 李定命, 李篘, 徐霱(居영천), 金遂性(居인동), 金尊性(居인동), 李應箕, 朴新命, 韓孝彥, 宋後昌, 李澈, 李心慜, 趙璧, 宋遠猷, 金先望, 都元復, 李俶畛, 李俶疇, 李俶疄, 柳直諫(居대구), 柳正國(居인동), 柳純諫(居대구), 黃德純, 呂溙慶, 李熙復, 安範, 李仁愷, 金應顯(居인동), 李守讜, 柳思漑, 權密, 羅秀絢(居개녕), 金洽, 朴應獜, 李仁悌, 黃德一, 李應龍, 金曄, 朴雲驥, 朴大成, 金宇容, 李敏德(居대구), 朴光亨(居청도), 鄭師哲(居대구), 李敬國, 鄭光天(居대구), 宋遠器, 金彥信(居상주), 李挺林, 趙

31) 1984년 3월에 재작성한 <鹿峰精舍 永慕契案帖>에는 대구의 유생 進士 全慶昌이 누락되어 있다.

32) 위 방문의 연월은 금계본에 기록되어 있다.

匡國(居인동), 徐應謙(居대구), 李友明, 李峻明, 玄夢䳄, 玄夢䳄, 洪約澄(居상주), 李昌國, 金褒(居개녕), 金袞(居개녕), 洪約昌(居상주) 成大器, 鄭克仁, 徐思達(居대구), 李孝伯(居대구), 都珣(居대구), 曹繼孟, 呂餘慶, 李心慤, 李心海, 柳忠諫(居대구), 朴夢禎(居대구), 柳堯臣(居대구), 李應祖, 李興國, 李安國, 愼克寬(居거창), 柳俊國(居인동), 郭沂(居대구), 柳安國(居인동), 張士珠(居인동), 張震男(居인동), 洪錫範(미상), 李克明, 李應明, 殷天賚(居인동), 宋潑, 金莊. 孫處謙[33](居대구), 李繼白, 李心憲, 孫處訥[34](居대구), 李心宅, 李成華(미상), 郭後泰(미상), 金大宅(居청도), 李逢慶, 羅應文, 宋起鳳, 呂文賓, 李弘宇, 李籛, 李簳, 呂德龍, 洪民逸, 張龍翰(居인동), 李榮雨. [거주지를 표기하지 않는 사람은 居성주 임]

위의 명단은 126명이다. 당시의 신분은 모두 유학幼學이다. 지역적으로는 성주가 83명으로 대다수이고 대구 16명, 인동 12명, 개녕 4명, 상주 3명, 청도 1명, 영천 1명, 거창 1명, 청주 1명, 미상 4명이다.

정사의 교육의 방법은 어떠하였을까? 금계가 퇴계에게 보낸 편지를 살펴보자.

> 서원書院과 정사精舍에 학생이 많이 모였습니다. 한 달에 한 번 참석하여 강론講論을 듣고 있습니다만, 스스로 연마한 공부가 없어 남들에 미치지 못하는 것이 한스럽고 개탄스러울 뿐입니다. … 더위가 물러가고 쾌청한 가을이 오면 한번 나아가서 가르침을 받으려고 하고 있습니다만 벼슬살이로 일이 많고 매여 있어 이룰 수 있을지 모르겠습니다. 선생님의 풍도를 우러르고 흠모하기에 그쪽을 향하여 발돋움을 하는

33) 원문에는 孫汝謙로 표기되어 있으나 孫處謙의 오기로 정정하였다.

34) 원문에는 孫汝訥로 표기되어 있으나 孫處訥의 오기로 정정하였다.

간절한 마음 이길 수가 없습니다. 삼가 절하고 올립니다.[35]

위의 편지에서 '한 달에 한 번 참석하여 강론講論을 듣고 있습니다.'라고 말하고 있는데, 이것은 서원이나 서당에서 행하는 전통적인 교육방법인 통강通講을 하였다는 것을 말해주고 있다. 통강이란 '경전이나 시문詩文의 일정 분량을 공부한 후 스승이나 시관試官 앞에서 외우거나 해석한 후 지도 평가를 받는 것을 말한다.'[36] 강講을 할 때에는 대체로 경전의 권卷 단위 분량을 외우는 것을 원칙으로 한다. 그 외에 제술製述이나 잠箴과 명銘을 강講하기도 하였다.

녹봉정사에서 행한 통강의 자료는 남아 있지 않아 재생들이 강講을 한 서적과 고강(考講: 성적) 등은 알 수는 없으나 대체로 대구지역의 연경서원에서 행한 통강록을 참고하면 될 것이다[37]

이문건李文楗의 『묵재일기』에는 "목사(牧使, 금계)가 판자를 보내와 '백록동규白鹿洞規'를 써 달라고 하였다. 서원에 게시하고자 한다고 하였다."[38]라고 하였는데, 이것으로 보아 금계는 주자가 백록동서원에서 강학을 할 때 교육의 목표로 제시한 '백록동규白鹿洞規'를 영봉서원迎鳳書院에 게시한 것을 알 수 있다. 이것으로 보아 녹봉정사에서 강학을 할 때에도 유사有司가 먼저 '백록

---

35) 黃俊良, 『錦溪集(內集)』, 卷4 雜著, <上退溪書>. "… 書院精舍, 學徒充集, 月一至焉, 參聽講論, 恨無自治之功, 不能及人, 可歎. 扁額改然爲養, 盛論甚當. 如已揮過寄來, 何如? 暑退秋淸, 當欲一進, 以承警益, 官居, 事多牽掣, 果能遂否. 逆風馳慕, 不任傾跂. 謹拜." 번역은 강성위 역, 『국역 금계집 Ⅰ』, 안동대 퇴계연구소, 2014, 362쪽 국역본을 바탕으로 필자가 수정하였음.

36) 구본욱, 「연경서원의 경영과 유현들」, 홍원식 외, 『낙중학의 전개와 한려학파』, 계명대학교 한국학연구원, 2018, 219쪽.

37) 구본욱, 「大邱儒賢錄의 正字化와 해제」, 『퇴계학논집』 제11호, 영남퇴계학연구원, 2012, 307-398쪽.

38) 이문건, 앞의 책, 447쪽. <1561년 7월 6일>. "牧使送板, 求書白鹿洞規, 欲揭書院云."

동규'를 낭독하고 난 뒤에 차례로 강講을 한 것을 알 수 있다.[39]

『묵재일기』에는 1561년 7월 11일에 "목백(牧伯, 금계)이 팔거서재八莒書齋에 갔고, 자강子强 (吳健의 字)도 또한 갔다."라고 하였고, 또 동월 16일에 "목사牧使와 교관敎官이 팔거서재에 갔다고 한다."라고 한 것으로 보아 통강을 할 때 목사와 교관이 직접 참여한 것을 확인할 수 있다.[40] 여기에서 말하는 팔거서재는 녹봉정사를 말한다. 이것으로 보아 금계는 서원과 정사에 산장이나 학장을 임명하여 자율적으로 강론을 하도록 하였으나, 교관과 함께 관내의 향교와 서원, 정사 등을 순행하면서 직접 고강考講을 한 것을 알 수 있다.[41]

금계는 학생들에게 다음과 같은 편지를 보내어 학업을 격려하기도 하였다.

> 산은 옥처럼 아름답게 둘러 있고 샘물 소리는 옥 소리처럼 맑게 울리는 곳에서, 해맑은 창가에 앉아 정밀하고 심오한 도리를 강론하고 있을 것을 생각하니 위로가 되고 기쁩니다. 여럿이 함께 거주하면서 인仁을 돕게 되면 이로움이 반드시 깊을 것입니다. 병든 이 몸은 세속 일에 얽매여 안개 속 같은 길을 헤쳐 나갈 방도가 없으니 실로 가소롭고 한스럽습니다. 여러분들의 학업은 단지 구두점이나 찍어 해석하여 명성과 이익이나 취하는 데에 그치게 하여서는 안 됩니다. 명교名敎 가운데 저절로 즐거움이 있는 법이니, 부디 제일가는 의의를 다른 사람에게 양보하지 마십시오. 나머지는 견실하게 앉아서 각고면려하여 멀리서 발돋움하며 기대하는 나의 소망에 부응하길 바랍니다.[42]

---

39) 여기에 대하여는 구본욱, 「연경서원의 강학과 대구지역 제3세대 유학자」, 『조선사연구』제28집, 2019, 92-93쪽에 자세히 설명되어 있다.

40) 이문건, 앞의 책, 448-449쪽. 〈1561년 7월 11일〉. "牧伯如八莒書齋, 子强亦去." 〈16일〉, "牧使敎官, 如八莒書齋云."

41) 이문건, 앞의 책, 446쪽. 〈1561년 7월 2일〉. "入臨風樓, 見城主考講儒生等所讀書, 敎官亦共之."

42) 황준량, 『국역 금계집(내집)』, 4권, 〈與鹿峰精舍諸生書〉. "山擁瓊瑤, 泉鳴玦環. 想宴坐晴窓, 講論精邃, 慰喜慰喜. 群居補仁, 爲益必深. 病夫縻塵, 末由披霧, 可笑恨也. 諸君課業, 非

위의 편지는 『금계집』에는 제목이 <녹봉정사 유생들에게 주는 글與鹿峰精舍諸生書>이라고 되어 있는데, 《녹봉정사 사적》에는 <녹봉정사 산장 학장 제군 모두에게 올려 묻는다上問鹿峰精舍 山長 學長 諸君僉侍>라고 하고, 1561년에 보낸 글이라고 하였다.

위 강학에 참여하거나 방문한 사람들은 당시 성주를 비롯한 각 지역을 대표하는 유현儒賢들이다. 그리고 위 명단 중에는 퇴계의 문인이 다수 포함되어 있는데, 특히 계동溪東 전경창(全慶昌, 1532~1585)이 방문하였고, 한강寒岡 정구(鄭逑, 1543~1620)가 강학에 참여하였다는 것은 주목할 만하다. 두 사람 모두 퇴계의 문인이다.

또 퇴계의 문인인 매암梅巖 이숙량(李叔樑, 1519~1592)이 금계가 있던 성주관아星州官衙를 방문하여 영봉서원 배향인물의 위차에 대한 논의 등을 직접 보고 퇴계에게 보고한 것에 주목할 필요가 있다. 매암은 금계의 처숙부가 되는데 연배로는 금계가 두 살 위이고 동문同門이다. 퇴계는 금계에게 답한 편지에 "지난번 이대용(李大用, 대용은 매암의 字)으로부터 '주학州學의 배향인물에 대해 바로 잡으려 한다.'고 하는 말을 들었는데, 진실로 이와 같이 한다면 모두 온전하다고 이를 수 있을 것이네."[43]라고 말하고 있다. 『묵재일기』에는 매암이 여러 차례 성주로 와서 자신을 방문한 것[44]이 기록되어 있다.

필자는 위 사실로 미루어 매암과 계동이 1563년(명종 18) 대구에 연경서원을 창건할 때 금계가 성주목사로 재직할 때 실시한 서원과 정사의 교육에 영향을 받았다고 생각한다. 이로 미루어 본다면 연경서원은 금계가 성주의

翅講解口讀, 要取聲利. 名教中自有樂地, 莫將第一義, 讓與別人. 餘冀堅坐刻厲, 以副遐跂."

43) 李滉, 『退溪先生文集』, 20권, <答黃仲擧>. "頃因李大用, 聞州學頽圮, 將謀繕修, 苟如是, 可謂俱全, 而又可塞洪監司之責盧牧矣. 然若專用力於是, 而書院一事, 徇時意而弛之, 則與彼所見何異哉?"

44) 이문건, 앞의 책, 419, 431, 483, 497, 501쪽. <1561년 5월 24일, 윤5월 4일, 11월 14일, 1562년 1월3일, 17일, 23일>

녹봉정사에서 실시한 강학을 계승하였다고 할 수 있다. 따라서 퇴계학이 영남지역에서 남전南傳한 것은 금계로부터 시작되었으며, 금계는 신령의 백학서당과 성주의 녹봉정사에서 전개하였다. 그리고 매암과 계동이 금계의 강학을 계승하여 대구에 연경서원을 건립하여 강학함으로써 그 결실이 이루어졌다고 할 수 있다. 이것은 퇴계가 서원교육의 목표와 이유를 '연경서원기문후기'에서 제시하였기 때문이다.

한강 정구가 녹봉정사의 강학에 참여하였다는 것은 지금까지 알려지지 아니하였는데, 한강이 녹봉의 강학에 참여하였을 때 19세였던 것으로 보아 녹봉정사 강학이 한강의 학문 형성에 상당한 영향을 주었을 것으로 추측해 볼 수 있다. 한강이 오건이 성주교수로 있을 때 가르침을 받았으며 『주역』을 공부하였다는 것은 한강의 행장에도 보이는데[45], 한강이 녹봉에서 강학을 받았다는 것은 이번에 처음으로 밝혀진 것이다.

물론 한강은 녹봉 이외 성주향교나, 영봉서원에서도 강학을 받았을 것이다. 교관은 중앙에서 지역의 향교에 파견하는 관원으로 대체로 과거에 합격한 문신 중에서 나이가 많고 학문이 깊은 사람으로 과거에 합격한 직후에 임명되는 관직이다. 한강은 만년에 오건의 무덤에서 올린 제문을 〈제덕계오선생묘문祭德溪吳先生墓文〉이라고 하여 선생으로 호칭하며 제자의 예를 다하고 있다. 또 한강은 안동부사로 부임하여 금계의 무덤을 찾아 올린 제문 〈제황금계 준량 묘문祭黃錦溪 俊良 墓文〉에서 "우리 고을의 수령으로 부임하셔서 후생을 이끌어주셨습니다. … 선생의 혼령의 계시거든 저의 정성을 굽어 살피시어 흠향하소서."[46]라고 하여 선생의 예로 대하고 있는 것을 확인할 수

45) 정구, 『국역 한강집』 4, 송기채 역, 〈행장〉, 민족문화추진회, 2004, 46-47쪽.

46) 鄭逑, 『寒岡文集』, 권12, 〈祭黃錦溪 俊良 墓文〉. "及到吾州, 導迪後生. … 惟先生之不亡, 其尙有以鑑饗也哉."

있다. 이것은 정사는 목민관牧民官이 세울지라도 지도는 교관敎官이 하기 때문이다.

그리고 어느 해인지는 알 수 없으나 한강의 문인들이 녹봉정사에 모여 한강이 저술한 "『오선생예설五先生禮說』을 교감하였다."[47]고 한다.

나. 학생선발과 교육의 4등급제

금계는 성주지역의 서원과 정사에서 교육을 실시할 때 학생을 4등급으로 나누어 선발하였다고 한다. 여기에 대하여 정약용의 『목민심서牧民心書』의 기록을 살펴보면 다음과 같다.

> 황준량이 성주 목사가 되어 문묘文廟를 중수重修하여 전보다 규모를 늘리었다. 이때 성주 교관星州敎官은 사문斯文 오건吳健이었는데 뜻과 의견이 잘 맞았다. 제자 약간 명을 뽑아 네 등급으로 나누어서 오건에게 가르치는 일을 맡기고, 매월 한 번씩 강講을 하여 그동안 배운 글을 배송背誦시키고 의심이 나는 곳을 논의하게 하고 부지런하고 게으른 것을 상고하여 상벌賞罰의 차례를 정하였다.[48]

위의 글에서 말한 4등급을 녹봉의 <정사유생공궤규식精舍儒生供饋規式>에 의거하여 분류해 보면

---

47) 李墩, 『壺峯文集』, 권1 詩, <冬至後七日, 金從兄大澤, 李從兄心愸, 李判官潤雨, 李秀才文雨, 李評事濯, 李生員時榦, 金秀才築, 宗, 榘, 李秀才道昌, 道瀜, 道長及余十三人. 將勘禮說于鹿峰. 余以精舍之任. 當稟勘校之規. 兼運書籍. 遂趨泗濱. 途中有此詩>. "今日泗濱辭丈席, 明朝精舍萃金蘭. 老夫壯者並童子, 評事生員與判官. 勘定五先生禮說, 兼全三益友交顔. 百年那得長如許, 頗覺人間此會難."

48) 정약용, 『목민심서』, 禮典 6조, 제4조 興學. "黃俊良牧星州, 重修文廟, 恢拓舊規, 會吳斯文健, 爲州敎官, 相與志同議合, 揀取弟子若干員, 分爲四等, 令吳主敎任其檢督, 每月一會講, 令背誦其所讀書, 因爲之論難疑義, 考其勤慢, 第其賞罰, 州東有孔谷, 因立書堂, 又於八莒縣, 立鹿峰精舍,訓迪多方, 成就甚多," ; 황준량, 『금계집』, <行狀(李滉 撰)>. 오건, 『덕계집』, <行狀(姜大遂 撰)>.

① 초시初試에 입격入格한 사람, ② 입격入格은 하지 못하였으나 경전에 밝고 행실이 뛰어나 사표가 되는 자, ③ 재능과 덕행이 있으나 입격入格하지 못한 자, ④ 동몽童蒙.

으로 분류할 수 있다. 이와 같은 방식으로 학생을 선발하여 공부하게 하는 것은 여타의 다른 곳에서는 볼 수 없는 금계가 성주에서 실시한 엄격하고도 철저한 교육 방법이라고 할 수 있다.

금계가 타계한 10여년 후 백담柏潭 구봉령具鳳齡은 문인인 권춘란權春蘭이 성주 훈도(교관)로 가게 되었을 때 다음과 같은 편지를 보내어 격려하였다.

성주 훈도訓導는 어제 도목정사都目政事에서 이미 비답批答을 내렸네. 대체로 훈도의 직책이 '한직'이라 하더라도 날마다 선비들과 함께 공부하는 곳에 영재를 교육하는 즐거움이 있을 것이니, 이 때문에 선현들이 특별히 뜻을 두지 않은 적이 없었네. 호胡 선생의 소호법蘇湖法[49]이 그 한 가지이네. 묘우廟宇를 경건하게 지키고 학도를 장려하며 예의와 겸양의 덕으로 인도하고 고인古人의 학문에 힘쓰게 하여 온 경내로 하여금 유학의 교화가 널리 퍼져서 성스런 조정의 문명의 다스림을 돕는다면 어찌 보잘것없는 사업일 뿐이겠는가. 오덕계吳德溪가 이곳 훈도가 되어서 황금계黃錦溪와 마음을 모아 교육을 폈는데 남긴 가르침이 전해져서 지금도 남아 있으니 알지 않을 수 없네.[50]

위의 편지는 권춘란이 과거에 합격한 연도(1573)[51]로 헤아려 보면 금계

---

49) 胡선생: 송나라 학자 胡瑗을 가리킨다. 蘇州와 湖州의 教授가 되었을 때에 규약을 엄하게 정하고는 솔선수범하면서, 지독한 더위 속에서도 반드시 하루 종일 공복을 입고 지내면서 제생을 가르쳐 수많은 제자들이 모여들었다고 한다.

50) 구봉령, 『국역 백담집』 2, 8권, <권언회에게 보낸 편지(與權彦晦書)>, 장재호 역, 한국국학진흥원, 2015, 556쪽.

51) 『선조실록』, 6년(1573) 3월 7일. <문과 복시 합격자 명단>.

가 타계한 10여년 후에 보낸 편지이다. 그러므로 금계의 녹봉정사의 설립과 강학이 당시에 널리 알려졌던 것을 알 수 있다.

4. 녹봉정사 강학의 계승과 흥폐

1) 강학의 계승

녹봉정사가 임진왜란 때 소실되었는지의 여부는 전하는 기록이 없어 알 수가 없다. 그러나 후인의 기록에는 피해를 입은 것으로 표현하고 있다. 대구의 유생인 모당慕堂 손처눌(孫處訥, 1553~1634)은 1599년(선조 32년) 7월에 칠곡의 상지上枝에 들렀는데 이때 처남인 이희복李熙復, 이심해李心海, 이심민李心愍과 함께 장인인 송암松巖 이원경李遠慶의 묘소에 성묘를 하고, 녹봉정사에서 강학을 하였다. 이것으로 보아 녹봉정사는 임진란이 종결된 직후에 중수되었거나 피해가 최소한에 그쳤던지 당시에 강학이 가능하였던 것을 알 수 있다.

모당은 이때 정사에서 석담石潭 이윤우(李潤雨, 1566~1639), 완석정浣石亭 이언영(李彥英, 1568~1639), 극명당克明堂 장내범張乃範, 이흥우李興雨와 더불어 강학을 하였다.[52] 이희복은 모당의 종처남으로 이윤우의 부친이고, 이원경은 종조부이다. 두 분 다 앞에서 언급한 녹봉정사의 강학에 참여하였다. 이것으로 보아 녹봉정사의 강학은 금계錦溪 이후에도 세대를 이어 계속 행하여졌던 것을 알 수 있다.

또 동년에 여헌旅軒 장현광張顯光이 녹봉정사를 방문하여 이언영, 이윤우,

52) 손처눌, 『慕堂集』, <연보 47세>.

권협權悏, 용계龍溪 송광계宋光啟, 고촌孤 이심홍李心弘, 장내범, 월포月浦 장현도張顯道 등과 더불어 강학을 하였다.[53)]

이보다 앞서 1588년(선조 21)에 이언영과 이윤우, 낙포洛浦 이종문(李宗文, 1566~1638)[54)]이 이 정사에서 춘추春秋를 공부하였다[55)] 또 호봉壺峯 이돈(李燉, 1568~1624)[56)], 이탁(李濯, 字 新之), 이적(李摘, 字 士厚),[57)] 우옹迂翁 이문우李文雨도 이곳에서 공부를 하였다.[58)]

1609년(광해군 1)에는 한강寒岡 정구鄭逑가 괴헌槐軒 곽재겸(郭再謙, 1547~1615)과 함께 정사를 방문하였으며[59)], 동년에 이윤우와 문탄聞灘 손린(孫遴, 1566~1628)이 선조宣祖가 승하하고 기년朞年이 되어 이곳에서 재숙齊宿을 하며 망곡례望哭禮를 행하였다.[60)]

1640년(인조 18)에 이르러 성주목의 속현이었던 팔거현에 칠곡도호부가 설치됨[61)]에 녹봉정사는 행정구역이 칠곡부의 관할이 되었다. 초대 부사였던 윤양(尹瀁, 재임 1640. 7. 9~1641. 7. 2)은 부임한 이듬해에 임소인 칠곡에서 병으로 타계하였는데, 이때 낙촌洛村 이도장(李道長, 1603~1644)은 녹봉정

---

53) 이언영, 『완석정문집』, 권6 <연보 32세>.

54) 이종문은 본관이 全義로 대구의 하빈에 霞鶩亭을 건립하였다.

55) 구본욱, 「낙포 이종문의 생애와 하목정」, 『조선사연구』 제26집, 조선사연구회, 2017, 3쪽 ; 이언영, 위의 책, 권6, <연보 21세>, 73쪽.

56) 본관은 廣州, 1601년 문과에 합격, 영해부사, 영천군수를 역임함, 『壺峯文集』이 있음.

57) 이돈, 『壺峯文集』, 권1 시, <九月十四日 同茂伯 新之 李士厚 墒 及茂甫 叔吉 誠伯遊鹿峰 夜吟一絶>. "霜落高林秋夜清, 西風吹作捲雲聲, 碧天寥闊無纖碍, 萬壑千峯一月明."

58) 이언영, 앞의 책, 권5 <제문>, 35쪽.

59) 곽재겸, 『槐軒遺集』, <年譜>. "三十七年 光海元年 己酉, 先生六十三歲. ○八月, 餞寒岡先生于鹿峰. 寒岡先生以看碑事, 向智妙村, 過研院前. 先生時爲院首, 餞送踰鼎峙歇于八莒縣, 陪向鹿峰."

60) 이윤우, 『石潭集』, 권1 시, <鹿峰精舍齊宿 行望哭禮,己酉> ; 손린, 『聞灘集』, 권1 시, <先王初忌 與李茂伯 行望哭禮于鹿峰書齋 因書一絶 小叙哀慕之情>.

61) 도성탁 등 편, 『칠곡도호부사 행록집』, 팔거역사문화연구회, 2018, 17쪽.

사 유생을 대신하여 〈제문〉을 올리기도 하였다.[62]

수헌守軒 이봉세(李奉世, 1626~1676)는 이언영의 문인인데, 감호鑑湖 이도장(李道章, 1567~1677), 존순재存順齋 송시강宋時綱을 따르며 녹봉의 승사僧舍에서 경전을 토론하였다[63]

삼소재三疎齋 이희일(李熙一, 1702~1754)은 생원으로 대산 이상정, 백불암百弗庵 최흥원崔興遠과 교유하였는데, 그는 녹봉정사에서 고을의 부로父老들과 함께 『대학연의大學衍義』를 강의하였다. 그리고 향음주례鄕飮酒禮를 행하였으며 후학들을 지도하였는데 성취된 자가 많았다고 한다.[64]

1801년(순조 1)에 백불암의 문인인 만각재晩覺齋 이동급(李東汲, 1738 ~ 1811)이 정사를 중수하고 과시(課試: 통강)를 열어 옛 모습을 회복하였으며, 1807년(순조 7) 겨울에 동지들과 주자서朱子書를 강학하였다.[65] 파강巴江 이경록(李經祿, 1736~1804) 또한 백불암의 문인으로 녹봉의 동주(洞主, 산장)로서 강학하고 문인들을 격려하였다.[66]

경재景齋 우성규(禹成圭, 1830~1905)는 1889년(고종 26) 6월에 칠곡부사가 되어 사양서당泗陽書堂[67]에서 정읍례庭揖禮를 행한 후 녹봉정사의 판상운[退溪詩韻]으로 시를 지어 회중會中에 주었다.[68] 농은聾隱 이시형(李時馨, 1850~1928)은 녹봉에서 향음주례를 행하고 수계修契를 하였다[69]고 한다.

---

62) 李道長, 『洛村文集』, 권2, 〈祭尹漆谷(爲鹿峰儒生作)〉.

63) 李晩燾, 『響山集』, 권14, 〈守軒李公墓碣銘〉.

64) 柳台佐, 『鶴棲文集』, 권17 〈成均生員三疎齋李公行狀〉. “又與鄕中諸父老, 聚鹿峰精舍, 講大學衍義, 行鄕飮酒禮,敎養後學, 多有成就者,”

65) 이동급, 『晩覺齋集』, 〈遺事(李芳運 撰)〉, 〈行狀(朴光錫 撰)〉.

66) 崔興璧, 『蠹窩文集』, 권14, 〈巴江李隱君行狀 辛未〉.

67) 이 당시에는 대원군에 의해 서원이 훼철된 후였다.

68) 우성규, 『景齋集』, 권2 시, 〈泗陽書堂 行庭揖禮後 用鹿峰板上韻贈會中〉.

69) 이시형, 『聾隱集』, 권1 시, 〈鄕飮于鹿峰因修契事〉. “錦翁絃誦退陶風 故事重尋揖讓中. 白鹿洞規三復意 更修蕭寺契參同”

지금까지 살펴본 바에 의하면 녹봉정사는 조선 말·일제 강점기에 이르기까지 강학이 지속되었으며, 계契를 조직하여 정사를 보존하려고 무척 노력하였다는 것을 알 수 있다.

2) 정사의 흥폐

녹봉정사는 금계 황준량이 정사를 건립하고 강학을 실시한 조선 중기에 가장 성대하였다. 그러나 금계가 병으로 목사를 그만 두고 고향으로 돌아가다가 타계한 후에도 상당기간 이 강학은 유지되었던 것으로 보인다. 이것은 방문자가 1565년(을축) 3월과 4월 이후에도 이어졌던 것에서 알 수 있다.[70]

그러나 시간이 경과하면서 정사의 건물이 퇴락하고 재정의 부족 등으로 인하여 운영에 많은 어려움을 겪게 되었다. 칠곡부사 윤광정(尹光鼎, 재임: 1766. 6. 9~1768. 2. 13)[71]은 부임 2년 후 1768년(영조 44, 戊子)에 정사를 철폐하기로 결정하였다.

윤광정이 정사를 철폐하려고 하였던 이유를 〈칠곡부사가 직접 기술하여 상부에 보고한 문서漆谷府使 自製報狀〉를 통하여 살펴보면 "녹봉서재의 명선당明善堂과 시습재時習齋에는 지금 기와片瓦의 여분이 남아있지 아니하고, 유생들이 승사僧舍에 의탁하여 선비의 기상을 잃고 있습니다."[72]라고 말하고 있다. 그리고 당시 관내의 서원인 사양서원의 건물도 퇴락하였던 것으로 보인다. 그래서 유생들이 자체적으로 모금을 하기도 하였으나 역부족이었다. 이것으로 보아 윤광정이 정사를 철폐하려고 하였던 것은 정사 건물의 퇴락

70) 《녹봉정사 사적》. 〈訪舍錄〉.

71) 도성탁 등 편, 앞의 책, 136쪽.

72) 《녹봉정사 사적》, 〈漆谷府使 尹光鼎 自製報狀〉. "且鹿峰書齋 明善堂 時習齋 今無片瓦餘存. 只作願佛之宇 則儒生一向托名僧舍 有失士氣. 〉

과 운영의 어려움 때문이었던 것을 알 수 있다.

이것은 앞에서 언급한 이봉세(李奉世, 1626~1676) 등이 녹봉鹿峰의 승사僧舍에서 경전을 토론하였다고 한 것에서 당시의 사정을 짐작할 수 있다.

이에 대하여 유생들은 "금계와 퇴계에 의해서 설립된 유서 깊은 교육기관을 철폐하는 것은 부당하다"며 통문을 발하며 철폐의 부당성을 제기하였다. 당시에 유생들이 보낸 통문을 열거하면 다음과 같다.

> 〈郁陽書院 道內 通文〉, 〈郁陽(書院) 漆谷星州通文〉, 〈醴泉士林通文(檜淵書院)〉, 〈伊山書院 士林通文(檜淵書院, 硏經書院)〉, 〈善山洛峯書院 通文(檜淵答通 道會時)〉, 〈安東虎溪(書院) 通文(道內)〉, 〈陶山書院 通文(大邱 硏經書院, 星州 檜淵書院)〉, 〈安東 三溪(書院) 通文(道會時)〉, 〈屛山書院 通文[73], 〈校院通漆谷文(梧山 徐昌載)〉[74]

위의 통문은 《녹봉정사 사적》에 모두 행초서로 필사되어 있다. 이 일로 동년 1월에 이사윤(李師尹, 居성주), 조춘경(趙春慶, 居대구) 등 69명이 달성(대구)에 모여 도회道會를 열기도 하였다.[75]

부사 윤광정은 같은 해 2월 13에 파직罷職되어 물러났는데[76] 이것으로 보아 그는 녹봉정사의 일로 인하여 문책을 받은 것을 알 수 있다.

이후 관찰사 김양순金陽淳이 완문完文을 작성하여 녹봉정사를 일신하고자 하였다. 이 완문은 서문과 함께 모두 7조목으로 되어 있는데, 그 중에서 가장 주목할 것은 '거재居齋는 학생의 수를 10명으로 제한'하는 것이다.[77] 이

73) 이상은 《녹봉정사 사적》에 수록.

74) 서창재, 『梧山文集』, 권4 雜著, 〈校院通漆谷文〉.

75) 《녹봉정사 사적》, 〈戊子 政月(正月) 達城道會時 同苦錄.〉

76) 도성탁 등 편, 앞의 책, 136쪽. 『칠곡부읍지』〈先生案〉에는 2월 19일로 되어 있다.

77) 《녹재강사록》, 〈完文漆谷府〉. "齋生以十員永爲正式"

것은 당시에 정사를 운영하는 재정이 매우 부족하였다는 것을 말해 주고 있는 것이다.

녹봉정사는 1801년(순조 1)에 이동급의 주도로 중수하였으며, 1900년을 전후하여 또 중수를 하였다. 1904년에 재임齋任이었던 이능환(李能煥, 본관: 廣州)이 쓴 기문의 일부를 살펴보면 다음과 같다.

> 천년 뒤에 영걸들의 모습과 아름다운 유적이 인멸되어 전함이 없을까 두려운 까닭으로 벽진이씨碧珍李氏, 매남송씨梅南宋氏, 납실정씨鉛室鄭氏와 우리 광주이씨廣州李氏 4집안에 부탁하여 길이 보전할 계획을 세웠다. 그 숭사모현崇師慕賢의 정성이 어찌 장하고 또 위대하지 않은가? 임진병란 후 300년이 경과한 후 세상의 도道가 무너지고 사람들의 기강이 점점 해이하여, 재사齋舍가 기울어졌으나 물력이 탕진되어 다만 산림山林 1폭과 파옥破屋 3칸이 있을 뿐, 선현의 유광遺光이 거의 없어졌으니 후생이 한심하고 탄식함이 없으리오. 중년에 중 한 사람이 와서 정사 옆에 법당을 짓고 아울러 수호해 주려고 하여 허락한지 몇 해가 되었다.[78]

위의 기문을 살펴보면 조선말에 이르러 상지의 벽진이씨, 매남의 야로송씨, 납실의 동래정씨, 상지의 광주이씨 4집안이 합심하여 정사를 중수한 것을 알 수 있다.

그러나 기문 중에 '중년에 중 한 사람이 와서 정사 옆에 법당을 짓고 아울러 수호해 주려고 하여 허락한지 몇 해가 되었다.'라고 하였는데, 일제 강점기를

78) 李能煥, 〈鹿峰書堂小記, 甲辰(1904) 3월 餞春日〉, 《鹿峰精舍 永慕契案帖》. "千載之下, 懼夫其英風美蹟, 湮滅而無傳也. 故托碧李 梅宋 鉛鄭氏 及吾姓 四家永爲保守之計. 其崇師慕賢之誠, 豈不壯 且偉者哉. 後經龍蛇之變, 自三百年來, 道已降人紀漸弛, 齋舍傾頽, 物力蕩殘, 只有山林一幅, 破屋三間而已. 先賢之遺光, 剩馥絶無而僅存爲. 其後流輩,不是心寒而感慨者乎. 不料中歲, 稱僧一人, 聞其勝像而來請 築梵宮于此傍, 弁爲守護如何云, 故許以成之居者, 有年幸矣."

거치면서 정사는 없어지고 이곳에 다시 사찰이 들어선 계기를 알 수 있다.

5. 맺음말

지금까지 녹봉정사의 건립과 그 경영 및 강학에 대하여 살펴보았다. 정사 강학의 의의를 몇 가지로 요약하면서 결론에 대신하고자 한다.

첫째, 녹봉정사는 성주목의 속현에서 출발하였으나 이후 팔거현에 칠곡도호부가 설치됨에, 녹봉정사는 칠곡지역을 대표하는 서재였다는 것을 알 수 있었다.

둘째, 퇴계학의 남전南傳이 황준량으로부터 시작된 것을 알 수 있었으며, 녹봉정사의 강학에 성주를 비롯한 인근지역의 학생들이 참여함으로써 영남지역에 퇴계학을 발전·정착시키는데 크게 기여하였다. 특히 전경창과 정구가 방문·참여함으로써 연경서원의 창건에 영향을 주었으며, 한강학을 형성하는데 기여하였다.

셋째, 녹봉정사의 강학을 계승한 이윤우와 이언영이 문과에 합격하여 관계에 진출함으로써 조선 후기 영남 남인의 학맥을 형성하는데 기여하였다. 이윤우는 연경서원 강학에 참여하였으며, 이언영은 서사원의 선사재仙查齋 강학에 참여하기도 하였다.

넷째, 녹봉정사는 조선 후기를 거치면서 재정적인 측면에서 많은 어려움이 있었으며, 철폐의 위기에 봉착하기도 하였다.

끝으로 이 글을 통하여 녹봉정사가 선현이 설립한 영남지역의 주요한 교육기관이자 유서 깊은 유적지로 확인되었다. 따라서 전통을 교육하는 기관으로 복원되어 유가儒家의 수기치인修己治人과 내성외왕內聖外王의 정신을 공부할 수 있는 장소로 재탄생하기를 기대한다.

참고문헌 reference

『논어』.

『선조실록』.

칠곡부 편, 『慶尙道邑誌』《漆谷府邑誌》, 1832.

녹봉정사 영모회, 《鹿峯精舍 永慕契案帖》, 1984.

錦溪宗家 所藏, 《鹿峯精舍 事蹟》.

곽재겸, 『槐軒遺集』, 1845.

구봉령, 『국역 백담집』 2, 장재호 역, 한국국학진흥원, 2015.

柳台佐, 『鶴棲文集』.

李道長, 『洛村文集』.

李燉, 『壺峯文』, 1981.

李東汲, 『晩覺齋文集』, 1775.

李晩燾, 『響山集』, 1933.

李文樾, 『默齋日記』下, 국사편찬위원회, 1998.

서창재, 『梧山文集』.

손린, 『聞灘集』, 1932.

손처눌, 『慕堂集』, 1949.

오건, 『덕계집』.

우성규, 『景齋集』.

이시형, 『聾隱集』.

이언영, 『국역 완석정문집』 2, 이지락 역, 한국국학진흥원, 2017.

이윤우, 『石潭集』.

李滉, 『退溪先生文集』.

________, 『국역 퇴계전서』 6, 퇴계학연구원, 1989.

鄭逑, 『寒岡文集』, 1841.

________, 『국역 한강집』 4, 송기채 역, 민족문화추진회, 2004.

정약용, 『목민심서』.

崔興壁, 『蠹窩文集』, 1908.

黃俊良, 『錦溪集』, 1923.

________, 『국역 금계집(내집)』 I , 강성위 역, 안동대 퇴계연구소, 2014.

구본욱, 「연경서원의 경영과 조선중기 대구지역의 유학」, 『퇴계학논집』 제11호, 영남퇴계학연구원, 2012.

________, 「大邱儒賢錄의 正字化와 해제」, 『퇴계학논집』 제11호, 영남퇴계학연구원, 2012.

________, 「낙포 이종문의 생애와 하목정」, 『조선사연구』 제26집, 조선사연구회, 2017.

________, 「연경서원의 경영과 유현들」, 홍원식 외 『낙중학의 전개와 한려학파』, 계명대학교 한국학연구원, 2018.

________, 「연경서원의 강학과 대구지역 제3세대 유학자」 제28집, 『조선사연구』 28, 조선사연구회, 2019.

도성탁 등 편, 『칠곡도호부사 행록집』, 팔거역사문화연구회, 2018.

홍원식 외, 『중악 팔공산을 말한다』, 학이사, 2016.

금계 황준량의 녹봉정사 설립과 성주목사 재직시절의 활동

정 석 태

금계 황준량의 녹봉정사 설립과 성주목사 재직시절의 활동

정 석 태

1. 금계 황준량과 성주

次李子發[1]	이자발의 시에 차운하다
青衿簪蓋共論文	유생과 관인이 함께 글을 논하다가
講罷黃堂酒欲醺	강론 파한 정청에서 얼근히 술 마시네
微雨乍晴禽語軟	가랑비 잠깐 개자 새들 노래 부드럽고
一庭花絮亂紛紛	뜰 가득 꽃과 버들 어지러이 날린다오

금계錦溪 황준량(黃俊良, 1517~1563)은 1560년(명종15) 가을 성주목사로 부임하였다. 성주목사는 그가 1552년(명종7) 신녕현감, 1557년(명종12) 단양군수에 이어 세 번째로 임명된 지방고을 수령직이었다. 이번에 그가 목

1) 黃俊良, 『錦溪集』 卷3 張7a · b(서울: 한국고전번역원 1989 영인, 『韓國文集叢刊』37, 『錦溪集』, p.32상).

사로 부임한 성주는 앞서의 신녕이나 단양처럼 작은 고을이 아닌, 영남에서 손꼽히는 큰 고을이었다. 조선시대 지방고을의 수령은 일반 관료들과 달리, 강력한 중앙집권제 하에서도 독자적으로 자신만의 정치를 펼 수 있을 정도로 많은 재량이 주어져 있었기 때문에 고대의 제후諸侯에 비견되기도 하였다. 따라서 영남에서 손꼽히는 큰 고을 성주의 목사로 부임한 황준량은 관료로서 자신의 꿈을 한번 펼쳐 볼 수 있는 좋은 기회를 얻게 된 것이었다. 이 시에는 그러한 관료, 지방고을 수령으로서 자신의 꿈을 실현하려는 의욕과 기대가 전편에 넘쳐 난다.

이 시는 수령인 황준량의 주도 하에 성주 고을의 유생儒生과 관인官人이 함께 수령의 정청政廳에 모여서 글을 논하고, 다시 말하면 학문을 강론하고 뒤이어 열린 술자리에서 이자발, 곧 묵재默齋 이문건(李文楗, 1494~1567)이 지은 시에 차운한 작품이다. 자발子發은 이문건의 자이고, 그의 본관은 성주星州이다. 이문건은 1545년(명종즉위년) 승정원좌부승지에 올랐다가 을사사화 와중에 조카로 인해 연좌되어 자신의 선향先鄕 성주에 유배되었고, 23년 동안 성주에서 지내다가 죽었다. 그는 비록 성주에 유배되어 있던 처지였지만, 중앙의 고위관직을 지냈던 사람으로, 자기 선조 문열공文烈公 이조년(李兆年, 1269~1343)과 문충공文忠公 이인복(李仁復, 1308~1374)의 제향 문제로 당시 사족士族들 사이에 크게 논란이 되었던 영봉서원迎鳳書院[천곡서원川谷書院]의 설립과 그 외 성주 고을의 여러 일들에 깊숙이 관여하였다.

이 시에서 언급된 내용만으로는 당시 유생과 관인이 함께 모인 자리에서 어떤 서책을 읽고, 또 어떤 문제를 논의하였는지 구체적으로 확인해볼 수는 없다. 그러나 황준량이 성주목사로 재직하던 시절, 전임 성주목사 사인당四印堂 노경린(盧慶麟, 1516~1568)이 고을 내 유력사족 성주이씨 등과 협력해서 설립하였지만 제향인물과 그 위차 문제 등으로 정착이 원활치 않았던 영봉서원을 활성화시키면서 도학 위주로 제향인물을 선정하고 서원에서의 교육도 과거공부가 아닌 주자학으로 전환시키려 한 사실, 그리고 스승 퇴계退溪 이황(李滉, 1501~1570)의 숙원이었던 『회암서절요晦菴書節要』[『주자서절요朱子書節要』]를 간행하고 뒤이어 『송계원명이학통록宋季元明理學通錄』의 간행을 추진하였던 사실, 또 그의 공부가 『심경心經』과 『근사록近思錄』을 거쳐 주자학의 세계로 깊숙이 나아갔던 사실 등을 염두에 둔다면, 주자학 관련 어떤 서책과 그와 관련한 문제였을 것은 짐작해보기 어렵지 않다.

이 시에서, 유생과 관인이 함께 모여 학문을 강론한 자리가 바로 고을 수령의 정청이고, 그 자리에 모인 사람들이 이문건과 같은 전직관료 출신 사족도 포함되는 유생과 관인이었다는 사실이 주목이 된다. 고을 수령의 주도 하에 고을 수령의 집무실인 정청에서 고을 내 지도층인 사족들이 함께 모여 학문을 강론하는 모임이 진행되었던 것이다. 황준량은 고을 수령으로서 유생과 관인, 곧 고을 내 지도층인 사족들의 강회講會를 주도해서 먼저 고을 내 지도층인 사족들의 기풍을 진작시키고, 그러한 기반 위에서 고을 내 백성들을 교화해가는 자신만의 정치를 꿈꾸었던 것인가? 제3-4구에서는 기대감과 의욕에 부풀어 "가랑비 잠깐 개자 새들 노래 부드럽고, 뜰 가득 꽃과 버들 어지러이 날린다오.[微雨乍晴禽語軟 一庭花絮亂紛紛]"라고 하고 있다. 이 내용에다 제1-2구에서 언급된 내용, 곧 유생과 관인이 함께 모여 학문을 강론한 자리가 다른 곳이 아닌 수령의 정청이었다는 사실을 더하여 본다면, 이 시는 황준량이 성주목사로 부임한 이듬해인 1561년(명종16) 3월 녹봉정사鹿峯精舍의 설립이 한창 추진되던 시기에 지은 것으로 추정된다.

황준량은 성주목사로 부임하여 문묘文廟를 중수하고는, 당시 성주훈도로 재직하던 덕계德溪 오건(吳健, 1521~1574)과 힘을 합쳐 학생을 뽑아 네 등급으로 나누어 교육하고 매달 평가해서 상벌을 가리는 한편, 녹봉정사鹿峯精舍와 공곡서당孔谷書堂 등도 함께 설립하여 교육에 힘을 쏟아 성취한 사람이 많았다. 그 업적이 눈부신 것이었기에 다산茶山 정약용(丁若鏞, 1762~1836)

은 『목민심서牧民心書』 권7 「예전육조禮典六條 흥학興學」에서 사장師長과 학규學規를 두어 학교를 잘 운영한 목민관, 곧 지방고을 수령으로 우리나라 사람으로는 황준량을 제일 먼저 들었다.[2] 그러나 정약용이 이렇게 특서한 것은, 황준량이 지방고을 수령으로 해당고을 교육의 중심인 문묘, 곧 관학인 향교를 중수하고 그곳에다 사장과 학규를 두고 잘 운영한 사실에 무게를 두어 언급한 것이지, 그가 성주에서 사학인 녹봉정사와 공곡서당을 설립하고 교육한 것에 비중을 두어 언급한 것은 아니다. 따라서 이것만으로는 황준량이 성주에다 녹봉정사와 공곡서당을 설립하고 교육에 힘을 쏟았던 이유, 다시 말하면 성주목사로서 황준량이 꿈꾼 것의 전부가 온전하게 밝혀졌다고 할 수는 없다.

황준량은 신녕현감으로 재직할 때도 향교 문묘를 수축하는 것과는 별개로 사학인 백학산서원白鶴山書院[또는 백학서당白鶴書堂]을 설립하여 교육에 힘을 쏟았고, 성주목사로 부임해서도 신녕현감으로 재직할 때와 똑같이 향교 문묘를 중수하고 학생을 선발하여 사장과 학규를 갖추어 교육하는 것과는 별개로 녹봉정사와 공곡서당을 설립하여 교육에 힘을 쏟았다. 더구나 그가 성주목사로 부임했을 때 성주에는 관학으로는 큰 규모의 향교가 있었고 사학으로는 큰 규모의 영봉서원이 있었음에도 불구하고 다시 또 다른 사학인 녹봉정사와 공곡서당, 그중에서도 제향공간祭享空間을 제외하고는 강학공간講學空間과 유식공간遊息空簡이 온전하게 갖추어진 큰 규모의 녹봉정사를 설립하였다. 향교는 논외로 하고, 영봉서원은 서원이라고는 하지만 그 교육내용

2) 丁若鏞, 『牧民心書』 卷7 張60b-61a(서울: 고전번역원 2002 영인, 『韓國文集叢刊』285, 『與猶堂全書』V 政法集 第22卷, pp.474하-475상). "黃俊良牧星州, 重修文廟, 恢拓舊規. 會吳斯文健爲州敎官, 相與志同議合, 揀取弟子若干員, 分爲四等, 令吳主敎任其檢督, 每月一會講, 令背誦其所讀書, 因爲之論難疑義, 考其勤慢, 第其賞罰. 州東有孔谷, 因立書堂, 又於八莒縣, 立鹿峯精舍, 訓迪多方, 成就甚多."

이 과거공부를 중심으로 하는 것인데다 제향인물과 그 위차 문제로 정착과 운영에 많은 어려움이 있었기 때문에 그렇게 한 것이다. 여기에 그의 강력한 주자학 지향의식까지를 더하여 본다면, 성주목사 시절 황준량은 비록 벼슬을 버리고 물러나 산림山林에 처하여 학문연구와 강학활동을 하는 학자學者, 곧 주자학자朱子學者의 길을 걸어간 것은 아니었지만, 지방고을 수령이면서 학문연구와 강학활동을 함께 행한, 다시 말하면 정치현장에서 학문연구와 강학활동을 행한 학자, 곧 주자학자의 길을 걷고 있었다고 할 수 있을 것이다.

이와 함께 성주는 상주 · 진주와 함께 영남의 삼대 목牧 중의 하나로 난치難治의 고을로 이름이 높았다. 수령으로는 통어하기 어려울 정도로 고을 내 사족들의 힘이 강력했을 뿐만 아니라, 사족들은 또 한양과 거의 차이 없을 정도로 세련된 문화를 향유하고 있었다. 그것은 현재의 칠곡군을 포함한 성주목이 영남대로와 낙동강수로가 통과하는 대도회였기 때문에 가능한 일이었을 것이다. 1510년(중종5) 왜관이 웅천에서 동래로 이관되고 영남대로가 지금의 우로右路에서 중로中路로 변경된 뒤에도[3] 이러한 상황은 변함이 없었다. 도리어 이전 영남대로 우로의 중심, 그리고 영남 좌우도의 중심에 위치하면서 누렸던 세련된 문화를 기반으로 새롭게 유입된 문화를 융합해서 독자적인 문화, 독자적인 문풍을 열어내었던 것이다. 이론적 탐구가 승한 퇴계학退溪學과 실천적 기풍이 승한 남명학南冥學을 융합한 독자적인 문풍을 열어내었던 것이다. 그러한 독자적인 문풍을 열어내는 단초가 된 것이 성주목

---

3) 『嶺南驛誌』, 「開國五百四年正月日慶尙道黃山驛驛誌成册」(서울大學校奎章閣所藏). "黃山驛. 本以丞, 正德庚午, 陞爲兼察訪. … 正德庚午, 日館移設于東萊." / 李圭日, 『四留齋集』 卷5 張5a, 「策問」(國立中央圖書館所藏). "黃山之爲郵, 距東萊半日程, 則實爲南邊之咽喉, 而使蓋之綰轂也. 當初之設置也, 以倭館之在於右道熊川縣, 而本郵爲小路驛, 故位土也復戶也, 以小路例劃給. 而其後倭館移於東萊, 則本郵爲大路驛, 凡百事役, 百倍於前, 而位土復戶, 尙依小路例, 漸致彫劼, 實由是故也."

사 시절 학자, 곧 주자학자로서 황준량의 학문연구와 강학활동, 그중 녹봉정사를 중심으로 한 학문연구와 강학활동이 주요한 역할을 했다고 할 수 있을 것이다.

이 글에서는 앞서 언급한 내용을 기반으로 황준량의 녹봉정사 설립과 성주목사 재직시절의 활동에 대해 논의해보려고 한다. 먼저 황준량의 학자, 곧 주자학자로서의 위상과 면모를 살펴본 다음, 이어서 그의 성주목사 시절 주요 활동으로, 도학 중심의 영봉서원 제향인물 선정, 학교교육의 진흥과 녹봉정사 설립의 의의, 그리고 주자학의 보급과 『회암서절요』의 출간 등에 대해 알아볼 것이다. 황준량의 녹봉정사 설립과 성주목사 재직시절의 여러 활동을 통해 성주지역에 주자학, 나아가 주자학을 제일의第一義로 하는 퇴계학이 뿌리내려가는 과정을 추적해볼 것이다. 이 글에서의 논의를 통해 황준량이 흥학興學과 정사政事에 뛰어난 선치수령[관료문인官僚文人]만이 아닌 학자, 곧 주자학자로서 온전하게 자리매김할 수 있게 되기를 기대한다.

2. 금계 황준량의 퇴계학단 내에서의 위상

黃星州仲擧挽詞 二首[4]	성주목사 황중거에 대한 만사 2수
早騁詞華晚改求	문장으로 드날리다 늦게야 길을 바꿔
仕中爲學欲兼優	벼슬하고 학문해서 둘 다 잘 하려 했지
勤劬積日千痾集	근고가 날로 쌓여 온갖 병 모여들어
歸去中途萬事休	돌아오던 도중에 만사가 끝났다오
陶舍宿心違講習	도산에서 익히려고 먹었던 맘 어긋나고

4) 李滉, 『退溪集』 卷3 張46a · b(서울: 한국고전번역원 1989 영인, 『韓國文集叢刊』29, 『退溪集』 Ⅰ, p.123하).

錦溪幽抱失藏修	금계에서 장수할 깊은 생각 헛일 됐네
朱書每與人同讀	주자의 글 사람들과 함께 읽을 그때마다
幾憶平生淚共流	평생을 생각하며 얼마나 눈물 흘릴는지
穎脫爲文出俗姿	빼어난 글재주는 속태 벗은 모습인데
天胡賦命獨多奇	하늘이 준 운명은 어찌 저리 기구했나
靑雲正似鮎竿日	청운의 길 메기가 장대에 오르기라
綠綬還同鳳棘時	봉황이 가시 숲에 깃들은 듯 불운했지
謗有丘山飄衆呴	산도 날릴 비방을 뭇 입이 불어대고
家無甔石濟窮慈	한 섬 곡식 집에 없이 궁한 사람 구제했네
如君晩節尤堪尙	그대의 만년 삶은 더욱 숭상할 만하니
後有同心只自知	뒷날에 알아주는 동지가 꼭 있으리라

이 만사는 이황이 제자 황준량의 부음을 듣고 지은 것이다. 이황은 이 만사에서 황준량이 문장을 하다가 뒤늦게 학문의 길로 들어섰다고 하였다. 중앙조정에서의 벼슬길이 여의치 않아 지방고을의 수령을 자원해나간 것이 그 전회轉回의 계기를 마련해준 것이었다. 황준량은 지방고을의 수령을 하게 되면서 스승 이황의 학문적인 사업에 가장 적극적인 조력자가 되었다. 그중 가장 큰 공적은 『회암서절요』의 출간이었음은 말할 필요도 없다. 황준량은 성주목사로 재직하면서 이 책을 출간하였고, 또 이 책을 공부하는데 많은 힘을 들였다. 이황의 말대로 벼슬살이를 하면서 학문을 해나가되, 둘 다 모두 잘 해나가려고 노력하다가 그것이 주요한 원인이 되어 죽음을 맞이한 것이다. 나아가 황준량은 이황이 이 만사에서 "도산에서 익히려고 먹었던 맘 어긋나고, 금계에서 장수할 깊은 생각 헛일 됐네.[陶舍宿心違講習 錦溪幽抱失藏修]"라고 한 대로, 성주목사를 끝으로 벼슬에서 물러나 스승 이황과 함께 본격적으로 주자학을 깊이 공부할 생각을 가지고 있었던 것이다. 곧 스승 이황의 길을 뒤따르려 했던 것이다.

실제 이황과 황준량이 주고받은 서찰의 내용을 찬찬히 읽어보면, 황준량의 학문은『심경』과『근사록』을 거쳐『회암서절요』로 나아가서 주자학의 깊숙한 세계로 진입하고 있었음을 알 수 있다. 다만 지취志趣만 분명할 뿐 자신의 학문적 성취를 그에 상응하는 학술적인 저작著作, 다시 말하면 도학문자道學文字로 담아내기에는 너무 이른 죽음이었기 때문에 문인文人, 곧 관료문인官僚文人, 그중에서도 지방고을 수령으로서의 두드러진 행적과 주로 관료문인을 지내는 동안 지은 이러저러한 시문詩文 작품만 세상에 남겨놓게 된 것이다. 이황은 이것만 가지고서는 황준량에 대한 사후 인물평이 하나의 관료문인에 그칠 것을 깊이 염려했을 것이다. 그래서 이황은 1563년(명종18) 4월 초3일 황준량의 사망 소식을 접하고 처음 지은 제문에서는 공자가 수제자 안회를 잃었을 때와 동일한 비통한 심정을 담은 개인적인 정회를 피력한 다음,[5] 이어 1564년(명종19) 1월 초상을 맞이하여 지은 두 번째 제문에서는 황준량의 일생행적과 함께 그의 학문적 역정을 다음과 같이 구체적으로 언급하였다.

祭黃星州仲擧文[6]	성주목사 황중거에 대한 제문
愓余志之晩頹兮	나의 뜻은 늘그막에 무너질까 걱정인데
嘉公學之中悟	공의 학문 중년에 깨우침이 훌륭했지
謂枝葉之漸刋兮	가지와 잎 차츰차츰 쳐내어 버리고서
羌本源之可泝	본원으로 거슬러 올라간다 할만 했네
當在丹而入蔗境兮	단양군수 재직할 땐 좋은 경지 들어가서

5) 李滉,『退溪集』卷45 張23a · b,「祭黃星州[仲擧]文」(상동,『韓國文集叢刊』30,『退溪集』Ⅱ, p.491상). "維嘉靖四十二年歲次癸亥四月戊申朔初三日庚戌, 嘉善大夫同知中樞府事陶山老人李滉, 謹遣兒子寯, 以淸酌草果之奠, 敬祭于故人星州牧使錦溪黃君之靈. 嗟嗟錦溪! 而至此耶? 自星抵豐, 凡幾里耶? 緣路扶舁, 不至家耶? 我適龍縣, 君行不遐. 病難宿留, 書以代面. 歸臥故山, 指期相見. 何意訣言, 與訃偕至? 失聲長號, 傾水老淚. 天奪斯人, 曷其亟耶? 眞耶夢耶? 惝怳哽塞. 稽我奔走, 亦病之祟. 且遣兒子, 薄奠見意. 言不暇悉, 情不能裁. 嗟嗟錦溪! 一去難回. 已矣已矣, 哀哉哀哉!"

6) 李滉,『退溪集』卷45 張24a-25a(상동,『韓國文集叢刊』30,『退溪集』Ⅱ, pp.491하-492상).

覺憙憙而嘐嘐	기뻐하며 원대한 포부를 품게 됐지
逮來莅於星山兮	성주 고을 수령으로 부임을 하고서는
益勵心以不佻	더욱 마음 가다듬어 경솔히 아니 했네
何刻苦以自期兮	스스로 기약하고 얼마나 애를 썼나
擬仕學其兩優	벼슬 학문 둘 다 모두 넉넉히 하려 했지
得雲谷之緖言兮	운곡선생 남기신 서언을 얻고서는
猶悅口之豢芻	입에 맞는 맛난 고기 얻은 듯 좋아했네
信靡倡而不和兮	진정 창도 아니 하면 화답을 안 하는 법
適同好之在黌	때마침 뜻 맞는 이 향교에 있었다오
誠共樂於麗澤兮	진실로 서로 도와 즐거움을 함께 하자
藹多士之同聲	선비들 한 소리로 호응을 하였다오
窮晝夜以不倦兮	밤낮으로 쉬지 않고 부지런히 공부하여
極硏精於析理	이치를 밝히는 데 정밀함을 다하였지
時簡札之翩翩兮	때때로 편지를 멀리 날려 보내어서
辱詢蕘而虛己	못난 내게 자신을 비운 채 질문했네
…… 중략 ……	
思得全夫此樂兮	이 즐거움 온전히 할 생각을 하였나니
盍歸來乎婆娑	돌아가서 자유로이 노닐지 않으리오
眷竹嶺之蒼峭兮	죽령의 높고 푸른 봉우리 돌아보고
憐錦水之汩瀧	금수의 쏟아지는 맑은 물을 사랑했지
開三徑兮縹緲	아스라이 높은 곳에 삼경을 열어놓고
闢一室兮岑寂	고요한 자리에다 한 칸 집을 마련했네
挹蘭馨於同人兮	뜻 맞는 이와 함께 난초 향기 나누면서
理琴韻於古書	옛 서책에서 거문고의 운치를 고르리라
玩高明以入妙兮	고명함을 완색하여 정묘함에 들어가서
勵靜修而復初	고요히 수양하여 본성 찾아 가려 했지
…… 중략 ……	
託後事於過房兮	뒷일은 양자 들인 조카에게 맡겨 두고
留學訣於損友	학문의 진결은 못난 벗에게 남겨 뒀네

황준량은 중년의 깨우침이 훌륭하여 가지와 잎을 쳐내고 본원으로 거슬러 올라가서, 단양군수로 재직할 때는 이미 좋은 경지에 들어가 학문에 대한 원대한 포부를 가지게 되었고, 성주목사로 재직하면서는 그 참다운 의미를 알아내기 위해, 벼슬살이와 학문연구 둘 다를 모두 잘하기 위해 얼마나 애를 써서 노력했는지 모른다고 하였다. 무엇보다 주자학을 입에 맞는 맛난 고기를 얻은 듯이 좋아해서 성주목사로 재직할 때는 그곳의 훈도 오건과 서로 함께 익히며 선비들을 교육하였고, 그 이치를 깊이 궁구하면서 자신에게 편지로 자주 문의하였다고 하였다. 그러한 학자로서의 삶을 온전히 하려고 벼슬에서 물러나 학문을 닦을 터전을 소백산 자락 금계錦溪에다 마련해두고 뜻이 맞는 벗과 함께 학문을 더욱 깊이 닦아 나가려고 하였지만, 그 추구하던 학문의 진결을 못난 벗인 자신에게 맡겨둔 채 끝내는 이렇게 떠나가고 말았다고 하였다. 특히 여기서 든 이 마지막 구에서 "학문의 진결은 못난 벗에게 남겨 뒀네.[留學訣於損友]"라고 한 것은 앞서 들었던 만사의 제2수 제7-8구에서 "그대의 만년 삶은 더욱 숭상할 만하니, 뒷날에 알아주는 동지가 꼭 있으리라.[如君晚節尤堪尙 後有同心只自知]"라고 한 것과 동일한 황준량에 대한 후일의 평가와 추숭을 고려해서 내린 황준량에 대한 이황 자신의 인물평인 셈이다. 이처럼 이황은 그때까지 자신이 이루어낸 학문적 성과가 황준량에게 많이 기대어 있고 또 그와 함께 공유해야 할 것임을 명백하게 밝힘으로써, 황준량을 주자학을 깊이 탐구해나간 학자로 최종 평가한 것이다.

이황은 황준량이 사망하고 두 달이 조금 넘은 1563년(명종18) 6월에 큰 병이 나서 오래도록 앓은 뒤,[7] 황준량에 대한 자신의 인물평에 맞게 그의 일생행적, 관료문인이었다가 학자의 길로 들어서서 큰 성취를 이룬 황준량의

7) 정석태, 『퇴계선생연표월일조록』3(서울: 퇴계학연구원, 2005), pp.246-247 참조.

일생행적을 후대에 전할 자료로 엄정하게 기록하였다. 1563년(명종18) 12월에 지은 황준량에 대한 행장이 그것이고, 앞서 든 1564년(명종19) 1월 황준량의 초상을 맞아 지은 황준량에 대한 두 번째 제문이 그것이다. 그리고 1564년(명종19) 5월경에는 집안에서 보관 중이던 황준량의 시집 2권과 문집 2권의 유고 4권에다 약간의 초고를 보탠 황준량의 문집을 교열하였다. 이렇게 이황의 교열을 거친 『금계집錦溪集』은 아계鵝溪 이산해(李山海, 1539~1609)의 발문을 받아 1584년(선조17) 단양에서 간행되었다. 이와 함께 1566년(명종21) 2월에는 당시 풍기군수 조완벽趙完璧에게 서찰을 보내 금양정사錦陽精舍 수호를 특별히 부탁해서 「금양정사완호기문錦陽精舍完護記文」이 작성되어 영구히 지켜갈 수 있게 하였다.

> 금계선생은 퇴계선생의 문하에서 학문을 익히며 만년에 공력을 쏟은 것이 가장 친절하였다. 만약 하늘이 선생에게 수명을 좀 더 연장해 주었다면, 나는 퇴계선생의 학문이 의심할 여지없이 선생에게 이어졌을 것임을 잘 알 수 있겠다. 그러나 불행하게도 일찍 세상을 떠나자, 퇴계선생은 공자가 수제자 안회를 잃었을 때와 같이 "아, 하늘이 나를 망치는구나."라고 탄식하였으니, 그 애통하고 안타까운 마음이 어찌 다함이 있었겠는가.8)

이것은 1595년(선조28) 당시 풍기군수이던 이황의 또 다른 제자 겸암謙菴 류운룡(柳雲龍, 1539~1601)이 「금양정사완호기문」 뒤에 붙인 발문「금양정사완문발錦陽精舍完文跋」의 일부이다. 이 내용을 통해 황준량의 학문적, 학자적 위상은 이황의 사후 그 제자 대에서도 변함이 없었음을 알 수 있다. 그

8) 柳雲龍, 『謙菴集』 卷5 張18b, 「錦陽精舍完文跋」(서울: 고전번역원 1989 영인, 『韓國文集叢刊』49, 『謙菴集』, p.72하). "錦溪先生從遊退溪之門, 晩年用功, 最爲親切. 若使天假之年, 吾知龍門之響, 定續於先生無疑矣. 不幸早世, 天喪之歎遽發, 退溪之痛惜, 庸有極乎?"

사실은『퇴계집』의 서찰 편집 순서를 통해서도 분명하게 확인된다.

잘 알려진 대로 이황은 서찰로 당대 지성계의 많은 인사들과 정치적, 학문적인 문제를 논의하였다. 그중 제자들에게 보낸 서찰은 주자학의 학문적인 문제를 논의한 내용이 중심이 되어 있고, 또 그 비중을 기준으로 순서대로 편집해놓았다.『퇴계집』은 이황의 제자들이 그 편집지침을 서로 합의해서 편찬한 것이다. 말하자면 이황의 제자들이 서로 동의하고 합의한 퇴계학단退溪學團 내에서의 학문적 위상, 학자적 위상에 따라 순서를 잡아서 편집해놓은 것이다. 그 순서는 이황과 사단칠정논변을 벌인 고봉高峯 기대승(奇大升, 1527~1572)이 수제자로 첫 번째에 올라 있고, 바로 다음에 두 번째로 황준량이 올라 있다.[9] 이처럼 이황 당대와 이황의 제자들 대까지도 변함없이 황준량의 학문적, 학자적 위상은 굳건했던 것이다.

3. 금계 황준량의 학자로서의 면모

관료문인이 아닌 학자, 곧 주자학자로서 황준량의 면모는 어디에서 찾아볼 수 있는 것인가? 우선은 주지적主知的 성향이 두드러진 주자학에서 독특하게 드러나는 이단異端에 대한 강한 변별의식과 이에 따른 정학正學, 곧 도학道學으로서의 주자학을 절대화하려는 노력으로 영봉서원 제향인물과 그 위차 논의에 도학이라는 기준을 관철시켜 나간 것에서 가장 잘 찾아볼 수 있고, 다음으로 영봉서원과 녹봉정사 등을 과거공부가 아닌 도학공부의 터전으로 바꾸려는 학규를 정착시키는 한편 이와 관련해서『죽계지竹溪誌』와『영봉지迎鳳

9) 『退溪集』 書卷의 편집체제에 대해서는 정석태,「서간 중심의 문집 출현과 퇴계집」,『퇴계학논집』17(대구: 영남퇴계학연구원, 2015), 151-161면 참조.

志』 등 기존 서원지書院誌의 체제와 내용에 대해 비판한 것, 관학인 향교를 통한 교육과는 별개로 사학인 백학산서원 · 공곡서당 · 녹봉정사를 설립해서 교육을 한 것, 주자학, 곧 도학공부의 핵심교재로 떠오른 『회암서절요』를 출간하고 또 뒤이어 『송계원명이학통록』의 출간을 추진한 것 등을 통해서 찾아볼 수 있다. 이중 이단에 대한 강한 변별 의식과 도학 중심의 제향인물 선정에서 무엇보다 황준량의 학자, 곧 주자학자로서의 면모가 가장 잘 드러난다고 하겠다. 여기서는 황준량의 학자, 곧 주자학자로서의 면모를 이단에 대한 강한 변별의식을 중심으로 살펴보기로 하겠다.

1) 학자와 고사의 분화

> 옛날 산림山林에서 즐거워한 사람을 보면 또한 두 부류가 있었다. 현허玄虛를 사모하고 고상高尙을 일삼으며 즐거워한 사람도 있었고, 도의道義를 기뻐하고 심성心性을 기르며 즐거워한 사람도 있었다. 앞의 말을 따른다면 결신난륜潔身亂倫하는 곳으로 흐를까 염려되고, 심한 경우에는 조수鳥獸와 한 무리가 되어도 그르다고 생각하지 않으며, 뒤의 말을 따른다면 즐기는 것은 다만 조박糟粕뿐이라, 그 전해줄 수 없는 묘함에 이르러서는 구하면 구할수록 더욱 얻지 못하니, 즐거움이 무엇이 있겠는가. 그러나 차라리 이를 위하여 스스로 힘쓸지언정 저를 위하여 스스로 속이지는 않을 것이니, 또 어느 겨를에 이른바 세속의 명리라는 것이 있어 내 마음속에 들어옴을 알 것인가.[10]

10) 李滉, 『退溪集』 卷3 張9b-10b, 「陶山記[陶山雜詠幷記]」(상동, 『韓國文集叢刊』29, 『退溪集』 Ⅰ, p.104상·하). "觀古之有樂於山林者, 亦有二焉. 有慕玄虛事高尙而樂者, 有悅道義頤心性而樂者. 由前之說, 則恐或流於潔身亂倫, 而其甚則與鳥獸同群, 不以爲非矣; 由後之說, 則所嗜者糟粕耳, 至其不可傳之妙, 則愈求而愈不得, 於樂何有? 雖然寧爲此而自勉, 不爲彼而自誣矣, 又何暇知有所謂世俗之營營者, 而入我之靈臺乎?"

이것은 이황이 1561년(명종16) 도산서당陶山書堂을 완공하고 난 다음에 지은 「도산기陶山記」의 일부이다. 여기서 이황은 산림에서 즐거워한 사람, 곧 산림에 처處하는, 다시 말하면 산림에 은거하는 사람은 "현허를 사모하고 고상을 일삼으며 즐거워한 사람[慕玄虛事高尙而樂者]"과 "도의를 기뻐하고 심성을 기르며 즐거워한 사람[悅道義頤心性而樂者]"의 두 부류가 있다고 전제하고는, 전자의 경우는 "결신난륜하는 곳으로 흐를까 염려되고, 심한 경우에는 조수와 한 무리가 되어도 그르다고 생각하지 않는다.[恐或流於潔身亂倫而其甚則與鳥獸同群 不以爲非矣]"라고 비판하고, 후자의 경우는 "즐기는 것은 다만 조박뿐이라, 그 전해줄 수 없는 묘함에 이르러서는 구하면 구할수록 더욱 얻지 못하니, 즐거움이 무엇이 있겠는가.[所嗜者糟粕耳 至其不可傳之妙 則愈求而愈不得 於樂何有]"라고 일단 유보적으로 긍정한 다음, 이어서 자신은 "그러나 차라리 후자를 위하여 스스로 힘쓸지언정 전자를 위하여 스스로 속이지는 않을 것이니, 또 어느 겨를에 이른바 세속의 명리라는 것이 있어 내 마음속에 들어옴을 알 것인가.[雖然寧爲此而自勉 不爲彼而自誣矣 又何暇知有所謂世俗之營營者 而入我之靈臺乎]"라고 하여, 전자, 곧 산림에서 도의를 기뻐하고 심성을 기르면서 즐거워하는 사람을 따라 성인聖人의 조박인 경전을 통해 성인의 전해줄 수 없는 묘함[不可傳之妙]을 탐구하는 학자의 길을 가겠다고 하였다.

이황이 이 글에서 말하고 있는 산림에 처하는, 곧 은거하는 두 부류 중 자신이 가겠다고 한 학자의 길과 대립되는 현허를 사모하고 고상을 일삼으며 즐거워하는 사람은 고대 노장老莊 계통의 은사隱士도 아니고, 그렇다고 현실세계 밖에 노니는 불교佛敎 계통의 방외인方外人도 아니다. 그것은 다름 아닌 이황 당시 조선유학의 큰 흐름을 형성하고 있었던 고사高士들이었다. 밀양의 송계松溪 신계성(申季誠, 1499~1562), 산청[진주]의 남명南冥 조식(曺植, 1501~1572), 초계[합천]의 황강黃江 이희안(李希顔, 1504~1559)을 '영중삼고

嶺中三高'라고 칭하고 있거니와,[11] 이들은 모두 사화가 계속되는 당시의 정치 현실 속에서 산림에 은거하여 자신의 덕성을 닦아서 성인이 되는 길을 추구하였다. 이와 같이 덕성을 닦아서 성인이 된다는 입장에서는 이황과 조식 등 고사들이 본질적으로 차이가 없었지만, 주자학을 제일의로 해서 그 길을 가고 있던 이황의 입장에서는 조식 등 고사들이 가고 있던 길은 주자학 계통의 학자들의 길과는 서로 구별되는, 심법心法에서 서로 구별되는 노장 계통의 은사의 길, 곧 이단일 수밖에 없었다. 그래서 이황은 자신의 필생사업을 실현할 터전인 도산서당을 완공하고, 그곳에서 자신이 추구해갈 길이 주자학을 탐구하는 학자의 길임을 천명함과 동시에, 그와 대척에 서 있었던 고사의 길을 노장 계통의 은사의 길, 이단의 길로 배척해야 할 것으로 분명하게 밝혀놓은 것이다. 말하자면 학자와 고사가 분화된 것이다.

이황이 이단을 변별하고 배격한 것은 정학正學과 선학禪學의 변별, 학자學者와 고사高士의 변별, 학자學者와 문인文人[관료문인官僚文人]의 변별의 세 단계를 거쳤다. 시기적으로 학문적인 성숙도, 주자학에 대한 이해의 성숙도에 대응해서 세 단계를 거쳐 완성되어갔던 것이다.

첫 번째 단계인 정학과 선학의 변별은, 그 당시 한양과 한양의 직접적인 영향 속에 있었던 충주·상주·선산 등의 지역에서 크게 유행하고 있었던 양명학陽明學을 정학인 주자학에 대한 이단인 선학으로 지목해서 비판하는 과정에 이루어졌다. 1554년(명종9) 7월 소재穌齋 노수신(盧守愼, 1515~1590)에게 그의 『숙흥야매잠해夙興夜寐箴解』를 조목조목 비판하는 서찰을 보내면서 시작되었다. 이황은 이 과정에 그 문제에 대한 자신의 입장을 「백사시교변白沙

11) 鄭蘊, 『桐溪續集』 卷2 張16a, 「陶村曺公墓碣銘[幷序]」(서울: 한국고전번역원 1990 영인, 『韓國文集叢刊』70, 『桐溪集』, p.329하). "松溪與南冥曺先生植、黃江李先生希顔, 爲道義交, 世謂嶺中三高."

詩教辨」, 「전습록논변傳習錄論辯」, 「백사시교전습록초전인서기후白沙詩敎傳習錄抄傳因書其後」[12] 등의 글로 정리해두었다.

두 번째 단계인 학자와 고사와의 변별은, 주로 조식을 주자학을 제일의로 하는 입장에서 집중적으로 비판하는 과정에 이루어졌다. 이황은 조식이 노장 계통의 은사들과 다를 바 없다는 사실을 지적한 것은 오래되었고, 「도산기」를 짓기 한 해 전인 1560년(명종15) 1월에는 「서조남명유두류록후書曹南冥遊頭流錄後」라는 글을 따로 지어 자신이 생각하는 산림의 고사로서 조식의 문제, 주자학을 제일의로 하는 자신의 입장에서 조식에게는 노장 계통의 은사들에게서 한 발 더 나아간 문제, 심법에서의 문제가 있음을 분명하게 밝힌 바 있다.[13] 그러나 이황 당시 조식과 같은 고사들은 조식이 은거한 산청[진주] 일원에만 분포한 것이 아니었다. 신계성이 은거한 밀양 일원과 이희안이 은거한 초계[합천] 일원, 나아가 경상도 우도, 경상도 전역, 더 나아가서는 전국에 폭넓게 분포해있었고, 이황은 그에 따른 부정적인 영향도 심대하다는 판단을 하고 있었다. 그래서 이황은 자신의 필생사업을 실현할 터전인 도산서당을 설립한 취지를 밝힌 「도산기」에다 조식을 정점으로 하는 고사의 길이 자신이 추구하는 학자의 길과 판연하게 다른 길임을 다시 천명해놓은 것이다.

세 번째 단계인 학자와 문인의 변별은, 도통道統 문제와 관련해서 점필재佔畢齋 김종직(金宗直, 1431~1492)을 문인[관료문인]으로 평가하여 도학

12) 李滉, 『退溪集』 卷41 張23a-35b(상동, 『韓國文集叢刊』30, 『退溪集』Ⅱ, pp.416상-423상).

13) 李滉, 『退溪集』 卷43 張17a, 「書曹南冥遊頭流錄後」(상동, 『韓國文集叢刊』30, 『退溪集』Ⅱ, p.465상). "曹南冥「遊頭流錄」, 觀其遊歷探討之外, 隨事寓意, 多感憤激昂之辭, 使人凜凜猶可想見其爲人. 其曰一曝之無益, 曰向上趨下只在一擧足之間, 皆至論也, 而所謂明哲之幸不幸等語, 眞可以發千古英雄之歎, 而泣鬼神於冥冥中矣. 或以其尙奇好異, 難要以中道爲疑者. 噫! 自古山林之士, 類多如此, 不如此, 不足以爲南冥矣. 若其節拍氣味所從來, 有些子不可知處, 斯則後之人必有能辨之者."

의 역사에서 제외하는 과정에 이루어졌다. 1565년(명종20) 전후로 이황은 제자 구암龜巖 이정(李楨, 1512~1571)의 부탁으로 한훤당寒暄堂 김굉필(金宏弼, 1454~1504) 관련자료집인 『경현록景賢錄』을 교열하면서, 추강秋江 남효온(南孝溫, 1454~1492)의 『사우명행록師友名行錄』 중 김굉필의 배사背師 문제를 언급한 기록과 연관하여 김종직의 시문집과 일생행적을 재검토하면서 시작되어 최종적으로 김종직을 오직 시문만을 제일의로 삼고 도학에는 유의하지 않은 사람, 곧 학자가 아닌 문인[관료문인]으로 단정하였다. 이황의 도학 이해의 심화와 성숙에 따른 김종직에 대한 생각과 평가가 달라져서 내린 인물평, 그 최종 인물평을 담은 이황의 정론은 지금 『퇴계집』에 개고된 형태로 수록된 시 2수와 『사우명행록』 기록 내용을 분석하여 구암 이정에게 보낸 한 서찰의 별지로 남아 있다.[14)]

2) 금계 황준량의 이단 변별

이황의 이단 변별 세 단계에서, 첫 번째 단계인 정학에 대한 선학으로 배격된 양명학의 경우, 이황이 집중적으로 비판했던 노수신에 대해서는 황준량이 따로 언급한 자료가 남아 있지 않다. 대신 우리나라 최초의 양명학자로 일컬어지는 동강東岡 남언경(南彦經, 1528~1594)에 대해서는, 황준량이

14) 金宗直에 대한 최종 人物評을 담은 작품은 1550년(명종5) 6월경에 처음 지은 「和陶集飮酒二十首」 제16수(李滉, 『退溪先生文集』, 卷1, 張52b. 상동, 『韓國文集叢刊』29, 『退溪集』Ⅰ, p.74하),와 1551년(명종6) 1월에 처음 지은 「早春閑居次趙士敬具景瑞金舜擧權景受相唱酬韻十四首」 第12首(李滉, 『退溪集』, 卷2, 張5a. 상동, 『韓國文集叢刊』29, 『退溪集』Ⅰ, p.78상)의 2수이고, 南孝溫의 『師友名行錄』에서 金宏弼의 背師 문제를 언급한 기록에 대해 논의한 글은 1565년(명종20) 9월 李楨에게 보낸 「答李剛而」 第43書 別紙(李滉, 『退溪集』, 卷22, 張20a-21a. 상동, 『韓國文集叢刊』30, 『退溪集』Ⅱ, pp.35하-36상)이다. 金宗直에 대한 최종 人物評을 담은 2수의 작품은 최초의 原稿가 아닌 1565년 이후에 改稿된 형태로 현재 『退溪集』에 수록되어 있다. 이 문제에 대해서는 필자가 한 차례 논한 바가 있다. 정석태, 「퇴계 이황의 한시작품 개고와 그 의미」, 『퇴계학논집』19(대구: 영남퇴계학연구원, 2016) 참조.

1557년(명종12) 5월경 이황에게 보낸 한 서찰에서 "그 자질이 도에 가깝고 그 풍도는 동류들을 넘어서 있지만, 또한 허무를 사모하여 본받는 것을 면하지 못하고 있습니다. 스스로 무우舞雩의 기상을 행한다고 하고 있지만, 초학자의 진덕수업進德修業이 이와 같지는 않을 듯합니다."[15]라고 비판했던 것을 볼 때, 양명학을 정학에 대한 선학으로 배격하는 것에 대해 황준량도 이황과 같은 입장이었을 것임을 미루어 짐작해보기 어렵지 않다.

세 번째 단계인 학자와 문인의 변별의 경우, 황준량 사후에 이루어진 일이었기 때문에 그에 대한 황준량의 입장을 확인해볼 자료가 따로 남아 있을 수 없다. 그러나 영봉서원 제향인물로 이황이 한때의 절충안으로 이인복 대신 김종직으로 하는 것이 좋겠다는 의견을 낸 것에 대해, 황준량이 김종직의 출처 문제를 두고 수용하지 않았던 것, 다시 말하면 김종직을 그때 이미 학자로 보지 않고 있었던 것을 볼 때, 황준량이 만약 새로운 자료를 가지고 김종직의 시문집과 일생행적을 재검토하는 과정을 거쳤다면, 이황의 경우처럼 엄격하게 변별해서 그를 학자가 아닌 문인[관료문인]으로 단정하였을 것이 분명하다.[16]

따라서 황준량이 이황의 이단 변별 세 단계에서 이황과 함께 한 것은 현재 전하는 기록으로는 두 번째 단계인 학자와 고사를 변별하고 배격하는 과정, 그중에서도 조식의 학문을 변별하고 배격하는 데 집중되어 있다. 그 과정에 두 사람은 한 마음의 동지로 한 사람, 곧 황준량은 현장을 직접 찾아가서 상황을 조사하고, 다른 한 사람, 곧 이황은 현장에서 조사한 것을 토대로 자료를 통해 엄밀하게 검증해서 고사의 길을 학자로서의 자신들의 길과는

---

15) 黃俊良, 『錦溪集』 卷4 張25a, 「上退溪書」 第3書(상동, p.46상). "洪應休之俊邁、南時甫之篤實, 資亦近道, 度越流輩, 而亦不免慕效虛曠. 自謂做舞雩氣像, 初學進修, 恐不如此."

16) 이 문제에 대해서는 아래 제Ⅳ장 제1절 '도학 중심의 제향인물 선정'에서 다시 논의할 것이다.

다른 이단의 길, 주자학을 탐구하는 자신들의 길과는 다른 노장류의 이단의 길로 엄밀하게 변별하고 또 배격하였다.

> 見成處士運於大谷書堂 次贈成子敬韻[17]
> 대곡서당에서 처사 성운을 만나 뵙고 성자경의 시에 차운해서 드리다
> 離岳雲深處 속리산의 구름이 깊은 곳으로
> 來尋學古翁 옛 도를 배우시는 어른 찾았네
> 生涯霜下菊 생애는 서리 아래 국화꽃이고
> 心事竹間風 심사는 대숲 사이 바람이라오
> 樂在安貧處 안빈낙도하는 삶을 즐기고
> 功成宴坐中 편안히 앉아서 공을 이뤘지
> 何嫌相見晩 어찌 늦게 만난 것 아쉬워하랴
> 卽此盪塵胸 이곳에서 속세 마음 씻어냈거늘

황준량은 단양군수로 부임한 그 이듬해 1558년(명종13) 9월 시관試官으로 차출되어 지금의 충청남도 부여군 남부지역에 있었던 조선시대 임천군林川郡에 가게 되었고, 돌아오는 길에 보은 속리산의 대곡서당大谷書堂으로 찾아가서 대곡大谷 성운(成運, 1497~1579)을 만났다. 그때 자신의 벗 동주東洲 성제원(成悌元, 1506~1559)이 지은 시에 차운해서 성운에게 준 작품이다. 자경子敬은 성제원의 자이고, 그는 보은 속리산에 은거해 지내면서 그 지역 선비들의 표상이 되고 있던 성운과는 일찍부터 깊은 관계를 나누는 사이였다.

황준량은 이 작품에서 속리산 깊은 곳에서 세속의 삶을 멀리하고 옛 성인의 학문을 닦아가는 성운의 삶을, 특히 벼슬살이를 멀리하고 산림에 물러나 안빈낙도하는 삶을 높이 평가하였다. 황준량은 이때 성운을 만난 사실을

---

17) 黃俊良, 『錦溪集』 卷2 張15b-16a(상동, p.25상·하).

스승 이황에게 서찰로 알리고, 또 그때 지은 이 작품을 보냈다. 그 서찰을 받은 이황은 1557년(명종12) 11월 5일자 답장에서 황준량에게 성제원을 데리고 성운과 같은 훌륭한 산림의 처사를 만나보게 되어 소득이 적지 않았을 것이라는 치하의 말을 하고는,[18] 그 이듬해인 1558년(명종13) 1월경에는 황준량의 이 시에 차운하여 황준량과 동일한 측면에서 벼슬살이를 멀리하고 산림에 물러나 안빈낙도하는 성운의 삶을 높이 평가하는 다음의 작품을 지었다.

> 成上舍運隱居俗離山下 黃仲擧就訪 有詩見寄 次韻[19]
> 상사 성운이 속리산 아래에 은거하는데 황중거가 찾아가서 시를
> 지어 부쳐 왔기에 차운하다
> 昔日專場秀 그 옛날 과장을 독차지한 수재더니
> 如今遯世翁 지금은 세상 피한 늙은이라오
> 終南非捷徑 종남산 벼슬 구할 첩경 아니고
> 谷口信遺風 곡구라 유풍이 진실하구려
> 岸潤龍藏裏 용이 숨은 곳이라 언덕 윤나고
> 山輝玉韞中 옥을 품고 있으니 산이 빛나네
> 誦君相和句 그대가 수창했던 시구 외자니
> 高興激人胸 높은 흥취 가슴에 솟구친다오

황준량이 성운을 방문한 것은 산림에 은거한 처사로서 성운을 높이 평가하고 존경했기 때문이다. 이것만이 아니라, 고사로서 조식의 문제에 대해 문의해보기 위해서이기도 하였다. 그 사실은 이황이 1558년(명종13) 3월 4일

18) 李滉, 『退溪集』 卷19 張8a, 「答黃仲擧」(상동, 『韓國文集叢刊』29, 『退溪集』 I , p.472하). “又況携放成而訪隱成, 所得當更不淺耶? 放成心事, 誠不可曉. 隱成昔於試場中, 望見其標, 逈脫凡俗之表, 如今久處林下, 必養得尤超異, 恨不得造見之也.”

19) 李滉, 『退溪集』 卷2 張42a·b(상동, 『韓國文集叢刊』29, 『退溪集』 I , p.96하).

자 황준량에게 보낸 답장에서 "성건숙成健叔 [成運]의 청고한 풍치는 나로 하여금 존경심을 불러일으키게 하지만, 세상 사람들이 그 높음을 알지 못하는 것이 애석합니다. 그러나 세상 사람들이 알아주고 알아주지 않는 것이 은자에게 무슨 상관이 있겠습니까. 오직 그대만은 그 댁을 여러 차례 방문하였으니 소득이 많았으리라 생각됩니다. 또 그가 조건중曺楗仲 [曺植]의 사람됨을 논평한 것도 그 실질에 꼭 들어맞습니다. 의리에 대해 투철하지 못한 것은 이러한 부류의 사람들이 노장에 물들어서 우리의 학문에 대해 공부한 것이 의례 깊지 못해서이니, 의리에 투철하지 못한 것을 어찌 괴이하게 여기겠습니까. 요컨대 장점을 취할 뿐입니다."[20]라고 한 것으로 분명하게 확인이 된다. 황준량은 여기서 그치지 않고 성주목사 시절에도 조식에 대해 계속 탐문하고 또 적극적으로 확인해나갔다. 다음은 그러한 사정을 알려주는 자료들이다.

> ① 밀양에 처사 신계성申季誠이라는 이가 있는데, 앉았던 걸상에 구멍이 뚫어지도록 40여 년 동안 단정히 앉아서 학문을 닦아 자득한 공이 많고 건중建中 [曺植]이 일찍이 스승으로 삼았다고 하니, 조만간 한번 찾아가 또 그 사람됨을 살펴보려고 합니다.[21]
>
> ② 「계부당명鷄伏堂銘」을 베껴 보내준 것에 깊이 감사합니다. 다만 그 설이 끝 간 데가 없이 넓고 아득하여 비록 노장의 서책 속에서조차도 또한 보지 못한 것입니다. 아직 그에 대해 공부한 적이 없으니 어찌 함부로 말할 수 있겠습니까. 그 사람이 본래 예사롭지 않고, 그 학문도 또한 배우기 어렵습니다.[22]

---

20) 李滉, 『退溪集』 卷19 張10b, 「答黃仲擧」(상동, 『韓國文集叢刊』29, 『退溪集』 I , p.473하). "成健叔淸隱之致, 令人起敬, 可惜時人不甚知其高耳. 然知不知何關於隱者事? 惟公屢過其門, 所得想多也. 其所論曹楗仲之爲人, 亦正中其實矣. 其於義理未透, 此等人多是老莊爲祟, 用工於吾學, 例不深邃, 何怪其未透耶? 要當取所長耳."

21) 黃俊良, 『錦溪集外集』 卷7 張27a, 「答退溪先生書」(상동, p.157상). "凝川有申處士季誠, 穿牀四十餘年, 多有自得之功, 建中嘗稱爲師, 早晚一叩, 亦欲見其爲人矣."

22) 李滉, 『退溪集』 卷20 張15b, 「答黃仲擧」(상동, 『韓國文集叢刊』29, 『退溪集』 I , p.497상).

③ 근자에 서생 배신裵紳이 『계몽啓蒙』에 대해 묻기 위해 『참동계參同契』를 가지고 왔는데, 한 부분을 보니 현묘하고 정밀하고 깊어 과연 기이한 책이었습니다. 배신의 말이 "두어 달 그것을 수용受用해서 공부해보니, 기이한 효험이 자못 있어서 주자의 '탈사脫屣'의 구절을 비로소 믿을 수 있게 되었다."라고 하였습니다. 그러나 세상을 버리고 풍진을 떠난 사람이 아니면 쉽게 배울 수 없는 것이었습니다. 지난번 조건중曺建中[曺植]의 좌우잠[「신명사명神明舍銘」]을 보았는데 글을 구사하는 기미氣味가 모두 이 속에서 나왔으니, 선생님의 말씀에 "그 현묘함은 노장에도 없는 바이다."라고 하신 것이 그 병통을 잘 지적한 것이라 하겠습니다.[23]

①번은 1560년(명종15) 11월 황준량이 이황에게 보낸 서찰 중의 일부이다. 이 자료에서 말하고 있는 신계성은 송당松堂 박영(朴英, 1471~1540)의 제자로, 이 자료에서 언급한 대로 조식이 일찍이 그를 스승으로 받들었을 뿐만 아니라, 조식이 그의 묘갈명에서 자신들과 동류인 산림의 고사들 중 최고이자 성인의 경지인 지성至誠의 덕을 이루었다고 칭송하였던 것을 볼 때,[24] 당시에 명성이 경상도 강우 지역에서 드높았음을 알 수 있다. 다만 스스로 시문 창작을 거의 하지 않은데다, 남겨놓은 것조차 전란의 과정에 유실되어 현

"「鷄伏堂銘」, 深荷錄示. 但其說曠蕩玄邈, 雖於老莊書中, 亦所未見. 旣未嘗學, 焉敢議及? 其人固非尋常, 而其學又難學也."

23) 黃俊良, 『錦溪集』 卷4 張6a, 「上退溪書」 第1-2書(상동, p.36하). "近者, 裵生紳欲質『啓蒙』, 挾『參同契』來, 得見一端, 玄妙精深, 果異書也. 裵生云 '受用數月, 頗有奇效, 始知晦翁脫屣之句可信云.' 然非遺世出塵者, 未易學也. 向見曺建中座右箴, 節拍氣味, 皆自此中流出, 盛敎玄妙老莊所無者, 可謂切中其病矣."

24) 曺植, 『南冥集』 卷2 張64a, 「處士申君墓表」(서울: 한국고전번역원 1989 영인, 『韓國文集叢刊』31, 『南冥集』, p.512하). "吾黨有人, 申君爲最. 齊莊於內, 氷蘗其外. 私淑諸人, 松堂之門. 雖家食吉, 遺香則聞."

재 전하는 것이 전무한 실정이다.[25] 따라서 지금에만 신계성에 대해 알기 어려웠던 것이 아니라, 황준량 당대에도 그에 대해 알아볼 작품이 따로 유통되지 않았을 것이다. 게다가 신계성은 1562년(명종17)에 세상을 떠나는 바람에 황준량은 직접 찾아가서 만나지 못하고 말았다.[26]

②번은 1561년(명종16) 5월 3일자 이황이 황준량에게 답한 서찰 중의 일부이다. 이 자료로 황준량이 조식의 저작「계부당명」을 구해서 이황에게 보냈음을 알 수 있고, 그것을 살펴본 이황은 조식의 공부가 노장 계통의 서책 속에서조차도 볼 수 없는 것, 그 이상으로 나아간 것이라고 1560년(명종15) 1월에 지은「서조남명유두류록후」에서 지적한 것과 동일한 말을 하고 있다. 그에 대한 답은 ③번에 있다.

③번은 1561년(명종16) 5월 황준량이 이황에게 답한 서찰 중의 일부이다. 이 자료에서 황준량은 조식의 공부가 노장의 서책에서 더 나아간 것은 『참동계』에 있다고 하고, 『참동계』를 보고서야 이황이 ②번 자료에서 한 말을 확실하게 알게 되었다고 하였다. 조식이 당명堂名으로 취한 '계부鷄伏'가 '여계포란如鷄抱卵'이라는 『참동계』의 말에서 온 것이지만, 그것은 불교 간화선看話禪에서 참선공부의 요결로 즐겨 사용해온 것이었기 때문에[27] 조식의 공부가 노장뿐만 아니라 선학의 기미가 존재한다는 사실을 이황이「서조남

25) 申季誠의 著作으로 현재 전하는 것은 『松溪實紀』에 실려 있는 挽詞 1수, 書札 1통, 墓道文字 2건, 雜文 2건의 6편에 李魯(1544~1598)의 『松巖集』에 元韻으로 첨부되어있는 七言律詩 1수의 7편이 전부이다. 『松溪實紀』 卷上 張8b-10b,「拾遺」(대구: 경북대학교 퇴계연구소 1990, 『(國譯註解)松溪先生實記』 附錄 原文影印, pp.240-246) 및 『松巖集』 卷1 張25b,「(次申松溪季誠韻贈聖遇)附元韻」(서울: 한국고전번역원 1989 영인, 『韓國文集叢刊』54, 『松巖集』, p.21상) 참조.

26) 黃俊良은 裵紳(1520~1573)을 통해 申季誠을 만나려고 하다가 그의 죽음으로 성사되지 못하고 말았다. 이 사실에 대해서는 黃俊良, 『錦溪集外集』 卷7 張55b-56a,「吊申處士溪誠書」(상동, p.171상·하) 참조.

27) 이상하,「퇴계·남명의 시와 대조적인 학문성향」, 『영남학』26(대구: 경북대학교 영남문화연구원, 2014), pp.156-157 참조.

명유두류록후」에 이어 「계부당명」을 통해 다시 지적한 것을, 황준량은 본인이 직접 확인하고 이해하게 되었음을 밝힌 것이라고 하겠다.

①번과 ③번 자료는 모두 황준량이 성주목사로 부임한 이후 그곳 영봉서원 제향인물과 관련해서 이황과 논의하는 것을 주요한 내용으로 하는 서찰 중의 일부로, 그중 조식의 공부 문제가 언급되고 있다는 사실에 주목할 필요가 있다.

조식은 일찍이 신계성을 스승으로 받들었고, 또 신계성을 자신들과 동류인 산림의 고사들 중 최고이자 성인의 경지인 지성의 덕을 이루었다고 할 정도로 높이 평가한 것에 대해서는 앞서 이미 언급한 바 있다. 그런데 신계성은 자신의 스승 박영의 사조師祖 김굉필[28]에 대해 "한훤당은 고심역학苦心力學하여 가야산 소리암蘇利菴에 올라가 밤새도록 잠자지 않고 참선을 하는 것과 다를 바 없이 공부하니, 도학에는 도리어 병통이 있다."[29]라고 하여 그 심법에 있어서의 문제점을 지적한 적이 있었다. 따라서 황준량이 성주목사 시절 이황과 함께 조식을 학자와 길을 달리하는 고사, 그것도 심법에 있어서 노장만이 아니라 선학의 기미까지 농후한 이단으로 변별하고 배격한 것은, 역으로 신계성에서 조식으로 이어지는 고사들에 의해 그 심법이 참선과 유사하다고 비판되었던 김굉필을 정당화하고, 나아가 그를 도학의 적전嫡傳으로 높이는 데 큰 힘이 되었을 것이 분명하다. 또 ③번 자료에서 언급된 배신을 통해서도 알 수 있듯이, 성주와 고령 일원에 깊은 영향을 미치고 있었던 조식의 영향력을 억제하고, 영봉서원의 제향인물로 김굉필을 독향獨享 또는 주향主享

28) 申季誠은 "鄭夢周→吉再→金叔滋→金宗直→金宏弼→鄭鵬→朴英"의 계보를 잇는 것으로 알려져 있다. 『松堂集』 卷3 張1a·b, 「道統相承次第錄」(서울: 한국고전번역원 1989 영인, 『韓國文集叢刊』18, 『松堂集』, p.124상) 참조.

29) 『松溪實紀』 卷上 張5b, 「遺事」(상동, p.234). "寒暄苦心力學, 上伽倻蘇利菴, 終夜不寐, 與參禪一樣, 於道學却有病痛."

으로 내세워가는 데도 큰 힘이 되었을 것이다.

4. 금계 황준량의 성주목사 재직시절의 활동

황준량은 1560년(명종15) 7월 18일 성주목사에 임명되었다.[30] 황준량이 노경린의 후임으로 성주목사에 임명된 것은 전임 목사 노경린이 재임시절 창건한 영봉서원 문제와 무관하지 않을 것이다. 영봉서원은 노경린이 재임시절 창건하였지만, 서원 제향인물 선정과 위차 등으로 논란이 계속되어 그 정착과 운영에 큰 어려움이 있었다. 황준량은 신녕현감과 단양군수를 거치면서 이미 흥학과 정사에 뛰어난 선치수령으로 이름이 높았기 때문에, 그를 성주목사에 임명한 것은 영봉서원 문제 등 성주의 현안을 해결하기 위한 조정의 선택이었던 셈이다. 황준량은 성주목사로 부임한 이후 먼저 향내 사림들과 서원 유생들의 의견을 수렴해서 영봉서원 제향인물과 그 위차 문제를 적극 해결해나가는 한편, 향교 문묘의 중수와 녹봉정사·공곡서당 등 학교 설립을 통한 교육과 연구, 『회암서절요』[『주자서절요』]의 발급을 통한 주자학의 보급과 실천에 힘을 쏟았다. 황준량은 성주목사 재직시절 지방수령으로서 정치 외에 학자, 곧 주자학자로서도 자신의 역할을 다하였다.

1) 도학 중심의 영봉서원 제향인물 선정

迎鳳書院[星州][31]　　　　영봉서원[성주]

30) 『명종실록』 26권 명종15년 7월 18일 첫 번째 기사[국사편찬위원회, 조선왕조실록(http://sillok.history.go.kr)] 참조.

31) 李滉, 『退溪集』 卷4 張2b, 「書院十詠」 제4수(상동, 『韓國文集叢刊』29, 『退溪集』 I, p.129

鳳山儒館極恢張	봉산이라 유관이 극도로 넓혀지니
聚訟賢祠挾謗傷	사묘 두고 다툼 일어 중상모략 뒤섞였네
但願諸賢明此學	바라기는 제현들이 이 학문을 밝혀서
閑爭浮議自消亡	부질없는 뜬 물의가 저절로 소멸되길

이 시는 이황이 1565년(명종20) 2월 당시까지 우리나라에 설립된 서원 아홉 곳과 서원창건의 취지를 노래한 「서원십영書院十詠」이라는 10수의 연작시[竹溪書院, 臨皐書院, 文憲書院, 迎鳳書院, 丘山書院, 藍溪書院, 伊山書院, 西岳精舍, 畫巖書院, 總論諸院] 중 제4수이다. 이황은 이 시에서 영봉서원이 창건 이후 사묘祠廟에 모실 제향인물을 두고 논란이 끊이지 않고 있는데, 제현들은 유학을 천명해서 부질없는 논의가 저절로 종식되기만을 바란다고 하였다. 영봉서원은 창건 이후 제향인물과 그 위차 문제로 논란이 끊이지 않아, 급기야 그러한 논란은 성주를 넘어 전국으로 확산되면서 노경린이 서원을 창건한 일조차 그릇되었다는 말까지 나오게 되었다.[32] 그러다가 1568년(선조1) 봄에 한강寒岡 정구(鄭逑, 1543~1620)가 이황에게 품의하여 성주에 소재한 이천伊川과 운곡雲谷의 지명 한 글자씩을 따서 서원 이름을 천곡川谷으로 바꾸고는,[33] 그 지명과 유관한 이천伊川 정이(程頤, 1033~1107)와 운곡雲谷 주희(朱熹, 1130~1200)를 주향으로 하고 김굉필을 종향하였다. 그런 다음 제향인물 선정 과정에 논란이 되었던 이조년·이인복은 서원 곁에 따

하).

32) 李滉, 『退溪集』 卷20 張9a·b, 「與黃仲擧」(상동, 『韓國文集叢刊』29, 『退溪集』 I, p.494상). "頃聞所擧時論之意, 非徒以所祠之賢爲未滿, 幷與景遊、仁甫創建書院一事爲罪, 雖賢如邦寶者亦云未知, 此是何等見識議論耶? 前此世人, 雖或有怪於書院事, 猶未有倡言攻擊之意者, 以大臣中有主之者故也. 今忽如此, 此於斯文興替, 所關非輕, 甚可傷痛. 吾輩雖不當與之抗爭是非, 豈可仰其鼻息, 隨倡隨和, 喪其本志, 變其前說, 以爲書院當廢乎?"

33) 鄭逑, 『寒岡集』 卷9 張6a, 「書川谷書院額板下」(상동, 『韓國文集叢刊』53, 『寒岡集』, p.494상). "余於隆慶戊辰春, 謁退陶李先生, 將臥龍故事, 稟定川谷之名, 仍乞手筆."

로 충현사忠賢祠를 세워 봉안하다가, 선조 초년에 성주이씨가 별도로 안봉영당安峯影堂을 세워 옮겨가는 것으로 종결이 되었다.[34)]

우리나라 최초의 서원인 소수서원紹修書院은 1543년(중종38) 신재愼齋 주세붕(周世鵬, 1495~1554)에 의해 백운동서원白雲洞書院으로 창건되었을 당시에는 회헌晦軒 안향(安珦, 1243~1306)을 제향하는 사묘 옆에 붙여둔 학교, 지방에 설립되어 주로 과거공부를 하는 선비들이 출입하는 학교로 설립되었다. 말하자면 우리나라에서 서원은 처음에는 사묘에 부속된 학교, 관학인 성균관과 향교를 보완하는 학교로 설립되고 운영되었던 것이다. 이후 주자학이 발전해가는 과정에 이황·황준량 등의 적극적인 노력으로 점차 주자학, 곧 도학을 익히면서 도학의 계승과 발전에 공이 큰 인물을 제향하는 기관, 학자들의 장수처藏修處로써 도학을 강론하고 도학과 유관한 선현을 제향하는 기관, 나아가 사론士論을 형성하는 기관으로 발전하였다. 제향인물과 교육내용 및 사론형성에서 도학 하나로 일원화된, 중국과는 다른 우리나라만의 독특한 서원제도가 정착하게 된 것이다. 영봉서원은 이러한 우리나라만의 독특한 서원제도가 정착되어가던 초기의 혼란과 그에 따른 논란을 집약해서 보여주는 대표적인 서원이다.

영봉서원은 성주목사 노경린이 창건하였다. 그는 1558년(명종13) 8월 성주이씨 등 향내 사족들의 요청으로 그해 가을부터 공사를 시작하여 그 이듬해 1559년(명종14) 가을 서원 건물을 완공하였다. 그는 영봉서원을 창건할 때 주세붕이 창건한 백운동서원을 모델로 하였기 때문에[35)] 과거공부를 하는 학교와 향선생鄕先生을 제향하는 사묘를 한 곳에다, 곧 서원 옆에 향선생

34) 이수환, 「성주 영봉서원 연구」, 『역사교육논집』54(대구: 역사교육학회, 2015), pp.196-197.

35) 이 점은 『迎鳳志』, 「廟院定議錄·與朴重甫黃仲擧書」(성주: 성주문화원, 2014, 『(국역)영봉지』 附錄 原文排印, p.54)에서 “愚之宿計, 曾欲效周武陵之顚.”이라고 한 것으로 분명하게 확인된다.

을 제향하는 사묘를 붙여 세워서 함께 운영하는 것이 별다른 문제가 없다는 생각을 가지고 있었다. 따라서 서원 건물을 완공한 다음, 곧바로 그 옆에 세운 사묘[표충사表忠祠][36]에 성주의 향선생 이조년·이인복의 입향入享을 추진하고, 이에 대한 사론의 동의를 얻기 위해 널리 의견을 구하게 되었다. 그러나 노경린의 예상과는 달리 그에 대한 비판이 대단하였고, 서원의 제향인물만이 아니라 그 설립목적과 교육내용, 나아가 서원창설까지도 문제를 삼으며 오래도록 논란이 계속되었다.

그 논란의 중심에 있었던 사람은 노경린·이황·황준량이었고, 칠봉七峯 김희삼(金希參, 1507~1560)·구암龜巖 이정(李楨, 1512~1571)·학음學音 윤춘년(尹春年, 1514~1567)·소고嘯皐 박승임(朴承任, 1517~1586) 등이 참여하였다. 『영봉지(迎鳳志)』「묘원정의록廟院定議錄」에 실려 있는 서찰들을 먼저 들어보기로 하겠다.

①「與李承宣書」[盧慶麟-李楨, 1559년(명종14) 7월]
②「答盧仁甫」[李楨-盧慶麟, 8월]
③「與黃仲擧書」[盧慶麟-黃俊良, 12월 15일]
④「答四印堂書」[黃俊良-盧慶麟, 12월 26일]
⑤「答仁甫書」[尹春年-盧慶麟, 1560년(명종15) 1월 1일]
⑥「上吏判尹公書」[盧慶麟-尹春年, 1월 20일]
⑦「答盧城主書」[尹春年-盧慶麟, 2월 11일]
⑧「重答尹判書書」[盧慶麟-尹春年, 2월 30일]

36) 『迎鳳志』, 「廟院定議錄·上吏判尹公書」(상동, p.51). "歲戊午上樑, 己未工訖. …… 墻之外東偏, 有祀曰表忠, 當享兩李之廟也." / 위의 책, 「廟院定議錄·與朴重甫黃仲擧書」(상동, p.54). "歲戊午上樑, 己未工訖. …… 墻外之東偏, 有表忠祠, 欲享文烈、文忠之所也." / 李滉, 『退溪集』 卷42 張32b-33a, 「迎鳳書院記[後改川谷]」(상동, 『韓國文集叢刊』30, 『退溪集』Ⅱ, pp.447하-448상). "歲戊午八月, …… 經始於是秋, 至明年己未而功告訖. ……乃於院東, 立祠廟若干楹, 以奉三賢之祀."

⑨「與朴重甫黃仲擧書」[盧慶麟-朴承任·黃俊良, 5월 6일]

⑩「答四印堂書」[黃俊良-盧慶麟, 5월 9일]

⑪「答朴重甫黃仲擧書」[盧慶麟-朴承任·黃俊良, 5월]

⑫ 添附:「退溪答黃仲擧書」[李滉-黃俊良, 5월]

⑬「答四印堂」[黃俊良-盧慶麟, 6월 5일]

⑭「答四印堂書」[朴承任-盧慶麟, 6월]

⑮「答四印堂書」[李滉-盧慶麟, 6월]

⑯「呈金先生師魯書」[盧慶麟-金希參, 6월 20일]

⑰「答城主書」[金希參-盧慶麟, 6월 하순]

⑱「答金先生師魯書」[盧慶麟-金希參, 6월 하순]

⑲「上退溪書」[盧慶麟-李滉, 7월 1일]

⑳「答四印書」[李滉-盧慶麟, 7월 상순]

㉑「上退溪書」[盧慶麟-李滉, 7월 14일]

㉒「答仁甫書」[李滉-盧慶麟, 7월 하순][37]

①-㉒번은 노경린이 서원 건축공사를 완료한 1559년(명종14) 7월부터 그가 성주목사를 그만두고 돌아가기 직전인 1560년(명종15) 7월까지 영봉서원과 관련해서 이황·황준량 등 여러 사람과 주고받은 서찰 21통과 이황·황준량이 서원 기문記文과 관련하여 서로 주고받은 서찰 1통의 22통이다. 이 서찰들은 먼저 김굉필의 합사合祀 여부를 두고 ①-⑮번과 ⑯-㉒번의 둘로 크게 나누어 볼 수 있고, ①-⑮번은 다시 이황의 참여 여부를 두고 ①-⑧번과 ⑨-⑮번의 둘로 나누어 볼 수 있다.

37) 정병호 역, 『(국역)영봉지』(상동), 附錄(原文排印) 『迎鳳志』, 「廟院定議錄」, pp.45-65 참조. 『迎鳳志』「廟院定議錄」에 수록된 서찰들은 모두 발신연월일 순서로 편집되어 있고, 또 해당 서찰 끝에 발신연월일 또는 발신연월이 기록되어 있다. 그중 여기서 든 ⑰번, ⑱번, ㉒번 3통은 발신연월이 기록되어 있지 않다. 그러나 ⑰번 서찰과 ⑱번 서찰은 「묘원정의록」 편차로 1560년(명종20) 6월 하순에 발송한 것이 확인되고, ㉒번은 그 내용으로 7월 하순에 발송한 것이 확인되어 밝혀서 적었다. ㉒번 서찰의 발신연월 고증은 정석태, 『退溪先生年表月日條錄』3(서울: 퇴계학연구원, 2005), pp.43-44 참조.

①-⑧번은 노경린이 서원 옆에 세운 사묘[표충사]에다 이조년·이인복의 입향을 추진하면서 이황의 제자 이정·황준량에게 의견을 구하는 한편, 제향 인물 입향과 서원지[영봉지] 출간 등 서원 관련 여러 일들을 마무리하기 위해 당시 이조판서 윤춘년에게 서원 이름과 서원 기문을 부탁하는 과정에 그들과 주고받은 서찰 8통이다.

먼저 노경린이 ①번 서찰로 이정에게 의견을 구했을 때, 이정은 ②번 서찰로 일단 부정적인 입장을 피력하고는, 서울 쪽 사론은 선사先師를 주향으로 하고 이조년·이인복을 배향해야 한다는 의견, 서원 사묘에다 봉향해도 무방하다는 의견, 서원에서 멀지 않은 곳에 따로 사당을 세워 제향하고 서원에서 관리하게 해야 한다는 의견이 있다고 한 뒤, 이황에게 꼭 문의해보라고 하였다. 다음 노경린이 ③번 서찰로 황준량에게 의견을 구했을 때, 황준량은 ④번 서찰로 이황을 만나 상의했는데 자신의 생각과 같았다고 하고는, 서원 제향인물은 도학자道學者여야 하고 충절인忠節人은 향현사鄕賢祠에 모시는 것이 마땅하므로 그들이 살던 곳에 문열사文烈祠를 세워 자손이 제향하게 해야 한다고 한 뒤, 성주가 처향妻鄕인 김굉필을 주향으로 하고 그 두 사람을 배향하는 것도 하나의 방안이므로 향내 사림들과 상의하는 것이 좋겠다고 하였다. 이처럼 이정·황준량 두 사람 모두 이조년·이인복의 입향에 부정적인 입장이었고, 또 입향 추진에 앞서 이황과 상의하는 것이 필요함을 강조하였지만, 노경린은 윤춘년에게 우선 서원의 이름과 기문을 부탁하였다.[38] 그 과정에 주고받은 서찰이 ⑤-⑧번이다. 이때 윤춘년은 서원 이름은 노경린이 제안한 '영

38) 盧慶麟은 전에 자기 고향 海州의 首陽書院[文憲書院] 記文을 李滉에게 부탁한 적이 있었지만 응낙을 받지 못하였기 때문에, 이때 李滉에게 迎鳳書院 記文을 부탁하지 못하였다고 하였다. 이 사실은 『迎鳳志』, 「廟院定議錄·與朴重甫黃仲擧書」(상동, p.53)에서 "至如索記, 中外士望, 雖屬於退溪先生, 而愚也不曾簡請者, 前囑首陽書院記, 未蒙頷可, 則自念拙筆, 辭未吐意, 安得回動仁人之心, 肯爲之屬文乎?"라고 한 것으로 확인된다.

봉迎鳳'이 좋겠다고 하였지만, 서원 기문은 이황에게 부탁하는 것이 좋겠다고 하면서 사양하자, 이황이 참여하게 되면서 상황은 새로운 국면으로 접어들게 되었다.

⑨-⑮번은 이황에게 서원 기문「영봉서원기迎鳳書院記」을 부탁해서 받기까지 노경린이 박승임·황준량·이황과 주고받은 서찰 6통과 ⑬번에 첨부한 이황·황준량이 서원 기문과 관련하여 서로 주고받은 서찰 1통의 7통이다. 이때 노경린은 서책과 전답을 구비하고 유생들을 모으는 한편, 서원 제반사항을 규정한 서원지[영봉지]도 편찬해놓고서 자신의 임기가 끝나기 전에 서원을 열 계획을 하고 하였다. 그러나 서원 건립 초기부터 깊은 관심을 가지고 있었던 황준량, 이어서 이황이 박승임·황준량, 그중에서도 황준량의 권유로 적극 개입하면서 상황은 새로운 국면으로 접어들게 되었다. 이제는 노경린이 주도해서 주위의 의견을 듣는 것이 아니라, 이황과 황준량이 주도하고 성주의 사론이 가세하여 그들의 서원에 대한 입장, 다시 말하면 서원의 설립과 제향인물은 도학 위주여야 한다는 입장이 압도하면서 논란이 본격화되었다.

노경린은 먼저 ⑨번 서찰로 이황에게 서원 기문을 부탁하지 못한 것은 전에 자기 고향 해주의 수양서원首陽書院 [文憲書院] 기문을 부탁했다가 응낙을 받지 못했기 때문이라고 변명하고는, 건물·서책·전답 등 서원을 열 준비가 다 되었으니 박승임·황준량 두 사람이 적극적으로 나서서 이황에게 기문을 받아줄 것을 청하자, 박승임·황준량은 ⑩번 서찰로 이황에게 기문을 부탁하기 전에 흠결이 되는 문제부터 바로잡는 것이 필요하다고 한 뒤,『죽계지』의 체제와 내용을 그대로 따른 서원지의 체제와 내용을 비판하면서 입격자入格者 위주의 유생 선발, 곧 서원을 과거공부 위주의 교육기관으로 운영하려는 것에 대해 비판하였다. 이 과정에 이조년의 손에 염주를 들고 있는 화상이 문제가 되었다. 이조년의 제향 문제가 다시 전면으로 부각된 것이다. 그러자 노경린은 다시 ⑪번 서찰로 박승임·황준량에게 이조년의 제향 문제와 서원지에 대해 길게 변명한 뒤 재차 이황에게 기문을 부탁해줄 것을 간곡하게 청한 결과, ⑬-⑭번 서찰로 두 사람에게 그에 대한 확답을 듣고 자신이 직접 이황에게 서찰로 청하자, 이황은 ⑮번 서찰로 기문을 지어줄 뜻을 밝히게 되었다.[39)]

⑯-㉒번은 김굉필의 합사가 결정되면서 위차 문제를 두고 논란이 가속화되는 과정에, 성주 향내 사론을 모으기 위해 김희삼과 주고받은 서찰 3통, 서원 기문과 사묘 이름의 수정과 관련하여 이황과 주고받은 서찰 4통의 7통이다.

먼저 노경린은 ⑯번 서찰로 이조년의 화상 문제에 대해 당시 성주 향내 사론을 주도하던 김희삼에게 자문을 구하자, 김희삼은 ⑰번 서찰로 향내 사론이라고 하면서 김굉필과 이조년·이인복을 합사하되 김굉필을 동벽東壁에 모시고 이조년·이인복을 서벽西壁에 모셔야 한다고 하였고, 그러한 결정에 따라 노경린은 ⑲번 서찰로 이황에게 이미 지어놓은 기문에다 세 사람을 합사한다는 뜻을 넣어 수정해주고 또 사묘 이름[표충表忠]도 고쳐줄 것을 청하였다. 이 서찰을 받은 이황은 ⑳번 서찰로 일단 김굉필을 합사하기로 정한 것을 환영하면서도 도학자와 충절인을 한 사묘에 모시는 것이 불가하다는 입장을 분명하게 하고 또 위차를 정하기 어려움을 낱낱이 언급한 뒤, 선현의 제향보다는 서원창설을 장려하는 쪽에 중점을 둔 자신의 기문 내용을 지금으로서는 수정하기 어렵고 또 사묘 이름도 고치기 어렵다고 하였다. 그래서 노경린은 ㉑번 서찰로 이조년과 김굉필을 연치 순서로 남향하게 하고 이인복을 이조년의 아래에 배향하는 방안을 가지고 다시 기문 내용과 사묘 이름의 수정을 청하자, 이황은 ㉒번 서찰로 서원의 설립목적과 제향인물은 도학 위주여야 한다는 입장은 변함없지만 그렇다고 김굉필을 이조년·이인복의 위에

39) 이 사실은 李滉이 盧慶麟에게 답한 ⑮번 서찰 내용으로 확인할 수 있다. 이때 盧慶麟이 李滉에게 보낸 서찰은 『迎鳳志』「廟院定議錄」에는 수록되어 있지 않다.

둘 수는 없는 일이기에 위차는 마땅한 방안이 없음을 거듭 언급한 다음, 할 수 없이 절충해서 기문 내용을 수정했다고 하고,[40] 또 사묘 이름은 '경현景賢'으로 고치는 것이 좋겠다고 하였다.

특히 ⑯-㉒번 서찰 내용에서 드러난 대로, 노경린이 성주목사에서 체직되어 돌아가던 1560년(명종15) 6월 하순에 김굉필의 합사가 결정되면서 위차 문제 등 논란이 가속화되었지만, 목사가 교체되던 7월까지 한 달의 짧은 기간 동안 이 문제를 해결할 수는 없었다. 따라서 황준량이 노경린의 후임으로 성주목사로 부임하였을 때, 영봉서원은 서원 건물을 세우고 기문도 받고 서원지도 이미 출간한 상태였지만, 그 정착과 운영이 난망하였다. 그 문제의 해결은 고스란히 후임 목사인 황준량의 몫이 된 것이다.

황준량은 성주목사로 재직하면서 영봉서원 제향인물의 위차 문제를 처리하는 과정에 도학에 철저했던 학자, 곧 주자학자로서 자신의 면모를 유감없이 발휘하였다. 그는 앞서 언급한 대로, 논란 초기부터 서원의 제향인물은 도학자여야 하고 충절인은 향현사에 모셔야 한다는 입장이었으며, 굳이 합사를 한다면 위차는 김굉필을 주향으로 하고 이조년·이인복을 배향하는 것이 하나의 방안이라는 입장이었다. 이와 같은 기본적인 입장을 견지하면서 부임 이후 성주 향내와 영봉서원의 사론을 주도하는 한편, 이황에게 문의해서 그 해결책을 구해보려고 하였다.

> ① 서원의 일은 …… 달리 잘 처리할 방도가 있는지요? 만약 달리 정하고자 한다면, 내 생각에 또 한 가지 방도가 있습니다. 두 이공李公 [李兆年·李仁復] 가운데 문충공文忠公 [李仁復]의 사적은 『동국여지승람』에 의거하자면 제가 기문[영봉서원기]에서 언급

40) 『退溪集』과 『迎鳳志』에 수록된 「迎鳳書院記」는 수정된 것이고, 李滉이 처음 지었던 원고는 전하지 않는다. 따라서 현재로서는 구체적으로 어떤 부분을 수정했는지 확인할 수 없다.

한 것처럼 칭술할 만한 것이 있는 것 같지만 사전史傳과 묘지墓誌에 의거하자면 아주 불만족스러우니, 『동국여지승람』을 찬술할 때 혹 문식文飾한 것이 있지 않았겠습니까? 그렇다면 김선생[김굉필] 위에 두는 것은 참으로 미안합니다. 점필공佔畢公 [金宗直]은 주학州學 [星州鄕校]에서 그곳 교수로 재직하던 부친[김숙자金叔滋]에게 가르침을 받았고, 문묘에 알묘하고 부賦[알부자묘부謁夫子廟賦]를 지었으니, 성주에서 향사하는 것은 불가할 것이 없습니다. 지금 만약 점필공으로 문충공을 대신한다면, 인정人情과 사론士論에 흡족하지 않겠습니까?[41)]

② 한훤당[김굉필]을 남향하게 한다는 의론은 범범히 도학을 높인다는 뜻으로 처리한다면, 이와 같이 하는데 무슨 의심이 있겠습니까. …… 그러나 후학이 선진을 높이는 뜻으로 말하자면 나도 또한 몹시 미안하지만, 한훤당이 만약 정주程朱의 도통 전수에 비견된다면 비록 연대를 고려하지 않더라도 가할 것입니다. 혹 그렇지 않고 단지 도학을 숭상한다는 이유 때문에 이와 같이 처리한다면, 아마 한훤당의 영령이 있다면 사당에서 향사를 받는 자리를 돌아보려고 하지 않을 것입니다. …… 점필재의 출처는 비록 또한 그러할 듯도 하지만, 이것을 가지고 그 사람을 논하기는 어렵습니다. 그 사람은 본조에서 태산북두와 같은 명망이 있는데도 또한 헐뜯으려고 한다면, 다시 어디에서 사람을 얻을 수 있겠습니까. 다만 이 사람은 그 고을 사람도 아니고 그를 향사하려는 것도 부득이한 상황에서 나온 것이 아니니, 의론이 순조롭지 못하다면 차라리 그만두는 것이 낫겠습니다.[42)]

---

41) 李滉, 『退溪集』 卷20 張8b-9a, 「與黃仲擧」(상동, 『韓國文集叢刊』29, 『退溪集』Ⅰ, pp.493하-494상). "書院事……不知更有可以善處者乎? 若欲更定, 滉意又有一說. 二李之中, 文忠事跡, 據『勝覽』, 則似可稱述如記文所云; 據史及墓誌, 則殊未滿意, 無乃撰『勝覽』時, 容有文之者耶? 是則以位金先生之上, 誠有未安. 佔畢公趨庭州學, 謁廟有賦, 以祠於州地, 未爲不可. 今若以佔畢代文忠, 則於人情、士論, 無乃恰乎?"

42) 李滉, 『退溪集』 卷20 張10a-11a, 「答黃仲擧」(상동, 『韓國文集叢刊』29, 『退溪集』Ⅰ, pp.494하-495상). "寒暄南向之論, 泛以尊道學之義處之, 則如此何疑? …… 自後學尊先進之意言之, 滉言亦甚未安, 然寒暄若比程朱道統之傳, 雖不計年代, 可也. 其或未然, 而徒以其崇尙道學之

③ 사당의 위차는 어떻게 정하였습니까? 도학을 위주로 하는 것이 아무래도 옳을 듯합니다. 다만 내 생각으로는 두 이공을 배위로 하거나 종사하는 것은 모두 미안합니다. …… 지금 두 이공이 한훤당에 대해 학문으로 말하자면 도가 같다고 할 수 없지만, 덕으로 말하자면 그다지 큰 차이가 없는 듯합니다. 그런데도 단지 후대에 도학이라는 이름을 주로 해서 전대의 충현인忠賢人을 강압降壓하여 배위로 삼는 것은 아마 사체事體와 정리情理 모두에 온당하지 못한 바가 있는 듯한데, 어떻습니까? 그래서 제 생각으로는 한훤당을 상좌로 삼고 두 이공을 그 다음으로 삼아 모두 정남향으로 위치하게 하되, 한훤당과 문열공[이조년] 두 분 사이를 병풍으로 막아서 각자 존위尊位가 되도록 하여 서로 강압함이 없도록 하면, 도학을 높이는 뜻도 잃지 않을 것이고, 또 한훤당이 전현에게 추양推讓하는 뜻을 펴서 두 이공을 마땅하지 않은 곳에 모시지 말아야 한다는 뜻도 이루어줄 수 있을 것입니다.[43]

①-③번은 황준량이 성주목사로 부임한 직후 영봉서원 제향인물 위차와 관련한 황준량의 문의에 답한 이황이 서찰 3통 중의 일부이다. ①번은 1560년(명종15) 9월 6일에 보낸 서찰 중의 일부이고, ②번은 1560년(명종15) 9월 29일에 보낸 서찰 중의 일부이며, ③번은 1560년(명종15) 11월 하순에 보낸 서찰 중의 일부이다.

故, 而如是處之, 竊恐寒暄有靈, 不肯顧享於穆淸之位也. …… 佔畢出處, 雖亦似然, 然亦難以是議其人. 其人於本朝, 有山斗之望, 亦欲加詆, 則更於何處得人來耶? 但此則非其鄕人, 其祀非出於不得已, 議若不順, 不如休之."

43) 李滉, 『退溪集』 卷20 張11b-12a, 「與黃仲學」(상동, 『韓國文集叢刊』29, 『退溪集』 I, p.495 상·하). "祠位何定? 道學爲主之說, 終覺爲當, 但鄙意兩李配位從祀, 皆爲未安. …… 今兩李之於寒暄, 以學則不可謂同道, 以德則似無甚大遠, 徒以後代道學之名爲主, 而壓前代忠賢之人爲配, 竊恐事體、情理, 皆有所未穩, 如何如何? 故妄欲寒暄爲上, 兩李次之, 皆正南向之位, 而寒暄與文烈兩坐之間, 隔以屛障, 使各自爲尊, 而不相降壓, 則旣不失尊崇道學之意, 而又可以申寒暄推讓前賢之志, 遂兩李勿享非宜之義."

①번에서 이황은 『동국여지승람』에 기록된 이인복의 사적은 문식한 것이 없지 않을 것이므로 김굉필의 위에 두기 어렵다고 하고는, 이인복 대신 성주와 연고가 있는 김종직을 입향하는 것이 위차 문제를 해결하는 한 가지 방안이라고 제안하였다. 하지만 ②번에서 알 수 있는 대로, 황준량은 이황의 이 제안에 김종직의 출처 문제[44]를 들어 반대하자, ③번에서 이황은, 김굉필을 상좌에 두고 이조년을 그 다음에 두어 모두 남향하게 하고 이인복을 이조년 아래 배향하고는, 김굉필과 이조년 사이를 병풍으로 막아 서로 강압하지 않게 하자는 방안, 이조년·이인복을 제향하려고 한 노경린의 본래의 뜻, 곧 성주이씨의 뜻과 김굉필을 독향 또는 주향으로 하려 하는 성주 향내 사론을 절충한 방안을 자신의 최종 해결책으로 제시하였다. 그러나 이 제안은 끝내 받아들여지지 않았다.

한 번 주남周南에 누워 지금까지 체류하고 있으며 증세가 더욱 심해져서 아직 떠날 날짜를 잡지 못하고 있으니 마음이 울울합니다. 사직한 후 공무를 일체 끊고 시골집에서 임시로 거처하고 있으며, 20일쯤 출발하려고 하지만

44) 黃俊良은 이때 이미 金宗直을 學者[道學者]가 아닌 文人[官僚文人]으로 보았기 때문에 영봉서원 제향인물에서 그를 제외한 것이라고 해야 할 것이다. 黃俊良이 말한 金宗直의 출처 문제는, 南孝溫이 「師友名行錄」에서 "金宏弼은 스승 金宗直이 이조참판에 임명되고도 조정에 건의하는 것이 없으므로, 金宏弼이 시를 지어 스승 金宗直에게 올리기를 '우리의 도는 여름에 얼음물을 마시고 겨울에 가죽털옷을 입는 것과 한 가지로 지극히 일상적이고 당연한 것입니다. 어찌하면 그 도에 입각해서 날이 개이면 밖에 나다니고 장마가 지면 집에 머물러 있듯이 출처를 온전하게 할 수 있겠습니까. 난초를 만약 여러 세속의 꽃들 속에서 섞여 자라게 한다면 끝내는 그 좋은 향기가 변해서 잡초가 되고 말 것입니다. 소가 밭을 갈고 말이 사람을 태우는 것은 자기의 본성을 따르는 자연스럽고 당연한 것, 바로 우리의 도이건만, 이 도를 따라 살지 않는다면 누가 우리의 도가 도라는 것을 믿겠습니까.[道在冬裘夏飮氷, 霽行潦止豈全能? 蘭如從俗終當變, 誰信牛耕馬可乘?]'라고 하자, 金宗直이 和韻하기를 '분외의 관직은 비록 높은 지위에 올랐지만, 임금을 보필하고 세상을 구제하는 일은 내가 어찌 해낼 수 있겠는가. 후배들은 나의 못남을 비웃을지 모르겠지만, 나는 구구하게 세상의 권세와 이익을 추구하는 일은 하지 않을 것이다.[分外官聯到伐氷, 匡君救俗我豈能? 從敎後輩嘲迂拙, 勢利區區不足乘.]'라고 하였으니, 싫어한 것이다. 이로부터 스승 金宗直과 길을 달리하게 되었다[貳於畢齋]"라고 한 것을 가리킨다. 南孝溫, 『秋江集』 卷7 張22a, 「師友名行錄」(서울: 한국고전번역원 1989 영인, 『韓國文集叢刊』16, 『秋江集』, p.137하) 참조.

몸이 이미 극도로 허약해져서 무사히 돌아가는 것을 보장하기 어려울 듯합니다. …… 이곳 서원의 위차를 정하는 일은 이미 기문을 지어주셨으니, 시끄러운 논란이 조금 그치기를 기다렸다가 한 차례 위차를 정해도 늦지는 않을 것입니다. 제 병이 깊어 외부의 일을 생각할 겨를이 없으니, 후임 군자에게 걱정 끼치는 것을 면할 수 없게 되었습니다. 지난달에 우연히 사방의 명유名儒 및 오자강吳子强 [吳健]이 문병을 왔기에 고을 선비들과 서원에 모여 여러 날 묵었고, 이때 류 광주柳光州 [柳景深]도 함께 했습니다. 그때 모두 말하기를 "서원의 위차를 정하지 않고 돌아가면 후임자가 감히 그 가부를 논의할 수 없을 것이고, 또 유생들이 서원에 들어갈 때 마치 탱화가 없는 절과 같아 즐거이 모여 공부하지 않게 될 것이다."라고 하므로 지금 유생들과 그 가부를 권점하니, 한훤당을 독향獨享하여 정위正位로 남향하게 하는 것에는 모두 옳다고 권점을 하고, 문충공文忠公 [李仁復]을 동벽東壁에 종향從享하는 것에는 10여 명이 권점을 하였습니다. 그러나 문열공文烈公 [李兆年]의 경우, 손에 염주를 들고 있어서 학궁에 모실 수 없다는 것은 비단 우리들뿐만 아니라 경향 각지의 논의가 이미 정해졌으므로 절대로 다시 논의할 수 없습니다. 손에 염주를 들고 있는 어른을 사묘에 들이는 의논이라면 유생들은 차라리 신발을 신고 떠나버릴 것이니, 서원에는 유생의 자취가 사라지게 될 것입니다. 의견을 합하여 논의를 결정해야 하는데, 유생들의 말도 지나치다고 할 수 없습니다. 삼가 생각건대, 선생님께서 지으신 서원 기문은 엄연히 하나의 학교규범인데, 저부터 선생님의 가르침을 어기는 일은 차마 못할 바이고, 이를 고집하며 유생들의 요청을 거절하는 것도 형편상 행하기 어렵기에 병으로 지친 마음이 더욱 어지러워 감히 급히 심부름꾼을 보냅니다. 제 생각에는, 서원 기문은 노경린 목사가 교체되어 돌아가는 촉박한 때 나왔고, 여러 논의가 분분한 날에는 미치지 못하였으므로, 다시 요량해야 할 곳이 있을 듯합니다. 십분 타당하지 못한 부분이 있다면, 고치는 것도 문제가 되지는 않을 것입니다.

만약 이미 정해진 기문이란 핑계로 다시 논의할 필요가 없다고 한다면, 아마도 중외 유생들의 의혹을 야기하게 될 것입니다. …… 중간에 두 이공李公의 후예들이 말하기를 "두 이공을 향현鄕賢으로 사묘에 들인 것은 퇴계가 정한 것이고 노목사의 본래 뜻이니, 젊은 후배가 가볍게 고칠 일이 아니다. 만약 한훤당을 존봉尊奉하려면 정당 북쪽에 따로 세 칸 사묘를 짓고 선사를 존봉하는 곳으로 삼으면 될 것이다.……"라고 하였습니다. 그러나 한 서원에 동쪽에는 향현사鄕賢祠를 두고 북쪽에는 존현사尊賢祠를 두는 일은 형편상 할 수 없을 듯합니다.[45]

이것은 1563년(명종18) 2월경 황준량이 성주목사를 그만둔 뒤 성주에 잠시 체류할 때, 이황에게 영봉서원 제향인물은 도학을 기준으로 해야 한다는 서원 유생들의 의견을 전하면서, 김굉필을 독향 또는 주향으로 하기 위해서는 이미 지어놓은 기문의 수정이 불가피하다는 사실을 알리고, 잘 요량해서 개고해줄 것을 청하는 내용의 서찰이다. 1560년(명종15) 부임한 뒤 이황과의 서찰 왕래를 통한 몇 차례 논란 이후 일단 보류해두었던 영봉서원 제향인물의 위차 문제를 이때 오건·유경심과 성주 사림 및 서원 유생들의 의견을

45) 黃俊良,『錦溪集』卷4 張16b-18a,「上退溪書」第2-1書(상동, pp.41하-42하). "一臥周南, 留滯至今, 證勢彌綿, 未卜就路, 令人鬱然. 自辭後, 斷置公事, 來寓村舍, 念間欲發, 而虛弱已極, 恐不能保其好還也. …… 且中書院位次事, 已蒙記文之作, 欲待譊譊之稍止, 一番定次, 爲未晩也. 病適深纏, 無暇念及外事, 不免貽患於後之君子. 前月中, 偶有四隣名儒及吳子强, 問疾而來, 與一州儒士, 咸會書院, 宿留數日, 柳光州亦與焉. 僉曰'不定位次而歸, 後來者無敢議其可否, 且儒生之入院, 如無幀之寺, 不樂游息', 今與諸生圈其可否, 則欲獨祠寒暄, 正位南向者皆是; 欲從祠文忠, 坐之東壁者十餘圈. 文烈則握珠手中, 不可齒之學宮, 非徒吾輩也, 京外之論已定, 斷不容復論矣. 手珠之翁若議入祠, 則諸生寧有納履而去, 一院之中, 無儒生之迹矣. 翕而爲定論, 諸生之論, 亦未爲過當. 竊念先生院記之文, 儼然一學範也, 自我而背先生之教, 有所不忍, 執此而拒諸生之請, 勢所難行, 病懷尤撓, 敢此馳伻. 良意記文之作, 出於盧侯煎迫之時, 不及諸論紛紜之日, 恐有更加商量處. 如未十分是當, 則改之亦未爲病. 若諉以已定記文, 不須更論, 則恐滋中外諸生之惑. …… 間有二李之裔亦有辭云'二李以鄕賢入祠, 退溪之所定, 盧侯之本意, 非後進少年所可輕改. 若欲尊寒暄, 則正堂之北, 別構三間, 以爲尊師之地, 可也云云.' 一院而東有鄕賢祠, 北有尊賢祠, 恐勢不可行也."

수합해서 다시 거론한 것이다. 서원 유생들의 의견이라고 하였지만, 목사로서 성주 향내와 영봉서원의 사론을 주도하는 위치에 있었던 점을 고려한다면, 황준량은 결과적으로 영봉서원 제향인물 논란 초기 자신이 가졌던 생각, 서원에는 도학자[김굉필]를 모시고 충절인[이조년·이인복]은 향현사에 모셔야 하며, 굳이 도학자와 충절인을 합사하자면 위차는 도학자[김굉필]를 주향으로 하고 충절인[이조년·이인복]을 배향해야 한다는 자신의 처음 입장을 그대로 관철시켜 나간 것이라고 할 수 있다. 영봉서원과 녹봉정사 등에서의 강학을 통해 도학, 곧 주자학이 성주에 굳게 뿌리내리게 하는 등 성주의 문풍을 크게 진작시켜 후일 정구가 이황에게 품의해서 천곡서원으로 개명하고는, 정이천과 주자를 주향으로 하고 김굉필을 종향하게 하는 길을 열어놓았던 것이다.[46] 비록 관료이기는 하였지만 도학에 철저했던, 단순이 관료문인이 아닌 학자, 곧 주자학자로서 자신의 면모를 유감없이 발휘한 것이다.

2) 학교교육의 진흥과 녹봉정사의 설립

送曺善卿赴光陽倅[47]	광양현감으로 부임하는 조선경을 전송하며
青春丹桂喜聯簪	젊은 날 급제하여 기쁘게 벼슬 함께 한
十載悲歡隔玉音	동고동락 십 년 세월 이젠 소식 멀어지리
風颶雙鳧湖外去	현감 되어 바람 타고 호남으로 떠나가고
月明千里夢中尋	천 리 길 달 밝을 때 꿈속에서 찾아가리
割鷄可試言游手	작은 고을 다스림에 언유 솜씨 시험하고

46) 鄭逑는 迎鳳書院에 李兆年과 李仁復이 祭享된 것에 대해 醇儒, 곧 道學者가 아니라는 이유로 반대하는 데 앞장섰다고 한다. 홍원식, 「녹봉정사와 조선중기 낙중학의 전개」, 『녹봉정사와 낙중학의 전개』(2019년도 계명대학교 한국학연구원 학술대회 발표집 별지, 2019. 10. 18), p.1 참조.

47) 黃俊良, 『錦溪集外集』 卷2 張27b(상동, p.86상).

謀野應彈宓賤琴	좋은 계책 내어서 복천 거문고 연주하리
經濟平生男子事	경세제민하는 것은 남아의 평생 사업이니
褊方猶足展初心	먼 변방일지라도 초심 족히 펼 만하리

이 시는 황준량이 광양현감으로 부임하는 조숙(曺淑, 1504~1582)을 전송하며 그에게 준 작품이다. 선경善卿은 조숙의 자이다. 하서河西 김인후(金麟厚, 1510~1560)의 제자이고, 황준량과는 대과 과거시험에 동년급제를 하였다.

공자는 "정사로 인도하고 형벌로 가지런히 하면, 백성들이 죄를 면하기만 할 뿐 부끄러움이 없게 된다. 덕으로 인도하고 예악으로 가지런히 하면, 백성들이 부끄러움을 알고 또 선에 나아가게 된다.[道之以政 齊之以刑 民免而無恥 道之以德 齊之以禮 有恥且格]"라고 하여, 정사나 형벌보다는 도덕과 예악으로 백성을 다스릴 것을 강조하였다. 언유言游는 공자의 제자 언언言偃, 子游이다. 그가 무성武城 읍재로 재직할 때 예악으로 백성을 다스려서 고을사람들이 모두 현악기를 타며 노래를 불렀다고 하는데, 공자가 그 소리를 듣고 기뻐했다고 한다. 복천宓賤은 공자의 제자 복자천宓子賤으로, 단보單父를 다스릴 때 거문고를 타며 당 아래로 내려오지 않았지만, 고을이 잘 다스려졌다고 할 정도로 예악으로 풍속을 교화시킨 인물이다. 이들 두 사람 모두 정사나 형벌보다는 도덕과 예악으로 다스리는 것을 강조한 공자의 정신을 고을 수령으로 정치현장에서 실천한 이들이다.

수령의 임무는 흔히 '수령칠사守令七事'로 말한다. 그것은 '농사와 양잠을 번성하게 하는 것[農桑盛]', '호구를 늘이는 것[戶口增]', '교육진흥을 위해 학교를 많이 세우는 것[學校興]', '군사 관련 행정을 엄정하게 하는 것[軍政修]', '백성들의 부역을 고르게 하는 것[賦役均]', '소송을 간략하고 신속하게 처리하는 것[詞訟簡]', '아전의 부정이나 횡포를 없애는 것[奸猾息]'의 일곱 가지이다. 이중 '교육진흥을 위해 학교를 많이 세우는 것[學校興]'은 정사나 형벌보다는 도덕과 예악으로 백성을 다스리는 것을 이상으로 생각했던 공자의 정신, 정사나 형벌을 통한 강제적인 지배보다는 도덕과 예악을 통한, 교화를 통한 자발적인 참여를 유도하는 공자의 정신을 그대로 계승한 것이다.

황준량도 정사나 형벌보다 도덕과 예악으로 백성을 다스리는 것을 이상으로 생각하는 공자의 정신을 적극 계승하고 있었다. 그래서 신녕현감으로 재직할 때는 향교의 문묘를 수축하고 백학산서원을 창설하였다. 단양군수로 재직할 때는 「단양진폐소丹陽陳弊疏」를 올려 고을의 시급한 현안을 해결해서 10년 간 부세를 면제받도록 조처한 뒤에는 곧바로 향교를 이전하는 공사를 하였다. 단양향교는 강가에 있어서 늘 수해를 입었고, 오랫동안 돌보지 않아 황폐한 상태였다. 황준량은 단양관아 동쪽에 터를 구하고, 유휴인력을 동원하고 새로 개간한 경작지에서 거둔 곡식으로 비용을 충당해서 몇 달 만에 공사를 마쳤다. 그런 다음 「단양향교중수기丹陽鄕校重修記」를 지어서 그 전말을 상세하게 기록하였다. 그리고 향교 문묘 서쪽에 작은 사당을 세워 고려 말의 학자 역동易東 우탁(禹倬, 1262~1342)의 위패를 모시고 제사를 받들도록 하였다. 이것은 예악으로 백성을 다스리는 유교적인 교화를 상징하는 조치였다. 한때 단양군수를 지낸 적이 있는 이황은 자신이 일찍이 하고자 했던 일이라고 하면서 기뻐하고, 자기 고향 예안에서 이제야 우탁을 제향할 서원 건립을 추진하고 있는데, 단양에서 황준량이 그 일을 먼저 한 것에 대해 칭송을 아끼지 않았다.[48]

황준량은 1559년(명종14) 여름 단양군수의 임기를 마치고 고향으로 돌

---

48) 李滉, 『退溪集』 卷19 張15b-16a, 「答黃仲擧」(상동, 『韓國文集叢刊』29, 『退溪集』 I, p.476 상·하). "禹祭酒, 正合鄕賢之祠. 吾禮每欲圖之, 而無便未遂, 盍先於仙郡, 以爲他日吾禮之效之也? 但不奠蕉荔, 則無以爲祠, 適祠在校傍, 因釋奠而略爲奠禮, 似亦可行於久遠也. 如何如何?"

아갔다. 단양고을 백성들은 그가 연임할 수 있게 해줄 것을 청하였고, 그가 떠난 뒤에는 선정비를 세워서 공덕을 기렸다. 『금계집』이 단양에서 처음 출간된 것도 군수로 재직하는 동안 황준량이 끼친 은공 때문이었다. 고향으로 돌아간 뒤 예조정랑과 병조정랑에 연달아 임명되었지만 나아가지 않았다. 황준량은 단양군수로 재직하기 이전에 이미 고향 풍기 금선계곡 어귀에다 터를 잡고 금양정사錦陽精舍를 짓고 있었다. 이곳으로 물러나 스승 이황처럼 학문연구에 잠심하고 싶었을 것이다. 그러나 고향으로 돌아간 지 1년 만인 1560년(명종15) 7월 황준량은 다시 성주목사에 임명되었다.

성주목사로 재직하는 동안 목민관으로서 황준량의 가장 돋보이는 업적은 학교 교육의 진흥과 관련된 것이다. 황준량은 성주에 부임해서 먼저 영봉서원을 증수하고, 또 향교 문묘를 수리하였다. 영봉서원은 전임 목사 노경린이 세운 것이다. 그곳에는 성주 출신으로 고려 말의 문신 이조년과 그 손자 이인복, 그리고 성주가 처향인 김굉필을 제향하기로 하였다. 그러나 건립 초기부터 위차 문제를 둘러싼 논란이 그치지 않아, 서원의 정착과 운명에 큰 장애가 되었다. 황준량은 성주목사 부임 이후 무엇보다 먼저 이 문제를 적극 해결해나가려 하였지만, 재임하는 기간 동안 이 문제를 근본적으로 해결할 수는 없었다.

우리나라에서 서원의 건립과 운영은 초기부터 순탄하지 않았다. 우리나라 최초의 사액서원인 풍기의 소수서원의 경우도 이황이 풍기군수를 그만두고 떠난 뒤 얼마 되지 않아 서원 유사 김중문金仲文과 서원 유생들이 서로 대립하다가 마침내 서원 유생들이 서원을 비우고 떠나는 일이 생겼다.[49] 그리

49) 李滉, 『退溪集』 卷12 張30a-39b, 「擬與榮川守論紹修書院事[丙辰○郡守安瑺卽文成公之後]」 및 「擬與豐基郡守論書院事[丁巳○郡守金慶言]」(상동, 『韓國文集叢刊』29, 『退溪集』 I, pp.340하-345상) 참조.

고 그 뒤 창건 이후 이황이 깊숙하게 관여한 영봉서원에서는 서원의 제향인물 때문에 문제가 생긴 것이다. 또 이황의 제자 이정이 경주부윤으로 재직하면서 이황의 자문을 받아 창건한 서악정사西岳精舍[西岳書院]의 경우도 영봉서원의 경우와 동일하게 서원의 제향인물 문제로 창건 초기부터 그 정착에 어려움이 있었다.[50]

이황이 주도한 서원창설운동은 그 초기에 서원이 건립되는 각 고을의 사정에 따라 여러 문제가 발생하면서 해당 서원의 정착과 운영에 많은 어려움이 있었다. 영봉서원과 서악정사의 경우 제향인물 문제가 그 정착에 큰 장애가 되었다면, 후일 이황이 발의하고 월천月川 조목(趙穆, 1524~1606)을 중심으로 한 예안 일원의 이황의 제자들이 주동이 되어 이황의 고향 예안에다 창건한 역동서원易東書院의 경우는 이황의 향좌법鄕坐法과 관련한 향촌 내의 일반 행사와 서원 행사의 좌차坐次 때문에 낙성식을 앞두고 이황과 그 제자들 간의 대립이 심각하였다.

좌차는 행사에 참석한 사람들이 자리에 앉는 순서이다. 이황은 조정이 아닌 향촌 내 행사, 향회鄕會라고 일컬어지는 향촌 내 행사의 좌차는 신분의 귀천이나 벼슬의 고하가 아닌 나이 순서로 정하는 것이 옛 법이므로 그렇게 해야 할 것을 주장하였다. 그리고 역동서원 낙성식 행사, 원회院會라고 일컬어지는 서원의 행사도 향촌 내에 설립된 서원의 행사이므로 당연히 그 행사에서의 좌차는 신분의 귀천이나 벼슬의 고하가 아닌 나이 순서로 정해야 한다고 주장하였다.[51] 이황의 이와 같은 주장에 대해 역동서원 창건의 주체였던 조목을 비롯하여 예안 일원의 이황의 제자들은 강력하게 반발을 하였다.

하루는 예안 오천烏川, 지금의 경상북도 안동시 와룡면 오천리 외내에 살

50) 정석태, 『퇴계선생연표월일조록』3(상동, 2005), pp.152-153 및 pp.161-162 참조.

51) 정석태, 『퇴계선생연표월일조록』4(상동, 2006), pp.154-158 참조.

던 후조당後凋堂 김부필(金富弼, 1516~1577), 읍청정挹淸亭 김부의(金富儀, 1525~1582), 설월당雪月堂 김부륜(金富倫, 1531~1598), 일휴당日休堂 금응협(琴應夾, 1526~1589), 면진재勉進齋 금응훈(琴應壎, 1540~1616) 등이 스승 이황을 찾아와서 종일 논란을 하게 되었다. 이 자리에서 스승 이황은 향촌 내 행사의 좌차를 신분의 귀천으로 정하는 것은 잘못이고 나이 순서로 정하는 것이 옛 법에 의거할 때 옳다고 하고, 김부필 등 제자들은 옛날과 지금이 다르니 그렇게 하기는 어렵다고 하여 종일토록 극론하였지만, 끝내 스승 이황의 말을 수긍하려 하지 않았다. 그러다가 돌아가는 길에야 김부필이 "선생은 태고를 논하시는데, 제자들은 말세를 말한다오. 서원의 규모가 정해졌는데, 향회의 좌차로 나뉠 필요야.[先生太古論 弟子末世言 書院規模定 何須鄕坐分]"라는 시를 스승 이황에게 올려 일단 서원 행사, 정확히는 역동서원 낙성식 행사의 좌차는 나이 순서대로 하겠다는 뜻을 밝혔다. 그러나 조목은 나이 순서대로 좌차를 정해서 앉게 하는 것은 "사람을 소 뒤에 서게 하는 것[牛後]"이라고 하면서 끝내 이것조차도 따르려고 하지 않았다.[52]

이황이 말하는 향촌 내 행사에서의 좌차는 사농공상과 노비를 포함한 향촌 내 전 백성을 대상으로 한 행사의 좌차가 아니다. 사족과 농공상의 일반 백성 및 노비들이 향촌 내에서 함께 모여 행사를 한다고 할 때는 당연히 사족과 농공상의 일반 백성 및 노비들은 서로 앉는 자리를 달리해서 사족은 사족대로, 농공상의 일반 백성은 농공상의 일반 백성들대로, 또 노비는 노비대로 따로 자리를 마련해서 그들 내에서 나이 순서대로 좌차, 곧 앉는 자리의 차례를 정해야 하는 것이다. 왜냐하면 이들 사이에는 법적으로 엄연히 신분상 귀천의 차이가 존재했기 때문이다. 그러나 사족이 사족士族과 이족吏族·서족庶族으로 한창 분화되고 있던 시기에, 사족이 불가피하게 이족 · 서족과 함께 향

52) 정석태, 『퇴계선생연표월일조록』4, 상동.

촌 내에서 행사를 해야 할 때의 좌차를 어떻게 정해야 하는지는 문제가 되지 않을 수 없었을 것이다. 이황이 말하는 향촌 내 행사에서의 좌차는 바로 이러한 때의 좌차를 말하는 것으로 보인다.

이황의 향좌법은, 당시 분화하기 시작한 이들 사족과 이족 · 서족이 한 고을 또는 한 마을 내이거나 이웃 고을에 살 경우 불가피하게 함께 모여야 하는 향촌 내 행사에서의 좌차를 어떻게 정해야 할 것인지에 대한 답인 셈이다. 왜냐하면 사족이 비록 이족과 서족으로 분화되었다고 하더라도, 조상이나 부모의 입장에서 볼 때 사족과 이족, 사족과 서족은 한 조상의 자손 또는 한 부모의 자식임이 분명하기 때문이다. 당연히 그들을 신분의 귀천으로 갈려서 사족을 위에 자리를 마련해서 앉히고, 이족과 서족을 아래에 따로 자리를 마련해서 앉히기는 어려웠을 것이다.

이황은 옛 법을 들어서 좌차를 나이 순서대로 하자고 주장하였는데, 그것은 조상이나 부모의 입장에서 자손이나 자식을 바라본다면, 당연히 그렇게 하는 것이 마땅하였을 것이다. 그러나 조목이 향촌 내의 다른 행사뿐만 아니라 서원 내의 행사에서도 나이 순서대로 좌차를 정하는 것조차 반대했기 때문이었는지, 이황은 당시 경상도관찰사 노저鷺渚 이양원(李陽元, 1526~1592)이 찾아온다는 사유로 1570년(선조3) 2월 22일에 거행된 역동서원 낙성식에 참석하지 않았다.[53] 이황 사후 향촌 내에서 사족과 이족 · 서족이 완전히 분화되면서 이족은 사족과 더 이상 자리를 함께 할 수 없게 되었고, 사족과 서족은 비록 자리를 함께 하더라도, 예를 들자면 한 마을에 살면서 조상의 제사 등에 참여하더라도 사족은 당 위에 서고, 서족은 당 아래 서는 등의 자리를 낮추거나 분리하는 식으로 서로 구별하는 것이 일반화되었다.

이황이 자신의 고향에다 제자들의 도움으로 세운 역동서원에서조차도

---

53) 정석태, 『퇴계선생연표월일조록』4(상동), pp.572-574 참조.

자신의 뜻을 관철할 수 없는 상황이었다면, 황준량이 비록 고을 수령이라고 하더라도 향내 사족들의 이해와 깊이 관련된 일에는 더 이상 어찌할 수 없었을 것이다. 대신 황준량은 제향인물의 위차 문제는 일단 놓아두고, 영봉서원이 제대로 정착할 수 있도록 그 교육문제에 대해 적극적으로 관여하는 쪽으로 관심과 방향을 돌렸다.[54] 영봉서원의 유생들에게 『소학』, 『근사록』, 『심경』을 공부한 뒤에 사서로 나아가야 한다는 원칙을 강조하였고, 훈도로 자신보다 1년 먼저 성주에 와 있었던 오건과 함께 유생들을 지도하면서 자신도 영봉서원에서 열리는 강회에 한 달에 한 번씩 참석하여 강론하는 것을 듣고,[55] 또 다음과 같이 그들의 학문을 면려하였다.

> 군자의 학문은 반드시 성취를 요하고 성현의 가르침은 본래 이루어진 법이 있으니, …… 만약 성현의 길을 따라 남의 본보기가 되고자 한다면, 도의 문정門庭에 들어가는 선후와 차례를 어지럽게 해서는 안 됩니다. 반드시 『소학』을 읽어서 떳떳한 인륜과 일상의 법도와 행동거지의 준칙에 근본을 세우고 하나하나 강론해 밝혀서, 실천이 견실하게 정해지고 함양이 순수하고 익혀지도록 해야 합니다. …… 제군들이 비록 젊어서 이미 읽었다고 해도 반드시 힘쓸 자리를 이해하지 못했을 것이니, 지금 더욱 이해하여 고인이 교육을 세운 근본을 상고하고 『근사록』을 참조하여 그 의리의 지취를 넓혀나가면, 학문의 본말이 거의 아울러 이루어질 것입니다. 또 『심경』은 비록 산만한 것 같이 보이지만, 선유들의 격언을 부주附註로 하여 오로지 마음 다스리는 것을 위주로

54) 이 사실은 黃俊良은 1560년(명종15) 성주목사 부임한 이후 그해에만 스승 李滉과 迎鳳書院 제향인물 문제에 대해 논의하였고, 그 이후로는 1563년(명종18) 2월 성주목사를 그만두고 돌아가기 직전 李滉에게 서원 유생들의 의견이라고 하면서 「迎鳳書院記」의 수정을 요청한 것 외에는 더 이상 이 문제를 가지고 李滉과 논의하지 않았던 것으로 확인이 된다. 黃俊良이 성주목사 부임 이후 사직하고 돌아갈 때까지 스승 李滉과 주고받은 서찰은 제Ⅳ장 제1절 '도학 중심의 영봉서원 제향인물 선정'에서 이미 들었다.

55) 黃俊良, 『錦溪集』 卷4 張5b, 「上退溪書」 第1-1書(상동, p.36상). "書院、精舍, 學徒充集, 月一至焉, 參聽講論, 恨無自治之功, 不能及人, 可歎."

> 하므로 경敬을 주로 하고 이理를 궁구하는 요체가 거의 미진함 없고, 심술의 은미함에 대해 더욱 깊이 드러냈으므로 이른바 하나의 병에 하나의 약이 된다는 것이니, 또한 강론하지 아니할 수 없습니다. 이 세 책을 아울러서 연찬하는 공부를 한 뒤에 사서에서 그 극을 모아 그 선후의 차례를 문란하게 하지 않으면, 사변의 공이 외울 때와는 아주 다를 것입니다.[56]

황준량은 또 영봉서원과 별개로 성주 고을 동쪽에 공곡서당을 세우고, 성주의 속현 팔거현八莒縣 건령산建靈山 아래 녹봉鹿峯, 지금의 경상북도 칠곡군 지천면 창평리에 녹봉정사를 세웠다. 이곳에는 원래 녹봉사鹿峯寺라는 절이 있었는데, 조선시대에 폐허가 되어 내려오던 것을 개축하고 건물 몇 채를 새로 지어 녹봉정사라고 하였다. 1561년(명종16) 2월에 공사를 시작하여 4월에 완공하였다.[57] 지금은 정면 4칸, 측면 1칸의 부속건물 한 채만 남아있지만 성정당誠正堂, 시습재時習齋, 양정헌養正軒, 양호루養浩樓, 관물대觀物臺 등의 현판을 이황이 모두 직접 명명하고 편액을 쓴 사실로 유추해볼 때, 녹봉정사는 서원의 세 주요 공간 중 제향공간인 사묘를 제외한 강학공간인 강당과 서재, 그리고 유식공간인 누대를 갖춘 서원과 거의 같은 규모의 큰 학교였음을 알 수 있다. 황준량은 이 녹봉정사가 낙성이 되자 다음과 같은 시를 지었다.

---

56) 黃俊良, 『錦溪集』 卷4 張6b-8a, 「與迎鳳諸賢書」(상동, pp.36하-37하). “君子之學, 必要其成, 聖賢之教, 自有成法, …… 如欲循聖賢塗轍, 做人底樣子, 則入道門庭先後次第, 不可亂也. 必須先讀『小學』, 以立根基於彝倫日用之常、節次容止之則. 一一講而明之, 使踐履堅定, 而涵養純熟. …… 諸君少日, 雖已讀過, 必未會用力之地, 及今更加理會, 稽古人立教之本, 而參諸『近思錄』, 以博其義理之趣, 則學之本末, 庶乎其兼舉矣. 且『心經』一部, 雖若散漫, 而附註先儒格言, 專以治心爲主, 主敬窮理之要, 殆無餘蘊, 而尤痛著於心術隱微之際, 所謂一病一藥者, 亦不可以不之講也. 於此三書, 兼做鑽研之功, 然後會其極於四書, 不紊其先後之序, 則思辨之功, 逈異於記誦之時.”

57) 『鹿峯精舍事蹟』(錦溪宗家所藏) / 『鹿齋初刱時講舍錄』(都在旭所藏). “嘉靖辛酉鹿峯精舍建設. 都舜臣、宋世禮、李進慶等, 以黃侯之命, 二月董役, 四月成舍.”

鹿峯精舍新成 與教官子强講禮其中 書示學徒[58)]
녹봉정사가 낙성되어 그곳에서 교관 오자강吳子强, 吳健과 함께
예를 강론하고 학생들에게 써서 보여주다
千年白鹿愛嘉名 천추의 백록서원 좋은 이름 사랑해라
精舍如今喜易成 이제 정사 쉽게 이룬 그것이 기쁘다오
廢刹幻開興學地 폐 사찰이 흥학하는 터전으로 바뀌었고
明窓好聽讀書聲 밝은 창에 글 읽는 소리 듣기가 참 좋구려
光風霽月傳遺趣 광풍제월 남겨진 운치가 전해지고
淸水高山遠世情 산수는 높고 맑아 세속을 멀리 했네
珍重此間眞樂在 진중한 이곳에는 참된 낙이 존재하니
莫將功利累虛靈 공리로 허령한 심성 누가 되게 하지 말라

이 시는 금계종가 소장의 『녹봉정사사적鹿峯精舍事蹟』 표지이면에 기록된 것인데, 현행 『금계집』 내집과 외집 어느 곳에도 실려 있지 않은 작품이다. 몇 차례의 문집 출간이 이루어지는 과정에도 미쳐 수습이 되지 못한 것이다. 황준량은 이 시를 지어서 스승 이황에게 부쳐주자 이황은 다음과 같은 차운시를 지었다.

次韻黃仲擧寄示鹿峯精舍落成[59)]
황중거가 보내준 녹봉정사 낙성시에 차운하다
儒館何須續舊名 유관 이름 어찌 꼭 옛 이름을 써야 하랴
鹿峯堪賀落新成 새로 지은 녹봉정사 낙성을 축하하네
武城言偃興絃誦 언언은 무성에서 현송을 일으키고
蜀地文翁闡敎聲 문옹은 서촉에서 교학을 드높였네
古道未亡同受性 함께 받은 본성이라 옛 도는 그대론데
今人那欠獨超情 지금 사람 어찌하여 뛰어난 맘 모자라나

58) 『鹿峯精舍事蹟』(상동) 表紙裏面.

59) 李滉, 『退溪集』 卷3 張36b-37a(상동, 『韓國文集叢刊』29, 『退溪集 Ⅰ, pp.117하-118상).

星山本號英雄藪 성산은 영웅의 덤불이라 일렀으니
莫負群生我最靈 만물 중의 내 가장 영장인 걸 잊지 마소

황준량이 이 녹봉정사를 굳이 서원이라고 하지 않고, 정사라고 한 것은 자신이 당시 목사로 재직하고 있던 성주의 영봉서원에서 제향인물을 두고 오랜 기간 동안 해결의 실마리를 찾지 못한 채 논란이 계속되었던 것과 무관하지 않을 것이다. 선현을 제향하고 도학을 강론하는 공간으로 설립되는 서원이 지역 사족들의 이해 때문에 서로 다툴 소지를 없애려고 설립할 때부터 사묘를 없앤 순수하게 도학을 강론하는 기관으로 설립한 것이라고 하겠다. 그것도 이황이 도산서당을 완공한 그 해에 설립한 것은 우리나라 서당·정사 건립의 역사에서 볼 때도 큰 의미를 가진다. 황준량은 이곳에 들어오는 유생들에게 명예와 이익을 추구하는 과거공부가 아닌 참된 공부, 곧 도학 공부를 해줄 것을 다음과 같이 당부하였다.

> 산은 옥처럼 아름답게 둘러 있고 샘물 소리는 구슬처럼 맑게 울리는 곳에서, 해맑은 창가에 앉아 정밀하고 심오한 도리를 강론하고 있을 것을 생각하니, 너무도 위로가 되고 기쁩니다. 여러분이 함께 지내며 서로 격려해서 인덕仁德을 길러간다면 이로움이 반드시 깊을 것입니다. 병든 나는 세속 일에 얽매여 안개 속을 헤쳐 나갈 방도가 없으니, 실로 가소롭고 한스럽습니다. 여러분의 학업은 단지 글귀나 해석해서 명예와 이익을 구하는 과거공부에 그치지 않습니다. 명교名敎 가운데 저절로 낙토가 있으니, 부디 제일의를 다른 사람에게 양보하지 마십시오. 나머지는 굳게 앉아서 각고면려하여 간절히 기대하는 나의 소망에 부응해주기를 바랍니다.[60]

60) 黃俊良, 『錦溪集』 卷4 張18a, 「與鹿峯精舍諸生書」(상동, p.42하). "山擁瓊瑤, 泉鳴玦環, 想宴坐晴窓, 講論精邃, 慰喜慰喜. 群居補仁, 爲益必深. 病夫縻塵, 末由披霧, 可笑恨也. 諸君課業, 非翅講解口讀, 要取聲利. 名教中自有樂地, 莫將第一義, 讓與別人. 餘冀堅坐刻厲, 以副

황준량은 목사로서 영봉서원의 경우처럼 훈도 오건과 함께 유생들을 지도하면서, 자신도 한 달에 한 번씩 녹봉정사에서 열리는 강회에 참석하여 강론하는 것을 들었다.[61] 이와 같이 황준량은 녹봉정사에서의 강학을 통해 학문을 장려한 결과, 많은 인재들이 배출되고 지역의 문풍이 크게 진작되는 계기를 맞았다. 그중 성주향교와 녹봉정사를 오가며 오건의 문하에서 수업한 정구는, 황준량의 적극적인 권유로 이황의 문하에 나아간 오건의 뒤를 이어 1563년(명종18) 이황의 문하에 나아가고, 다시 3년 뒤인 1566년(명종21) 조식의 문하에 나아가[62] 이론적인 탐구가 승한 퇴계학과 실천적 기풍이 승한 남명학을 융합한 독특한 문풍, 성주 지역을 중심으로 전개된 '낙중학洛中學[강안학江岸學]'으로 일컬어지는 독특한 문풍을 열어가게 되었다. 그러한 독자적인 문풍을 열어내는 단초가 된 것이 성주목사 시절 학자, 곧 주자학자로서 황준량의 학문연구와 강학활동, 그중 녹봉정사를 중심으로 한 학문연구와 강학활동이 주요한 역할을 하였던 것이다.[63]

遐跂."

61) 위 주석 55)번과 동.

62) 홍원식, 위의 글, p.1 및 p.4-5 참조. 홍원식은 이 글에서 『寒岡言行錄』의 기록을 끌어다가 鄭逑가 李滉과 曺植의 문하에 처음 나아갔을 때, "李滉에게서는 金宏弼의 외손으로 자질이 영민하며 志學好善한다는 칭찬을 들었고, 曺植에게서는 出處義理에 대한 깨달음이 어느 정도 있다는 칭찬을 들었다."라고 하였다.

63) 이러한 사실은 鄭逑의 黃俊良에 대한 祭文을 통해 유추해볼 수 있다. 그 祭文에서 鄭逑는 黃俊良이 星州에서의 講學을 통해 자신을 포함한 星州의 유생들에게 큰 은택을 베풀었다고 하였다. 鄭逑, 『寒岡集』 卷12 張29a, 「祭黃錦溪[俊良]墓文」(상동, p.326상) 참조. 鹿峯精舍는 창건 이후 星州牧, 후일 八莒縣 일원이 漆谷都護府로 독립되면서 漆谷 士族들의 거점으로 그 지역의 문풍을 주도하면서 한말까지 지속적으로 講學이 이루어졌다. 鹿峯精舍의 역사에 대한 개괄적인 설명은 홍원식, 위의 글과 구본욱, 「녹봉정사의 건립과 경영 및 강학」, 『녹봉정사와 낙중학의 전개』(2019년도 계명대학교 한국학연구원 학술대회 발표집, 2019. 10. 18) 참조.

3) 주자학의 보급과 『회암서절요』의 출간

正月二日立春 第2首[64]	정월 초이틀 입춘에 제2수
黃卷中間對聖賢	누런 서책 속에서 성현을 마주한 채
虛明一室坐超然	밝고 텅 빈 방안에 초연히 앉아 있네
梅窓又見春消息	창 밖에 핀 매화가 또 봄소식 전해주니
莫向瑤琴嘆絶絃	거문고 앞에 두고 줄 끊겼다 탄식 말라

이황의 학술활동은 1553년(명종8)부터 본격적으로 시작된다. 이황은 그때 서울에 올라가 있으면서 당시의 지성계를 향해 자신의 견해를 활발하게 피력하였다. 주자학의 이해가 깊지 않은 상태에서 명나라로부터 직수입된 양명학의 깊은 영향으로 몹시 혼란스러웠던 당시의 지성계를 변화시키려는 적극적인 노력을 해나갔다. 이렇게 이황이 활발하고 적극적인 학술활동을 펼 수 있었던 힘은 1549년(명종4) 12월 풍기군수를 그만두고 고향으로 돌아와서 1550년(명종5)과 1551년(명종6) 두 해 동안 토계, 지금의 경상북도 안동시 도산면 토계리 상계마을에 자신의 서재 한서암寒棲菴과 계상서당溪上書堂을 짓고 들어앉아 『주자대전朱子大全』을 읽으며 주자학을 깊이 연구한 데서 나온 것임은 다시 말할 필요가 없다. 이 시는 그때 이황 공부의 깊이를 가늠해볼 수 있게 해주는 작품이다.[65]

이 시는 이황이 1552년(명종7) 52세 정월에 지은 것이다. 그때가 되어서는 서책 속에서 고인을 만날 수 있을 정도, 그때 읽고 있던 책이 『주자대전』이었으므로 그 책에서 주자를, 나아가 주자가 신봉한 공자와 맹자 등을 위시한 유학의 여러 성현들을 만날 수 있을 정도까지 주자학에 대한 공부가 깊어

---

64) 李滉, 『退溪集』 卷2 張11a(상동, 『韓國文集叢刊』29, 『退溪集』 I, p.81상).

65) 정석태, 「퇴계 이황의 한시작품 개고와 그 의미」, 상동, pp.283-284 참조.

져서 도학을 계승하겠다는 확고한 의지를 천명하고 있다.[66] 「도산십이곡」 중 한 수에서 "고인도 날 못 보고 나도 고인 못 봬. 고인을 못 봬도 예던 길 앞에 있네. 예던 길 앞에 있으니 아니 예고 어쩔까."라고 한 것도 이 시와 그 취지가 크게 다르지 않다. 이황은 『주자대전』을 읽고 나서야 학문의 바른 길을 찾았고, 그 책을 집중적으로 공부한 다음 위대한 학자로 대성하게 된 것이다. 이황은 주자와의 만남을 계기로 인생 일대 전회의 결정적인 계기를 맞이한 것이다.

『주자서절요』, 곧 『회암서절요』는 『주자대전』에 수록된 2,365통의 서찰 중 1,234통을 골라서 그 가운데 핵심적인 부분을 발췌하였기 때문에 '절요節要'라고 한 것이다. 서찰 통수로는 52%, 분량으로는 31%에 해당된다.[67] 이황은 스스로 발췌기준에 대해 "학문에 관계가 되고 수용에 절실한[關於學問而切於受用]"[68] 내용을 취했다고 한 바 있다. 이황이 이렇게 『주자대전』에 수록된 서찰을 발췌하고는, 그것을 예안과 안동 일원의 제자들을 중심으로 필사작업을 하도록 지시하고 또 독려하였다. 필사작업은 이황이 고향으로 돌아온 1555년(명종10)부터 시작되어 1556년(명종11) 가을에 편집이 완료되었다.[69] 그렇게 발췌하고 필사해서 편집한 『주자서절요』는 14권 7책이었다.

황준량은 1557년(명종12) 단양군수로 부임하면서 『주자서절요』를 간행할 계획을 하였다.[70] 당시 단양의 어려운 형편 때문에 목판이 아닌 목활자로 간행할 생각이었다. 가장 어려운 문제는 좋은 목활자를 구하는 일과 이황

---

66) 상동.

67) 최채기, 「퇴계 이황의 『주자서절요』 편찬과 그 간행에 관한 연구」(서울: 성균관대학교 박사학위논문, 2012), pp.207-208 참조.

68) 아래 주석 71)번 참조.

69) 정석태, 『퇴계선생연표월일조록』2(상동, 2005), pp.367-368 참조.

70) 이 단락은 김종석, 「금계 황준량의 사상과 퇴계학 계승 양상」, 『퇴계학보』136(서울: 퇴계학연구원, 2014), pp.149-150의 내용을 참고해서 서술하였다.

이 『주자대전』에서 발췌해서 필사과정을 거쳐 잠정 편집해둔 『주자서절요』를 교정하는 일이었다. 황준량은 이황이 일차 편집해둔 것을 검토한 결과, 주석에 있어서 상세함과 소략함의 차이가 있거나 주석이 있어야 할 부분에 주석이 없는 등의 문제점이 있음을 파악하고, 차라리 주석 부분을 빼고 본문만 인쇄해서 간행하는 방안을 제시하는 등 편집과정에도 적극 관여하였다. 그는 피폐한 단양고을을 살려내는 일과 이 책을 간행하는 일 두 가지만 완수한다면 그것으로 만족할 뿐이라고 할 정도로 간행에 심혈을 기울였다. 이황은 1558년(명종13) 봄이나 여름에 『주자서절요』가 단양에서 간행될 것으로 예상하였고, 그에 맞추어 다음과 같은 서문을 준비하였다. 그러나 여러 가지 사정으로 단양에서의 간행은 중단되고 말았다.

> 『주자대전』은 1543년(중종38) 우리 중종대왕께서 교서관에서 인쇄해서 반포하도록 하여 나도 비로소 이런 책이 있음을 알고 구하였지만, 아직껏 그 책이 어떠한 종류의 책인지를 알지 못하였다. 병 때문에 벼슬을 그만두게 되자, 곧바로 고향에 돌아와서 여가를 얻어 문을 닫고 조용히 앉아서 읽어 보게 되었다. 그로부터 점점 그 말이 맛이 있고 그 뜻이 무궁함을 깨닫게 되었고, 더욱이 서찰에서는 느낀 것이 많았다. 이 책의 전체에 대해서 논한다면, 땅이 만물을 싣고 있고 바다가 만물을 포용한 것과 같아서 없는 것이 없지만, 구하려고 해도 그 요점을 얻기가 어렵다. 그러나 서찰의 경우는 그 사람의 재주의 고하와 학문의 심천에 따라 병을 살펴서 약을 쓰며 물건에 따라 알맞게 담금질을 하는 것과 같아서, 누르기도 하고 올리기도 하며, 인도하기도 하고 건져주기도 하며, 격동시켜 나아가게도 하고 물리쳐 깨닫게도 하였다. 심술의 은미한 사이에는 터럭 같이 작은 악도 용납하지 않았고, 의리를 궁구하는 즈음에는 홀로 먼저 조그마한 착오도 살폈다. 그 규모는 광대하고 심법은 엄밀하여, 깊은 못에 임한 듯 얇은 얼음을 밟듯 조심하고 조심해서 잠깐이라도 쉴 때가 없었으며, 분한 생각을 징계하고 욕심을 막고 잘못을 고쳐 바른 곳으로 나가기를 마치 미치지 못할 것처럼 생각하

> 였으며, 강건하고 독실하고 빛이 나서 나날이 그 덕을 새롭게 하였다. 차근차근 순서에 따라 그치지 않는 것이 남과 자신에게 차이가 없었기 때문에, 남에게 말해줄 때는 능히 그 사람으로 하여금 감동하고 흥기하게 한다. 비단 당시 문하에서 직접 배운 사람에게만 그럴 뿐만 아니라, 비록 아득히 백세 뒤라도 진실로 이 글을 읽는 사람은 직접 가르침을 받는 것과 다름이 없을 것이다. 아, 참으로 지극하다. 그러나 그 서찰은 권질이 너무 많아서 제대로 읽어보기가 쉽지 않을 뿐만 아니라, 실려 있는 제자들의 물음도 간혹 득실이 있음을 면하지 못하고 있다. 내가 어리석음을 스스로 헤아리지 않은 채, 그중 더욱 학문에 관계가 되고 수용에 절실한 것을 찾아 드러내되, 편장에 구애되지 않고 오직 그 요점을 얻기에 힘썼다. 그런 다음 제자들 중 글씨를 잘 쓰는 사람과 자질들에게 맡겨서 권을 나누어 다 쓰고 나니, 모두 14권 7책이 되었다. 원래의 서찰과 비교해보면 덜어진 거의 3분의 2나 되니, 참람한 죄는 피할 수가 없다.[71]

『주자서절요』의 간행이 다시 추진된 것은 1560년(명종15) 황준량이 성주목사로 부임한 뒤였다. 영천의 임고서원 목활자를 빌렸고, 당시 경상도관찰사 홍담(洪曇, 1509~1576)에게 부탁하여 절반의 경비를 지원받을 수 있었다. 여기에 경주와 상주 등 도내 큰 고을의 지원도 받았다. 1561년(명종16) 5

71) 李滉, 『退溪集』 卷42 張3b-4b, 「朱子書節要序」(상동, 『韓國文集叢刊』30, 『退溪集』Ⅱ, p.433 상·하). “嘉靖癸卯中, 我中宗大王, 命書館印出頒行, 臣滉於是, 始知有是書而求得之, 猶未知其爲何等書也. 因病罷官, 載歸溪上, 得日閉門靜居而讀之. 自是漸覺其言之有味, 其義之無窮, 而於書札也, 尤有所感焉. 蓋就其全書而論之, 如地負海涵, 雖無所不有, 而求之難得其要. 至於書札, 則各隨其人材稟之高下, 學問之淺深, 審證而用藥石, 應物而施爐錘, 或抑或揚, 或導或救, 或激而進之, 或斥而警之. 心術隱微之間, 無所容其纖惡; 義理窮索之際, 獨先照於毫差. 規模廣大, 心法嚴密, 戰兢臨履, 無時或息, 懲窒遷改, 如恐不及, 剛健篤實輝光, 日新其德. 其所以勉勉循循而不已者, 無間於人與己, 故其告人也, 能使人感發而興起焉. 不獨於當時及門之士爲然, 雖百世之遠, 苟得聞敎者, 無異於提耳而面命也. 嗚呼至矣! 顧其篇帙浩穰, 未易究觀, 兼所載弟子之問, 或不免有得有失. 滉之愚竊不自揆, 就求其尤關於學問而切於受用者, 表而出之, 不拘篇章, 惟務得要. 乃屬諸友之善書者及子姪輩, 分卷寫訖, 凡得十四卷爲七册. 蓋視其本書, 所減者殆三之二, 僭妄之罪, 無所逃焉.”

월 최초의 『주자서절요』가 『회암서절요』라는 이름으로 15권 8책으로 간행되었다. 황준량이 출간할 때 『주자서절요』를 『회암서절요』로 그 서명을 바꾸었던 것이다. 이후 해주와 평양에서 각각 목활자와 금속활자로 간행되었고, 1567년(명종22) 정주에서 『회암서절요』에서 『주자서절요』로 그 서명을 바꾸는 한편, 오탈을 교정하고, 난해어難解語에 주해를 붙이고, 목록 1권과 지구문인知舊門人의 성명사실姓名事實을 넣어 20권 10책의 목판본으로 간행이 되면서 대량 보급의 길이 열리게 되었다.[72] 그러나 성주본은 목활자로 간행되고, 그나마 자금이 부족해서 많이 인쇄하지도 못하였다. 이렇게 간행된 『회암서절요』는 이황과 그 일부 제자들을 중심으로 배포되었다. 그렇더라도 황준량이 성주에서 『회암서절요』를 간행한 것은 우리나라 주자학 발전에 결정적인 계기를 열은 것은 분명하다. 황준량은 『회암서절요』를 간행하면서 뒤에 붙인 발문에서 그 의의를 다음과 같이 말하고 있다.

> 일찍이 주자 문하에서 학문을 강론하며 주고받은 편지로 간혹 다른 책에 실려 있는 것을 읽어 보니, 거의 말은 비근하면서도 뜻은 심원하고 언사는 간략하면서도 이치는 분명하였는데, 늘 전집을 보지 못한 것이 한스러웠다. 이윽고 『주자대전』을 얻어서 읽어보니, 마치 대지가 만물을 실어주듯 바다가 온갖 물줄기를 다 받아들이듯 구비하지 않은 것이 없었지만, 말학末學의 매우 얕은 소견으로는 그저 망양望洋의 탄식만 나올 뿐이었다. …… 퇴계선생이 『주자대전』을 구한 것을 기뻐하여 신명처럼 공경하고 믿으며 오래도록 잠심하여 그 요체를 깊이 깨닫고는, 주자께서 평소에 정밀하게 생각하고 힘써 실천한 공부와 후학들이 학문에 입문하고 착수할 자리가 특히 서찰에 있어 다른 글에 비할 것이 아니라고 생각하셨다. 그래서 학문에 가장 관계가 되고 일상생활에 절실한 것을 손수 뽑아 번잡한 것은 추려서 간략하게 한 다음 교정과 해석을 약간 덧붙였는데, 취

72) 위 주석 69)번과 동.

한 것이 겨우 삼분의 일 분량이다. …… 나 준량俊良은 가만히 생각해보건대, 주자께서는 성인에 버금가는 자질을 타고나서 제유諸儒의 장점을 집대성하여 도덕은 높고 두터우며 교화는 무궁하니, 한마디 이야기와 한마디 말조차도 오묘한 도와 정밀한 의리가 온축되지 아니한 것이 없는데, 경전經傳의 뜻을 발명하여 드러내는 일에 더욱 마음을 다해 곧바로 도학의 관건을 열어젖혀서 만세에 보여주셨다. 그러나 서언緖言은 흩어져 나오고 주의註義는 간략하면서도 심오하여 문을 찾아서 들어가기가 또한 어렵다. …… 진실로 마음을 비우고 고요히 생각해서 여기에 종사하여 참되게 알고 알차게 실천하여 마음이 이치가 함께 무르익게 되면, 이정二程을 거슬러 올라가 공자孔子에게 이르게 되는 데 이 책이 길잡이가 되어 사서四書 등 여러 경전이 칼날에 쪼개지듯 저절로 해석될 것이다. 장차 이 책이 간행되면『근사록』과 함께 사서로 올라가는 계단이 될 것이라, …… 나 준량은 문득 스스로의 역량을 헤아리지 않고 상자 안에 들어 있는 그 원고가 쉽게 없어져 버릴 것을 깊이 두려워하여, 임고서원에서 활자를 빌리고 관찰사 홍담 공이 도와준 경비 절반을 가지고 겨우 일을 마칠 수 있었지만, 한 고을의 힘으로 널리 펴지 못하는 것이 한스럽다. 만약 한 마음으로 좋아하는 이가 이 책을 세상에 널리 드러내어, 혹 목판으로 새기거나 혹 활자로 인쇄하여 집집마다 전하고 사람마다 낭송하여 주경궁리主敬窮理의 종지를 얻을 수 있도록 한다면, 남겨진 운치를 고르고 끊어진 실마리를 이어서 후세의 걸출한 인물이 될 그 사람이 어찌 없겠는가.[73]

---

73) 黃俊良,『錦溪集』卷4 張27a-28b,「晦菴書節要跋」(상동, p.47상·하). "嘗讀朱門講學往復之書, 或見於他書者, 率皆言近而指遠, 辭約而理明, 每以未見全集爲恨. 既得大全集讀之, 則如地負海涵, 靡不備具, 而蠡測末學, 徒起望洋之歎. …… 退溪李先生滉喜得全書, 敬信如神明, 潛心積久, 深會領要, 以爲夫子平日精思力踐之功、後學入頭下手之地, 尤在於書疏, 非他文比. 乃手抄其最關於學問而切於日用者, 約繁就簡, 略加訂解, 凡所取才三之一. …… 俊良竊惟, 紫陽夫子挺亞聖之資, 集諸儒之長, 道德高厚, 敎化無窮, 自一話一言, 莫非妙道精義之蘊, 而其發揮經傳, 尤竭心思, 直啓關鍵, 開示萬世. 然而緖言散出, 註義簡賾, 得其門而入, 蓋亦難矣. …… 誠能虛心靜慮, 從事於斯, 眞知實踐, 心與理熟, 則泝伊洛而達洙泗, 此爲路頭, 而四書諸經, 迎刃自解矣. 將見是書之行, 與『近思錄』, 同爲四書之階梯, …… 俊良輒不自揆, 深懼巾衍一本, 易致漫滅, 借活字於臨皐書院, 又得洪使相曇助錢一半, 僅得卒事, 一邑之力, 恨未廣也. 如有同好者, 表出是集, 或繡梓, 或印字, 俾之家傳人誦, 而有得於主敬窮理之宗旨, 則理餘韻而續絶緖. 爲後來之豪傑, 豈無其人乎?"

황준량은 『회암서절요』를 출간한 뒤에 주자학의 학습과 전파에 필요한 이황의 또 다른 저서 『송계원명이학통록』의 출간을 추진하였다.[74] 하지만 황준량은 그 출간을 추진하는 과정에 병으로 성주목사를 그만두고, 귀향 도중 사망하게 되면서 이황 생전에는 『송계원명이학통록』은 더 이상 출간할 수 있는 기회를 갖지 못한 채 1743년(영조19)에야 출간을 할 수 있게 되었다.

5. 맺음말

황준량은 흥학과 정사에서 뛰어난 선치수령으로 신녕 · 단양 · 성주 등 그가 재직했던 고을에서 많은 업적을 남겼다. 이와 함께 그는 선치수령, 곧 관료문인으로서만이 아니라 학자, 곧 주자학자로서도 스승 이황에게 그 공적을 높게 평가받았다. 이황은 그의 사후 그에 대한 만사와 제문, 그의 행장 등을 통해 학문연구와 강학활동, 그리고 출판활동 등을 통해 주자학의 연구와 교육, 그리고 그 보급과 실천에 힘을 쏟은 공적을 높이 평가하였다. 그에

74) 李滉이 黃俊良에게 보낸 1561년(명종16) 10월 26일자 「與黃仲擧」(李滉, 『退溪集』 卷20 張21a·b. 상동, 『韓國文集叢刊』29, 『退溪集』 I , p.500상)에서 "所纂『理學錄』, 今幾斷手. 但鄕間善書諸友, 各以事故星散, 不似往年寫『節要』之時, 紙地亦僅有數三册, 餘未有所措. 向者似有相許之意, 但慮才經印書後, 力或難及, 則不可强耳. 大槩比『節要』書, 三分似加一二分矣." 라고 한 것, 1561년 12월 19일자 「答黃仲擧」(李滉, 『退溪全書』 卷26 張26a·b. 성남: 한국학중앙연구원, 『陶山全書』2, p.155상)에서 "『理學錄』許欲印出, 幸甚. 而深恐一成便爲定本而印之, 不無後日增損之難之悔, 故不欲刻日速就也. 但所喩來秋賦歸之意, 竊恐今之仕宦, 莫便於州縣, 何必乃爾耶? 然則安知其不及在官日, 可就定本而有以處之乎?"라고 한 것, 1562년(명종17) 7월 22일자 「答黃仲擧」(李滉, 『退溪集』 卷20 張25b. 상동, p.502상)에서 "『理學錄』, 以其亂草多改易, 未可借手, 皆自寫已難趁速. 又近方再檢『語類』, 則遺漏頗多, 未免作爲新功, 追收竄錄. 緣此攪動, 前後互易, 勢未卒然了斷, 見寫之件, 只當爲中草耳. 以此屢蒙印出之喩, 未得如戒, 殊有不敏之愧."라고 한 것, 1562년 10월 18일자 「答黃仲擧」(李滉, 『退溪全書』 卷26 張33b-34a. 상동, pp.157하-158상)에서 "向云理學編書, 頭緖頗繁, 精力不專, 久未就緖, 想今冬庶可斷手, 而元明以下, 囑之士敬, 謄寫草本, 已在士敬處矣. …… 且此書雖成, 僅半於『節要』書. 但今所寫本, 僅爲中草, 而剪綴改換, 不成模樣, 又欲正書, 則力所不及, 恐老人數年功力, 卒歸於虛棄也. 俟訖中草, 當奉呈以聽指敎耳."라고 한 것 등에서 그러한 사실을 확인할 수 있다.

대한 이와 같은 평가는 이황 사후 그 제자들 대에도 변함이 없었다. 이처럼 그는 퇴계학단 내에서의 학문적, 학자적 위상이 굳건하였던 것이다. 하지만 너무 이른 죽음으로 그의 학문이 『심경』과 『근사록』을 거쳐 『회암서절요』[『주자서절요』]로 나아가서 주자학의 깊숙한 세계로 진입하고 있었음에도 그는 학자, 곧 주자학자로서의 학문적 성취를 이론화한 저작, 다시 말하면 도학문자를 따로 남기기는 어려웠다. 대신 그는 주지적 성향이 두드러진 주자학에 독특하게 드러나는 강한 이단 변별의식에 투철해서, 당시 조선유학의 큰 흐름을 형성하고 있었던 고사들, 조식 등의 고사들의 학문을 정학, 곧 도학이 아닌 노장류의 이단으로 변별하고 배격하는데 스승 이황과 함께 앞장서서 이후 우리나라의 유학이 주자학을 제일의로 하는 퇴계학이 주류를 형성하는데 크게 기여하였다. 이와 함께 신녕 · 단양 · 성주 등 지방고을의 수령으로 재직하면서 학교교육의 진흥, 곧 학문연구와 강학활동에 힘을 쏟아 주자학, 나아가 주자학을 제일의로 하는 퇴계학이 그 지역에 뿌리내리게 하는 데도 크게 기여하였다. 특히 그는 성주목사로 부임한 이후 영봉서원 제향인물 선정과 그 위차 문제에 도학, 곧 주자학을 제일의로 하는 자신의 본래 입장을 관철해서 후일 정구에 의해 영봉서원을 천곡서원으로 개명하고는, 이천 정이와 운곡 주희를 주향으로 하고 김굉필을 종향하게 하는 길을 열어놓았다. 나아가 향교 문묘의 중수와 영봉서원의 정상화, 녹봉정사 · 공곡서당 등의 건립을 통해 그곳 훈도 오건과 함께 학문연구와 강학활동에 주력하는 한편, 도학, 곧 주자학 공부의 핵심교재인 『회암서절요』[『주자서절요』]를 출간하는 등 주자학의 연구와 교육, 그리고 그 보급과 실천에 힘을 쏟았다. 이를 통해 성주지역의 문풍을 크게 진작시켜 주자학을 제일의로 하는 퇴계학이 성주지역에 뿌리내리게 하는 기반을 마련하였을 뿐만 아니라, 후일 그러한 기반 위에 성주향교와 녹봉정사 등에서 수학한 정구에 의해 이론적 탐구가 승한 퇴계학과 실천적 기풍이 승한 남명학을 결합한 성주지역만의 독특한 문풍, '낙중학[강안학]'이라고 일컬어지는 성주지역만의 독특한 문풍을 열어내는 계기를 만들었다.

참고문헌 reference

1. 資料

南孝溫, 『秋江集』(『韓國文集叢刊』16, 서울: 한국고전번역원 1988, 영인본)

朴英, 『松堂集』(『韓國文集叢刊』18, 서울: 한국고전번역원 1988, 영인본)

李滉, 『陶山全書』1-4(성남: 한국학중앙연구원 1980, 서울: 퇴계학연구원 1988, 영인본)

____, 『退溪集』Ⅰ-Ⅲ(『韓國文集叢刊』29-31, 서울: 한국고전번역원 1989, 영인본)

____, 『定本退溪全書—書簡3—』(서울: 퇴계학연구원, 2004 연구결과물, 미공간)

曺植, 『南冥集』(『韓國文集叢刊』31, 서울: 한국고전번역원 1989, 영인본)

黃俊良, 『錦溪集』(『韓國文集叢刊』37, 서울: 한국고전번역원 1989, 영인본)

柳雲龍, 『謙菴集』(『韓國文集叢刊』49, 서울: 한국고전번역원 1989, 영인본)

鄭逑, 『寒岡集』(『韓國文集叢刊』53, 서울: 한국고전번역원 1989, 영인본)

李魯, 『松巖集』(『韓國文集叢刊』54, 서울: 한국고전번역원 1989, 영인본)

鄭蘊, 『桐溪集』(『韓國文集叢刊』70, 서울: 한국고전번역원 1990 영인본)

丁若鏞, 『與猶堂全書』Ⅴ(『韓國文集叢刊』285, 서울: 한국고전번역원 2002, 영인본)

李圭日, 『四留齋集』(서울: 국립중앙도서관 소장본)

『鹿峯精舍事蹟』(영주: 금계종가 소장본)

『鹿齋初刱時講舍錄』(都在旭 소장본)

『嶺南驛誌』(서울: 서울대학교규장각 소장본)

『(國譯註解)松溪先生實記』(대구: 경북대학교 퇴계연구소, 1990 영인본)

정병호 역, 『(국역)영봉지』(성주: 성주문화원, 2014)

국사편찬위원회, 조선왕조실록(http://sillok.history.go.kr)

2. 著書·論文·解題

구완희, 「금계 황준량의 관력과 목민 활동」, 『영남학』63(대구: 경북대학교 영남문화연구원, 2017)

김종석, 「금계 황준량의 사상과 퇴계학 계승 양상」, 『퇴계학보』136(서울: 퇴계학연구원, 2014)

이상하, 「퇴계·남명의 시와 대조적인 학문성향」, 『영남학』26(대구: 경북대학교 영남문화연구원, 2014)

이수환, 「성주 영봉서원 연구」, 『역사교육논집』54(대구: 역사교육학회, 2015)

______, 「금계 황준량의 서원활동과 교육론」, 『영남학』66(대구: 경북대학교 영남문화연구원, 2018)

이종호, 「금계 황준량의 문예관과 수창시」, 『퇴계학보』142(서울: 퇴계학연구원, 2017)

임근실, 「『영봉지』의 지식사적 의미」, 『민족문화논총』69(대구: 영남대학교 민족문화연구소, 2018)

정만조, 「퇴계 이황의 서원론」, 『한우근박사정년기념사학논총』(서울: 지식산업사, 1981); 『조선시대 서원연구』(서울: 집문당, 1997)

정석태, 『퇴계선생연표월일조록』1-4(서울: 퇴계학연구원, 2001-2006)

_______, 『소백산이 품어 안은, 영주 금계 황준량 종가』(대구: 경북대학교 영남문화연구원, 2018)

_______, 「서간 중심의 문집 출현과 퇴계집」, 『퇴계학논집』17(대구: 영남퇴계학연구원, 2015)

_______, 「퇴계 이황의 한시작품 개고와 그 의미」, 『퇴계학논집』19(대구: 영남퇴계학연구원, 2016)

정우락, 「강안학과 고령 유학에 대한 시론」, 『퇴계학과 한국문화』43(대구: 경북대학교 퇴계연구소, 2008)

_______, 「조선중기 강안지역의 문학활동과 그 성격」, 『한국학논집』40(대구: 계명대학교 한국학연구원, 2010)

최석기, 「금계 황준량의 경세의식과 정신지향」, 『영남학』63(대구: 경북대학교 영남문화연구원, 2017)

최채기, 「퇴계 이황의 『주자서절요』 편찬과 그 간행에 관한 연구」(서울: 성균관대학교 박사학위논문, 2012)

홍원식, 「영남 유학과 '낙중학'」, 『한국학논집』40(대구: 계명대학교 한국학연구원, 2010)

홍원식 외, 『낙중학의 전개와 한려학파』(대구: 계명대학교 한국학연구원, 2018)

구본욱, 「녹봉정사의 건립과 경영 및 강학」, 『녹봉정사와 낙중학의 전개』(2019년도 계명대학교 한국학연구원 학술대회 발표집, 2019. 10. 18)

추제협, 「퇴계학의 남전과 녹봉정사」, 『녹봉정사와 낙중학의 전개』(2019년도 계명대학교 한국학연구원 학술대회 발표집, 2019. 10. 18)

홍원식, 「녹봉정사와 조선중기 낙중학의 전개」, 『녹봉정사와 낙중학의 전개』(2019년도 계명대학교 한국학연구원 학술대회 발표집 별지, 2019. 10. 18)

퇴계학의 남전과 녹봉정사

추 제 협

퇴계학의 남전과 녹봉정사

추 제 협

1. 머리말

서원은 실천궁행實踐躬行을 통해 위기지학爲己之學을 체현하기 위한 강학 공간이다. 이는 관학官學에 대한 사학私學의 필요성에 따라 올바른 사풍士風을 확립함은 물론 사회 및 국가를 바로 세우는 일이기도 하다는 점에서 매우 중요하다.[1] 그래서 이황은 서원설립운동을 적극적으로 펼쳤다. 1549년 소수서원紹修書院을 시작으로 안동의 역동서원, 경주의 서악서원, 성주의 영봉서원, 영주의 이산서원伊山書院, 그리고 최근에 대구지역 최초의 서원으로 주목받았던 연경서원硏經書院 등이 모두 이러한 운동의 직간접적인 결과물이었다.

이 글에서 다루게 될 녹봉정사鹿峰精舍 또한 이황의 후견 아래 세워졌던

1) 李滉(이하 생략), 『退溪先生文集』 권9, 「書, 上沈方伯[通源○己酉]」, "夫自王宮國都, 以及列郡, 莫不有學, 顧何取於書院, 而中國之所尙如彼, 何哉? … 其視國學鄕校在朝市城郭之中, 前有學令之拘礙, 後有異物之遷奪者, 其功效豈可同日而語哉. 由是言之, 非惟士之爲學, 得力於書院, 國家之得賢, 亦必於此而優於彼也."

서원이었다. 당시 성주목사였던 황준량과 성주 향교의 교수였던 오건은 각각 이황과 조식의 제자로, 이들의 주도하에 도순신都舜臣, 송세례宋世禮, 이진경李進慶 등 지역 유림이 협심한 결과였다. 이는 사림의 성격에 관의 도움을 받으며 낙동강 중류지역 즉 성주와 구미, 대구 등을 잇는 칠곡의 중요한 강학처로 당대 학문의 구심점 역할을 했다.

이 서원은 성주 팔거현, 즉 경북 칠곡군 지천면 창평리에 위치하며, 현재 빈 터만 남아 있어 그때의 상태를 알기 어렵다. 다만 전하는 기록에서 그 대략을 짐작할 수 있다. 즉 원래 이곳에는 녹봉사鹿峰寺가 있었는데, 폐사가 되었기에 1561년에 개축하고 새 건물을 추가하여 녹봉정사라고 이름했다. 건물은 사찰의 양식을 따라 가람배치를 취하고 있었다. 당시 이황이 직접 지었다는 편액의 수로 보아 성정당誠正堂 등 다섯 동의 건물과 천연지天淵池라는 연못이 있을 정도로 그 규모가 보통의 서원과 비교되지 않을 만큼 대단했던 듯하다. 그나마 2009년 화재가 나기 전까지 부속 건물 한 동이 잔존했으나 이마저도 지금은 소실되어 황량한 터만이 옛 흔적을 간직하고 있다.

이러한 상황 탓인지 이에 대한 구체적인 연구는 거의 전무하다. 황준량과 오건에 대한 연구에서 서원 설립과 강학활동에 관한 내용 중 일부가 언급될 정도이다.[2] 이곳이 낙중학의 중요한 강학처로 존재했음을 상기할 때, 이

2) 황준량의 대표 연구로는 최재남, 「금계 황준량의 삶과 시세계」, 『한국한시작가연구』 5, 한국한시학회, 2000 ; 김시황, 「금계 황준량 선생과 풍기 지역 퇴계학맥」, 『퇴계학과 유교문화』 30, 경북대 퇴계연구소, 2001 ; 김종석, 「금계 황준량의 사상과 퇴계학 계승 양상」, 『퇴계학보』 136, 퇴계학연구원, 2014 ; 정시열, 「금계 황준량의 산문 시탐」, 『한민족문화연구』 55, 한민족문화학회, 2016 ; 구완회, 「금계 황준량의 관력과 목민 활동」, 『영남학』 63, 경북대 영남문화연구원, 2017 ; 정석태, 『소백산이 품어안은, 영주 금계 황준량 종가』, 대구: 경북대 출판부, 2018. 오건의 대표 연구로는 최해갑, 「오덕계의 정치사상」, 『진주문화』 8, 진주교대 진주문화권연구소, 1988 ; 한상규, 「덕계 오건의 선비정신」, 『남명학연구논총』 2, 남명학연구원, 1992 ; 김강식, 「덕계 오건의 학문경향과 현실개혁방안」, 『조선시대사학보』 20, 조선시대사학회, 2002 ; 정우락, 「오건의 문학사상과 그 형상원리」, 『남명학파의 문학적 상상력』, 서울: 역락, 2009. 그 외 논문은 남명학연구원편, 『덕계 오건과 수우당 최영경』, 서울: 예문서원, 2009 참조.

에 대한 본격적인 연구가 절실하다. 즉 녹봉정사의 설립 및 변모 과정에 대한 구체적인 파악은 물론 강학의 규모와 내용, 이를 주도한 황준량, 오건과 관련한 사상적 접근 등이 다각도로 파악되어야 한다. 특히 사상적 측면은 이황의 서원설립운동과 관련하여 퇴계학의 남전南傳과 무관하지 않아 더욱 심혈을 기울여 살펴봐야 할 부분이다.

그런 점에서 이 글은 황준량과 오건을 통해 퇴계학이 남쪽으로 전파되고 여기에 남명학과 조우하는 양상을 살피되 그 중심에 녹봉정사의 강학활동이 있었음을 밝혀보려고 한다. 이를 위해 우선 황준량의 퇴계학 계승과 오건의 퇴남학 계승을 나누어 살피고, 이러한 퇴남학退南學의 전통이 녹봉정사의 강학활동을 통해 어떻게 '낙중학'으로 자리매김 되는지를 검토할 것이다. 다만 이러한 논의에 가장 큰 걸림돌은 자료의 빈곤이다. 최근에 새로 발견된 자료가 없지 않으나[3] 사상적 접근을 시도하기에는 여전히 부족한 실정이다. 그러므로 단편적이고 간접적인 자료라도 적극적인 해석을 시도하려고 노력했음을 밝혀둔다.

2. 황준량의 사상과 퇴계학 계승 : 주정지경主靜持敬

황준량黃俊良(호 錦溪, 1517~1563)은 이황의 직전 제자이다. 그가 이황과 인연을 맺은 것은 1548년으로, 직접 도산서당을 찾으면서이다.[4] 24세 때

---

3) 최근에 『녹재강사록鹿齋講舍錄』과 『녹봉정사사적鹿峰精舍事蹟』 등의 자료가 보고된 바 있다. 이에 대해서는 구본욱, 「녹봉정사의 설립과 경영 및 강학」, 『녹봉정사와 낙중학의 전개 발표자료집』, 계명대 한국학연구원, 2019 참조.

4) 구완회, 2017, 173쪽.

과거에 합격하고 당시 공조좌랑에 있다가 부친상을 당하여 풍기에 내려와 삼년의 시묘를 마칠 무렵이었다. 물론 그 전에 교류가 아예 없었던 것은 아닌 듯하다. 연보에 삼년상을 지내면서 『주자서朱子書』를 빌려 보았다는 기록이 보인다. 이는 이황이 그의 처조부였던 이현보李賢輔, 장인인 이문량李文樑과 매우 친밀한 관계였고, 이들이 주축이 된 분강가단汾江歌壇에도 참여했던 정황에 비추어, 일찍이 서로 알고 지내던 사이였음을 짐작케 한다.[5)]

그렇게 시작된 사제의 관계는 황준량의 이른 죽음에 그리 오래 가지 못했다. 그럼에도 이들 사이에 주고받은 편지가 102통에 이른다는 사실은 주목할 만하다.[6)] 여기에는 서로의 근황을 묻는 것에서부터 문인들과 조정의 소식을 전하고 시를 지어 화답하거나 학문에 관한 질문과 대답까지 다양한 내용들이 포함되어 있다. 그 양과 질로 보아 이들의 관계가 직접 수학했던 제자와 다름없는 돈독한 사이였음을 알게 한다. 그 단적인 예로 시 한 수를 들면 다음과 같다.

> 고상한 마음으로 세속 떠나 산에 살며,
> 솔숲에서 소매 떨침은 까닭이 있었네.
> 광려에서 공부하며 지난날을 찾았고,
> 운곡에서 글 지어 천년 도통 계승하네.
> 보고프면 부질없이 봄날 나무 떠올렸고,
> 흥이 일면 공연히 설야의 배 생각했네.
> 벼슬 버리고 한가히 지낼 수 있게 되면,
> 명산에 보관할 글을 남겨 주길 바라네.[7)]

---

5) 정석태, 2018, 112~113쪽.

6) 구완희, 2017, 166쪽; 정석태, 2018, 104쪽.

7) 黃俊良(이하 생략),『錦溪先生文集』 권2 外集, 「詩, 聞退溪入淸涼山讀書, 次前韻送之」, "高懷脫俗與山謀, 拂袖松關意有由, 負笈匡廬尋舊日, 著書雲谷繼千秋, 含情謾憶春天樹, 乘興空思雪

간절함이란 이런 것일까. 현실을 떠나 은거하며 도통을 잇고 있는 스승과 벼슬길에 매여 갈 수 없는 제자의 거리가 마음과 달리 참으로 멀게만 느껴진다. 그 사이를 '나무'와 '배'로 그리운 마음을 대신해 보지만 쉽게 가시지 않는 안타까움에 할 수 없이 속세를 떠나 자연에 은거할 그날만을 기약할 뿐이다. 물론 그 꿈은 끝내 이루어지지 못했다. 그래서 더욱 씁쓸함이 묻어난다.

한편 이런 일화도 전한다. 황준량이 벼슬을 마다하고 자연에 은거하여 학문에 정진하기를 희망하자 장인인 이문량이 이를 못마땅하게 여겨 급기야 이황에게 책망하는 듯한 볼멘소리를 했던 모양이다. 이황은 이를 그에게 보내는 편지에 언급하며 "중거仲擧의 행동이 옳고 그의 견해가 이와 같으니 그가 어찌 남에게 이끌리어 행동하겠는가?"[8]라고 답했음을 전했다.

이황은 자신을 '우벽迂僻'에 빗대어 처지가 다르다 하면서도 황준량이 금계정사를 지을 터를 마련했다는 말에 기쁜 마음을 감추지 못했다. 이를 보면 그 말에, 그리고 이 상황을 전하는 이황의 얼굴에 내심 흐뭇한 미소가 번지는 것을 상상할 수 있다. 물론 이러한 자신의 소망은 이루어지 못하고 이내 벼슬길에 다시 나아가게 된다. 하지만 이황은 그 뜻을 가상히 여겼기에 행장에서도 이를 끝내 이루지 못한 안타까운 마음을 드러냈다.

그렇다면 이러한 관계에서 학문적 영향은 어떠했을까. 짐작되듯이 황준량은 이황의 사상적 견해에 상당히 경도된 모습을 보인다. 사단칠정四端七情을 언급한 대목에서 이러한 점이 단적으로 드러난다.

그는 이황의 견해에 절대적인 지지를 보내는 반면 기대승奇大升의 견해에 극단적인 비난의 소리로 일관한다. 즉 이황에게는 "발휘發揮한 것이 상

夜舟, 比及宴居能解綬, 藏山文字要深求."

8) 『退溪先生文集』 권20, 「書, 答黃仲擧」, "滉既自摧謝, 仍言仲擧行止, 自是其所見如此, 彼豈牽於人以爲行止者耶."

세하고 극진하며 명백하고 간약하여 훗날 성인을 기다리더라도 의혹이 없다."[9]라고 했지만 기대승에게는 "변박辨博한 것을 힘써 내세우며 뜻이 같은 사람과 편당을 짓고 다른 사람은 공격하여 일필一筆로 배척하니 조금도 온전한 말이 없다. 그 사기詞氣를 살펴보면 이기기를 좋아하고 빨리하고자 하는 잘못이 있는 듯하니, 마음을 비워야 도움이 된다는 뜻에 어긋남이 있는 듯하다."[10]라고 했다.

그러면서 그는 이황처럼 리기의 불리不離와 부잡不雜의 관계 중 부잡의 측면에서 그 본질을 인식해야 한다고 강조한다. 반면 기대승과 이항李恒은 지나치게 불리의 측면에 치중하여 분석이 치밀하지 못하다고 비판한다. 결국 그는 사단과 칠정에 대해 주희의 리지발理之發과 기지발氣之發 또는 이황의 리발기수理發氣隨와 기발리승氣發理乘이 탁견이라고 찬사를 보냈다.

이러한 황준량의 태도는 이황이 보기에도 지나쳤던지 우려를 표했을 정도였다.[11] 그만큼 그는 이황에 대한 학문적 존모의 마음이 깊었음을 짐작할 수 있다. 이황 또한 이런 그에게 아낌없는 가르침과 사안에 따라 자신의 속내를 드러내는 데 서슴지 않았다.

가령 이황은 그가 『주자서절요朱子書節要』 출간에 주도적으로 나서자 각별한 애정과 칭찬을 하되 철저한 교정과 제작을 당부했으며, 이황의 출처出處에 대한 세간의 의구심을 적극 변호하면서도 문인들조차 이를 이해하지 못하는 서운함을 여과 없이 드러냈다. 또한 조식에 대해 냉정하게 평가를 공유하면서도 그의 비난에 대해서는 오히려 억울함을 토로하며 공감을 이끌어내

9) 『錦溪先生文集』 권7 外集, 「書, 答退溪先生論四七辨書」, "先生又發明之曰, 四端, 理發而氣隨之, 七情, 氣發而理乘之. 只此數語, 發揮詳盡, 明白簡約, 可謂俟後聖而不惑矣."

10) 『錦溪先生文集』 권7 外集, 「書, 答退溪先生論四七辨書」, "務誇辨博, 黨同伐異, 揮斥一筆, 略無全言. 觀其詞氣之間, 似有好勝欲速之病, 恐有乖於遜志之益也."

11) 『退溪先生文集』 권20, 「書, 答黃仲擧」, "獨於謬說, 太似多可, 無一砭藥之惠. 而於明彥之說, 則多所指點, 無乃或者反以黨同伐異, 有疑於高明乎?"

고자 했다.

그렇기에 황준량은 사상의 수수에서도 비판적 견해를 제시하기보다는 이황의 확답과 가르침을 받고자 하는 의도가 짙다. 이황이 강조한 『심경心經』, 『근사록近思錄』, 『주자서』를 누구보다 애독하며 이에 대한 의심스러운 바를 질문한 내용에서 이를 확인할 수 있다. 특히 당시에 간행된 박영朴英의 『백록동규집해白鹿洞規集解』에 대한 의문, 『주자서』에 언급된 강민표江民表의 강자내외설腔子內外說에 대한 해석에서 두드러지는데, 그 중 몇 가지만 살펴보기로 한다.

우선 『백록동규집해』에 대해 논한 내용을 보면, 황준량은 세 가지를 물었다. 즉 ①이利는 의義의 화和라는 대목, ②비록 착한 생각이 있더라도 부당하게 발동하면 극복하지 않을 수 없다는 대목, ③먼저 '격명덕格明德'하고 그 다음에 '격수신格修身'한다는 대목이다.[12] 이황은 이 책의 폐단이 적지 않음을 전제하면서 물음에 대해 다음과 같이 답했다. 대략 요약하면, ①에 대해서는 의를 바로 함으로써 이가 그 속에 있는 것인데 이와 의를 대립하여 생각하는 것은 이가 본래 그러한 것이 아니라 사람의 마음이 그렇게 만들기 때문이라고 했다. ②에 대해서는 마음의 사려가 싹터 여러 갈래로 나뉘는 폐단을 경敬으로 힘쓰는 것을 말한다고 했으며, ③에 대해서는 '격명덕'과 '격수신'은 말이 되지 않고 그냥 '격물格物'이라고 하면 된다고 했다.

이 세 가지는 모두 공부론工夫論에 집중되어 있다. 특히 눈여겨봐야 할 대목은 마음공부에 대한 내용이다. 이익이란 결국 인간의 마음에서 비롯된 것이니 그러한 기미가 싹트기 전, 즉 미발의 상태에서부터 경에 힘쓰는 것이 바

12) 『退溪先生文集』 권19, 「書, 答黃仲擧論白鹿洞規集解[松堂朴公有集解, 近始刊行]」, "正其義不謀其利, 以義對利說, 而又引利者, 義之和也, 於不謀之意如何? … 雖有善思, 不當而動, 則不可不克. … 先格明德, 次格修身."

람직하다는 주장이다.

이러한 언급은 강자내외설 즉 '강자외시심저腔子外是甚底'에 대한 해석에서도 보인다. 황준량은『주자서』에 나오는 강민표의 위 물음에 여러 설이 있다고 들었는데 어떤 것이 있는지를 물으면서 마음의 미발未發과 이발已發의 분별, 이에 따른 마음공부에 대해 질문했다. 그러자 이황은 강자 밖을 물었는데, 내면의 도리를 우선하여 말하는 것이 맞지 않는 듯하다며 마음의 체용적 관점에서 다음과 같이 답했다.

정자程子의 "강자에 가득한 것이 이 측은한 마음이다."라는 말을 인용하여 마음은 본래 둘이 아니나 체體와 용用이 있어 미발과 이발의 상태가 생기게 되는데, 지극히 고요한 상태에 움직임의 이치가 있는 것이 미발의 상태라고 했다. 즉 그는 미발 상태에서도 모든 것을 비출 수 있는 밝은 거울과 같은, 움직임이 일어난 것이 아닌 그러한 움직임의 기미가 있는 상태임을 지적했다.[13] 그러니 이 미발의 경공부가 이발의 중절 상태를 보장할 수 있음이 절실하다고 했던 것이다.

이 답변에는 이황의 미발론을 감지할 수 있는 부분이 담겨 있다. 순선한 본성을 유지하기 위해, 또는 외물의 유혹을 차단하고 이에 이끌리는 기질을 변화시키기 위해서는 마음의 각성이 필수적으로 요청된다. 그는 이를 위해 '경'을 마음공부의 핵심이라고 보았으며, 이는 미발의 상태에서 수행하는 것이 좀 더 근본적이라고 믿었다.

13) 『退溪先生文集』 권24, 「記, 靜齋記」, "至靜之中, 自有動之端焉, 固非遠事絶物."; 『退溪先生文集』 권19, 「書, 答黃仲擧」, "其所謂至靜之中, 有動之端者, 亦非謂已動也, 只是有動之理云耳, 故此亦當屬之未發也. 未發則爲戒愼恐懼之地, 已發則爲體察精察之時, 而所謂喚醒與提起照管之功, 則通貫乎未發已發之間, 而不容間斷者, 卽所謂敬也. … 又把靜而微動, 思而未著者, 爲未發時看, 此意雖似精密, 而大段有病也. 蓋靜則未動, 斯爲未發, 安有微動之靜, 可喚做未發者乎? 思則已著, 斯爲已發, 安有未著之思, 可喚做未發者乎? … 朱子答呂子約書, 說此甚分明, 可考見也. 何可以才思爲說得輕, 而可屬之未發乎?"

황준량은 바로 이러한 이황의 심학적 특징을 적극적으로 계승했다. 이황이 쓴 그의 행장에서 이를 짐작할 수 있는 언급이 보인다.

> 혼자 거처할 때에는 조촐한 방에 성현聖賢의 중요한 훈계를 사방 벽에 붙이고 스스로 깨우치며 반성했는데, '주정지경主靜持敬'이란 말을 깊이 취했다.[14]

'주정지경'이란 정을 위주로 하여 경을 견지한다는 말이다. 이황이 강조한 미발 때에 마음의 각성상태를 유지하는 방법과 그리 다르지 않다. 그는 학문하는 근본이 마음을 다스리고 기질을 기르는 데 있다고 하면서 이 방법을 요체로 삼아 늘 성찰했다고 한다. 거울을 성찰의 대상으로 삼은 것도 이러한 맥락에서 이해된다. 주자학에서 거울을 마음에 비유한 것은 흔히 볼 수 있는데, 그 또한 허령한 마음은 밝은 거울과 같다고 하면서 다음과 같이 말했다.

> 아, 거울은 본래 정이 없으니 어찌 외부의 더러움으로 인하여 가려짐이 있겠는가? 그러나 경대에 감춰진 지 얼마 지나지 않아 문득 먼지에 침식되더라도 하루아침에 씻어 버리고 다시 예전의 밝음을 회복한다. 하물며 사람의 마음은 가리는 것이 하나가 아니다. 기품氣稟이 처음 태어날 때 구애되고 물욕物欲이 태어난 뒤에 빠져서 유혹이 그 지각知覺을 빼앗고 흐릿함이 그 밝은 명을 가려 외물에 감응해도 흔적이 없는 마음으로 도리어 정욕情欲이 서로 방탕하여 더러운 곳에 빠진다면, 거울이 경대에 감추어져 수모를 당하는 것과 무엇이 다르겠는가? 그러나 그 본래 밝은 본체는 하늘로부터 얻어 끝내 어둡게 할 수 없는 것이다. 그러므로 비록 잠깐 사이에 하나라도 깨우쳐 깨끗이 씻는 공부를

14) 黃俊良, 『錦溪先生文集』 권9, 「附錄, 行狀」, "其處獨也, 一室蕭然, 帖聖賢要訓於四壁, 以自警省, 而深有取於主靜持敬之語."

> 하여 참으로 그 이욕利欲의 어두움을 제거하고 스스로 새롭게 할 수 있다면 내가 하늘로부터 얻은 것이 밝지 않음이 없으니 그 틈 사이로 본체가 이미 훤히 드러나 있을 것이다. 이는 거울이 어둡게 가려졌다가 다시 밝아진 것과 무엇이 다르겠는가?[15]

거울로 비유한 마음은 "그 청명한 성性을 본받고 그 본연의 선善을 회복하여 영대靈臺로서 밝게 빛나 온갖 이치에 통하여 고명한 경지에 나아갈 수가 있다."[16]라고 했다. 그러나 거울에 먼지와 때가 끼면 아무것도 비출 수 없게 되니 부지런히 닦아 이를 제거해야 하는데, 오래 묵을수록 더욱 힘이 든다. 인간의 마음도 마찬가지이다. 마음의 허울을 벗어 기질을 변화해야 하나 이것이 결코 쉽지 않으니 그 회복의 노력을 게을리 할 수 없음을 강조했다.

실제로 그는 이러한 수신지학修身之學, 즉 마음공부를 강조하는 모습을 어렵지 않게 볼 수 있다. 가령 조카 화澕와 아들 영瑛에게 보내는 편지에서 "독서하는 것은 명성을 얻으려 힘쓰는 것이 아니며, 안팎을 두루 수양하고 정좌靜坐하여 마음을 맑게 하는 것이 우리 유가에서 제일로 여기는 의의이다."[17]라고 하며 "성誠과 경敬으로 근본을 삼고 청소하고 응대하는 일을 절차로 삼아 한 걸음씩 쉬지 않고 전진하면 기질이 변할 것이다. 수신修身하는 길은 다른 데에 구할 수 없고 오직 익숙히 강론하고 몸으로 체득하는 데에 있

---

15) 『錦溪先生文集』 권8, 「雜著, 鏡銘」, "嗚呼! 鏡本無情, 何有外累之蔽? 而藏奩未幾, 奄被塵垢之蝕, 蕩滌一朝, 還復曩時之明. 況乎人之一心, 蔽之者非一. 氣稟拘之於有生之初, 物欲陷之於有生之後, 誘奪其知覺, 昏蔽其明命, 使應物無迹之心, 反爲情欲之相蕩, 而汩於汙濁之地, 則其與鏡之藏奩受晦, 何異哉? 然其本明之體, 得之於天, 終有不可得而昧者. 故雖其介然之頃, 一有覺焉, 而洗濯澡雪之功, 眞有以去其利欲之昏而自新焉, 則吾之所得乎天, 而未嘗不明者, 卽此空隙之中, 而本體已洞然矣. 是與鏡之昏蔽而復明者, 何異哉."

16) 『錦溪先生文集』 권8, 「雜著, 鏡銘」, "效其淸明之性, 復其本然之善, 使靈臺瑩然, 萬理俱徹, 而可造高明之域."

17) 『錦溪先生文集』 권4, 「雜著, 寄澕姪瑛兒書」, "讀書非欲務釣聲名, 內外交養, 靜坐澄心, 此吾家第一義."

을 뿐이다."[18]라고 했다. 또한 자양동서당에서 후학을 양성하고 있는 김응생金應生에게 보낸 시에서 "대청에 올라 붉은 치마에 취하는 것을 구하랴/예악 공부하며 옛 기풍 잇는 것 기뻐해야 하리./여사로 하는 문장이야 실로 하찮은 기예/독서하여 마음 수양하는 데 공을 들여야 하리."[19]라고 하고, 서생 김륵金玏 등 유생에게 보낸 시에서도 "지금 스승 따르는 것 잘못 선택하여/재주 있는 선비들이 집 앞에 이르렀네./벽해의 곤에게 장차 날개가 돋으려하고/청평검의 칼날이 서리 빛이 되려하네./총명해도 뜻 굳세게 하기를 더해야 하고/이해에 애 태우는 일은 하지 말아야 하리./시문 짓는 일은 진실로 여사거니/존심을 요컨대 잊지 말기를."[20]라고 하여 수신지학, 즉 존심공부에 힘써야 한다고 강조했다.

이렇게 황준량은 과거지학에 힘썼던 지난날의 자신을 뒤로 하고 수신지학에 몰두했다. 그 수신지학은 바로 이황의 심학적 전통을 계승하여 경공부를 바탕으로 한 주정지경이었다. 더불어 그는 스승의 가르침을 적극적으로 실천하는 면모를 보여준다.[21] 학문적으로는 불교 등 이단을 철저히 배격하고 주자학 내지 퇴계학을 정통학으로 확립하고자 했으며, 관직에 나아가서는 상소 등을 통해 백성을 구휼하는 등 선정을 베풂은 물론 서원설립운동과 후학 양성을 무엇보다 중요한 사업으로 여겼다.

물론 황준량이 이러한 맹목적인 태도로만 일관한 것은 아니었다. 『심경

---

18) 『錦溪先生文集』 권4, 「雜著, 答寄滭姪書」, "以誠敬爲根基, 以灑掃應對爲節次, 進進不已, 氣質變化, 修身之道, 不可他求, 唯在熟講而體認之耳."

19) 『錦溪先生文集』 권1, 「詩, 紫陽洞書堂, 贈金上舍應生」, "升堂不要醉裙紅, 只喜絃歌繼古風, 餘事文章眞小技, 讀書須着養心功."

20) 『錦溪先生文集』 권1, 「詩, 贈金生[玏]等諸儒」, "從師今誤擇, 才子到門墻, 碧海鯤將羽, 青萍刃欲霜,聰明加厲志, 利害莫回腸, 文墨眞餘事, 存心要勿忘."

21) 『錦溪先生文集』 권4, 「雜著, 請革兩宗疏」, "… 彼佛者, 子而叛父, 臣而叛君, 絶人類, 滅天理, 未能福人, 先火其身, 歷代成敗, 殷鑑昭昭. 曾謂文母之聖, 殿下之明, 而尊信之深, 崇奉之極, 至於此乎? …"

부주心經附註』의 경우, 『대학』과 『중용』처럼 체계 없이 산만하며 정민정程敏政 또한 견해가 분명하지 않고 선택이 정밀하지 않다며 다음과 같은 근거를 들어 비판했다.

> 진서산陳西山 같은 사람은 화려하지만 부실하고, 범난계范蘭溪 같은 사람은 지루하면서 절실하지 못합니다. 황자계黃慈溪에 이르러서는 소견이 두 사람에 비해 더욱 낮습니다. 이천伊川을 마음대로 비방하고 오만하게 스스로 성인인 것처럼 했으니, 성현이 마음을 전하는 요결을 들을 수가 없었습니다.[22]

그는 이러한 흠이 있음에도 세 사람의 말은 대주大註에 나열하고 정작 중요한 정주의 말은 주석註釋에 배치하는 잘못을 범했다고 하면서 "고칠 것은 고치고, 삭제할 것은 삭제해서 순수하게 올바른 데서 나와, 조금의 흠도 없도록 해야"[23] 한다고 강조했다. 그러면서 이를 전담해야 할 스승은 그렇게 생각하지 않으니 탄식할 따름이라고 했다.

이에 대해 이황은 다음 네 가지로 답한다. 즉 『대학』, 『중용』이 아닌 『논어』, 『맹자』를 보건대 체계가 산만한 것이 흠이 될 수 없으며, 위에서 열거한 근거는 일면을 본 것으로 받아들이기 어렵다고 했다. 또한 대주와 소주에 넣은 것은 말에는 빈사와 주어가 있고 뜻에는 얕고 깊음의 분별이 있기 때문이라고 하며, 정민정이 덧붙인 말은 여러 설을 취한 이유를 들어 주註의 의의를 밝힌 것인데, 이를 가벼이 논한 흠은 인정할 수 있으나 어떻게 고쳐야 할지는

---

22) 『錦溪先生文集』 권7 外集, 「書, 上退溪先生問目[心經○癸亥]」, "如眞西山華而不實, 范蘭溪蔓而不切. 至於黃慈溪, 則所見比二子尤下. 恣詆伊川, 傲然自聖, 於聖賢傳心之要訣, 不可與聞."

23) 『錦溪先生文集』 권7 外集, 「書, 上退溪先生問目[心經○癸亥]」, "今欲使可改者改入, 可刪者刪去, 粹然一出於正, 無少差訛."

모르겠다고 했다.

이렇듯 『심경부주』에 대한 논란은 황준량을 비롯해 조목과 정구 등 문인들 사이에 적잖이 일어났으나 이황은 「심경후론心經後論」을 지어 이를 무마하고자 했다. 그러나 뜻대로 되지 않았다. 문인들은 이황의 뜻에 따라 묵수하는 듯했으나 불만은 잠재되어 있었고, 이는 이황 사후 정구에 의해 대대적인 개편 작업을 거쳐 『심경발휘心經發揮』로 정리되기에 이른다. 짐작건대 이는 정구만의 의견이라기보다 이러한 문인들의 불만이 종합적으로 수렴된 결과가 아니었을까 한다.[24]

이상의 내용을 종합하면, 황준량은 이황의 문하에서 수학기를 보내지는 않았지만 누구보다도 친밀한 관계를 유지했던 문인 중 하나였다. 그렇기에 서원설립운동은 물론 『주자서절요』 출간에 주도적인 역할을 담당했으며, 이황의 심학적 전통을 착실히 계승하는 가운데 자신의 사상을 열어갔다. 그 사상의 특징은 '주정지경'이라는 말로 요약할 수 있으며, 마음공부에 더욱 천착하는 모습을 보여준다.

3. 오건의 사상과 퇴남학 계승 : 경의협지

오건吳健, (호 德溪 1521~1574)은 어릴 때부터 특별한 스승이 없이 경사자집經史子集을 독학했다. 가난한 데다 연이은 가족의 죽음으로 인한 불행이 그 이유였다. 그러다 그는 31세 때 조식曺植을, 43세 때 이황을 만나 배움을 청했다. 38세 때 대과에 급제한 것을 염두에 두면, 이들의 만남은 이미 자신

---

24) 추제협, 「『심경발휘』와 정구의 심학」, 『한국학논집』 51, 계명대 한국학연구원, 2013, 389~394쪽.

의 학문적 입지를 다진 다음이 아닌가 한다. 그럼에도 이들의 영향을 간과할 수 없는 것은 그가 보인 이후의 행적들 때문이다. 즉 성리학에 침잠했던 학자로서, 그리고 벼슬길에 나아가 올곧은 성품으로 폐단을 척결하고자 했던 정치가로서의 활동이 그것이다.

그렇다면 이러한 모습에 조식과 이황의 영향이 자리한 것은 아닐까. 실제로 이들과 교유한 정황뿐만 아니라 다수의 왕래한 편지를 봐도 그러하고, 이이李珥, 이식李植 등 여러 인물들의 증언 또한 이를 뒷받침한다. 특히 오희상吳熙常은 『덕계선생연보德溪先生年譜』의 발문에서 오건이 "조식에게 사사했고, 이황에게 종유했다."[25]라고 정리한 바 있다. 이를 보면, 그 영향의 경중은 차치하고라도 그가 수기치인修己治人의 학문을 정립하는 데에 일정 부분 영향을 받은 것만은 분명해 보인다.[26] 그럼 어떤 측면에서 그렇게 볼 수 있는지 살펴보기로 한다.

우선 오건이 조식을 만난 것은 앞서 언급한 대로 31세 때였다. 32세 때 진사 회시에 합격한 뒤 36세 때 성균관에 들어갔기에 그 문하에 있었던 기간은 5년 남짓이다. 비록 그리 길지 않은 시간이었지만 사제의 정은 각별했고, 서로에 대한 그리움도 깊었던 듯하다. 1566년 그의 나이 46세 때 조식이 산청의 지곡사智谷寺에서 강론 모임을 갖고 헤어진 뒤 보낸 시에서 이를 느낄 수 있다.

---

25) 吳健, 『德溪先生年譜』 권1, 「年譜跋[吳熙常]」, "先生蚤歲, 師事南冥曹文貞公, 又嘗從遊於退陶之門, 學術純備."

26) 이황과 조식 문하과정에 대해 동일한 비중으로 보는 입장과 이황의 직접적인 문인이라기보다 학문적 교유를 한 것뿐이라고 보는 입장이 있다. 그러나 그 영향의 경중을 논하기보다는 영향의 내용이 중요하며, 이것이 자신의 사상 구축에 어떤 계기를 마련했는가에 초점을 맞추는 것이 더 생산적이라고 생각한다. 이상원, 「남명학파에 있어 오덕계의 위상」, 『남명학』 7, 남명학연구원, 1999, 369쪽; 유미림, 「덕계 오건의 학문과 경세론」, 남명학연구원편, 『덕계 오건과 수우당 최영경』, 55쪽.

한 발짝 내디디며 헤어지던 곳이,
오다 보니 멀어져 백 리인 듯하네.
산마루에서 아련히 돌아보니,
한양 가는 길은 더더욱 멀듯하네.[27]

오건은 조식의 문하에 있는 동안 문인이면 으레 그렇듯 사서四書를 비롯해 『소학』, 『심경』 등을 배우면서 출처出處와 경의지학敬義之學의 중요성을 습득했을 것으로 짐작된다. 물론 사서에 대해서는 이미 어느 정도 자득의 상태였던 만큼 『소학』과 『심경』을 통한 실천지학에 좀 더 무게가 실려 있었을 것이다. 그들 간에 있었던 글들을 보면 이 점을 쉽게 확인할 수 있다.

가령 조식은 오건에게 보낸 편지에서 이황이 기대승과 사단칠정을 논한 것에 "사문의 종장이라는 자가 상달에만 힘쓰고 하학을 강구하지 않아 시폐를 구제하기 어려운 습성이 되었다."[28]라고 비판하거나 공부貢賦와 군역軍役의 폐단을 급히 시정해야 한다는 상소를 올린 것에 대해 "자신에게서 배운 바를 저버리지 않았다."[29]라고 칭찬하기도 했다. 이에 대해 오건은 "남명 선생이 서신을 보내 가르쳐 주셨는데, 혼미함과 나태함에 대한 경계가 지극했다. 비록 천리나 떨어져 계시지만, 추상열일秋霜烈日을 대하는 것처럼 흠칫하여 머리털이 서는 듯하니, 나약한 정신을 일으키기에 충분했다."[30]라고 반성하며, 조식의 제문祭文에서는 "진실로 우리 선생님은 선각先覺을 펼쳤으니, 마음

27) 曺植(이하 생략), 『南冥先生文集』 권1, 「詩, 贈吳學錄健上京[字子强]」, "一脚初分處, 來來百里遙, 山頭回望盡, 西路更迢迢."

28) 『南冥先生文集』 권3, 「書, 與吳子強書」, "此實斯文宗匠者, 專主上達, 不究下學, 以成難救之習."

29) 『德溪先生年譜』 권1, 「德溪先生年譜」, "四年庚午[先生五十歲] … 南冥先生與先生書曰, 曾見朝報, 多所建明, 國之大事, 不過兵食, 逋租逋卒, 方通積百年咽塞, 如公可謂不負所學矣."

30) 『德溪先生年譜』 권1, 「德溪先生年譜」, "四十四年乙丑[先生四十五歲] … 先生日記曰, 南冥先生貽書見教, 其警發昏惰至矣, 雖在千里, 如對秋霜烈日, 凜然髮豎, 足以起懦云云."

의 체용體用을 얻어 구이지학口耳之學에 머무르지 않으셨다."라고 하면서 "경敬으로써 함양하고 의義로써 결단했다."[31]라고 칭송했다.

실제로 오건은 벼슬에 있을 때 올린 여러 상소에서 이러한 면모를 확인할 수 있다.[32] 임금의 인척들이 궁중에 출입하는 것을 통제해야 하며, 왕실의 혼인제도에 대한 폐단, 특히 왕비의 간택 방법과 지나친 허례의식을 비판하는 등 조정의 질서에서부터 신사정申士楨이 아버지와 불화를 역부지죄逆父之罪로 단죄해야 한다는 강상윤리의 엄격함을 줄기차게 주장하기도 했다. 또한 신사정과 내통한 석상궁石尙宮을 축출하거나 임진林晉이 흑산도에 출몰한 도적을 물리친 일로 상을 내리는 것에 부당함을 호소하는가 하며 부임지로 간 여러 지역에 민생 구제를 위해 수차례 상소를 올려 임금의 윤허를 받아내는 끈질긴 모습을 보여준다.

이러한 그의 태도에 평소 교분이 있었던 노진盧禛은 "자네가 초야에서 출세하여 청요직에 오른 것은 자네 분수에 과한 것이다. 마땅히 뒤로 물러나 조심해야 할 텐데 무엇 때문에 섣불리 자신의 소견을 고집하여 많은 사람들의 노여움을 자초하는가?"[33]라고 하며 충고했을 정도였다. 그러나 그는 이에 수긍할 수 없었고 자신의 뜻을 굽히지 않았다.

그래서일까. 오건은 1572년 그의 나이 52세 때 관직에서 물러날 결심을 한다. 그 계기는 이조정랑에 있을 때의 일이었다. 그는 김효원金孝元을 전랑

31) 『南冥先生文集』 권3, 「附○祭文, 祭文[門人吳健]」, "涵省主敬, 斷制以義. … 允矣吾師, 展也先覺, 心得體用, 學非口耳."

32) 『德溪先生年譜』 권3, 「疏箚, 司諫院請齊家疏」; 「疏箚, 論國昏非禮疏」; 『德溪先生年譜』 권4, 「啓, 請罪申士楨不孝啓」1-7; 「啓, 請黜石尙宮啓」 1-7; 「啓, 請改正林晉賞加啓」; 「啓, 論逋租逋卒弊[瘼]啓」. 이에 대한 자세한 내용은 오규환, 「덕계 오건의 인간상」, 『덕계 오건과 수우당 최영경』, 37~40쪽.

33) 李珥, 『栗谷先生全書』 권29, 「經筵日記, 隆慶六年壬申○今上五年」, "盧禛與健有舊, 詞之曰, 汝從草第發迹, 致身淸顯, 於汝過分. 當韜晦小心, 以副人心, 何故妄執所見, 自取怨怒乎?"

천대법銓郞薦代法에 따라 자신의 후임으로 천거한 것에 대해 심의겸沈義謙과 대립했다. 김효원은 장원급제를 하고 문명이 높았던 터라 이조정랑에 부합한 인물이었음에도 외척인 심의겸은 윤원형의 무리라는 빌미로 극력 반대하여 논란이 일었다. 이에 그는 권간의 발호가 극심하고 임금도 사류를 싫어하는 것을 보고 더 이상 경륜을 펼 수 없다고 판단하여 고향으로 돌아오게 된다.

이러한 그의 강직한 모습은 조식의 실천적 면모와 많이 닮아 있다. 선비로서 출처를 분명히 했던 점이, 그리고 벼슬길에 나아가서는 현실의 폐단에 눈감지 않았던 강직함이 그러하다. 이는 당연히 조식이 강조한 '경의협지敬義夾持'의 사상에 안받침되고 있음은 물론이다. 즉 「패검명佩劍銘」으로 새긴 "안으로 마음을 밝히는 것은 경이며, 밖으로 마음을 결단하는 것은 의이다."[34] 라는 말에서 자신의 마음을 함양하여 외물의 유혹을 단제斷制하는 행동의 과단성은 오건에게도 다르지 않았던 것이다.

그러나 이것이 비단 조식만의 영향일까. 여기에는 이황의 몫 또한 부정할 수 없다. 이황이 비록 조식으로부터 하학을 가벼이 여긴다는 비난을 받긴 했지만 그 또한 경을 통해 강한 실천적 의지를 담보하고 있기 때문이다.

오건이 이황을 만난 것은 43세 때의 일이다. 그가 39세 때 성균관 학유로 있다 성주에 교관으로 부임하여 당시 성주목사였던 황준량과 교유하면서였다. 둘의 교분은 두터웠고 뜻 또한 부합하여 학문에서도 서로를 이끌어줌이 컸다.[35] 그렇기에 『주자서』 강독에 주야한서晝夜寒暑를 잊을 정도로 여념이 없었고, 녹봉정사를 건립한 뒤로는 교관을 맡게 되면서 이들의 만남은 더

34) 『南冥先生文集』 권1, 「銘, 佩釼銘」, "內明者敬, 外斷者義."

35) 『錦溪先生文集』 권4, 「雜著, 答吳正字子强書」, "… 但恐過於急迫, 難以持久, 須勿忘勿助, 以收涵泳自得之功, 尤所勤跂. … 陶山翁書來, 每以不得見吾子强爲恨, 追悔前夏佳期之失. 幸須好趁歲前, 過此旬朔, 遄踏溪雲, 以暢平素相須之願, 何如何如? …"

욱 빈번해졌다. 이러한 교유를 전해들은 이황은 그를 만나보기를 간절히 희망했고[36], 그 바람은 1563년 오건이 직접 도산으로 방문하면서 이루어졌다.

기록에 의하면 당시의 분위기가 술잔을 기울이고 시를 지을 정도로 즐거웠던 것으로 전해진다. 여기에 『주자서』는 물론 『심경』과 『근사록』 등 학문과 관련된 질문도 오고 갈 정도였으니 충분한 교감이 이루어졌음을 짐작할 수 있다. 그렇기에 이황은 그를 "타고난 성품이 순박하고 성실하며 이 학문에 힘을 쏟는 것이 매우 간절하고 독실하니 진실로 유익한 벗이다."[37]라고 평가하면서, 특히 『대학』과 『중용』은 자신이 미처 알지 못한 바를 짚어주는 탁월함이 있다며 다음과 같이 칭찬했다.

> 자강子强의 『중용』과 『대학』에 대한 공부는 극도로 정밀하고 심오하다. 이는 짧은 시간에 얻은 것이 아니다. 고요한 가운데 분명하게 체득하여 오랫동안 궁구하고 축적한 공부가 아니라면 쉽게 이런 경지에 이르지 못했을 것이다.[38]

오건의 자득지학이 빛나는 순간이었다. 이황은 그의 독실하면서도 자득 중시의 학문적 태도를 이런 찬사로 표현하며 더욱 정진하기를 당부하고 있다. 그러나 구체적으로 어떤 내용이 오고 갔는지는 알 수 없다. 다만 현재 남아있는 『연평답문延平答問』에 대한 질의로 그 대략을 짐작할 수 있을 뿐이다.

『연평답문』은 주희朱熹와 그의 스승인 이동李侗의 철학적 대화를 기록한

---

36) 『退溪先生文集』 권20, 「書, 答黃仲擧」, "曾聞吳教官有意相顧, 企渴深矣. 但若待江舍安復, 則已迫例避之辰, 其前則溪間無可與周旋處, 悵恨悵恨. 其人能自振拔如此, 誠願一見以發蒙吝, 不知何日可遂此願耶."

37) 『德溪先生年譜』 권1, 「德溪先生年譜」, "四十二年癸亥[先生四十三歲], 謁退溪李先生于陶山. … 子强資性朴實, 用力於此學甚懇篤, 眞益友也."

38) 『德溪先生年譜』 권1, 「德溪先生年譜」, "四十二年癸亥[先生四十三歲], 謁退溪李先生于陶山. … 子强庸學之工, 極爲精深. 此非造次所得. 非靜中體認, 研窮積久之功, 恐未易到此."

책이다. 이황은 이를 박희정朴希正에게 받아 보고 간행할 뜻을 품었는데, 마침 청주목사로 있던 이정李楨에게 부탁하여 실현될 수 있었다. 이황은 1554년 책의 간행에 발문跋文과 후어後語를 지어 이동의 사상적 의의, 특히 심법心法의 오묘한 이치가 갖추어져 있다고 강조했다.

오건은 바로 이 책에 대해 43개의 질문을 던져 이황의 답변을 들었던 것이다. 주로 자구의 뜻을 물어 의미를 명확히 하기 위한 질문이었다. 그 가운데 중요한 몇 가지만 간략히 정리하면 다음과 같다.

①"분발하여 먹는 것도 잊는다는 말은 도를 추구하는 간절함을 뜻하는 것이다."라는 대목에 "성인은 도리로부터 행위가 나온다."라는 말이 "저절로 인의에 따라 행하는 것이지 인의를 의식적으로 행하는 것이 아니다."라는 것으로 이해될 수 있는지를 물었다. 이황은 그런 이해는 이동의 뜻에 부합하며 주희는 이를 체득하기 전과 후로 나누었기에 조금 다르다고 했다. ②본원에 나아간다는 말은 '공순근외恭順謹畏'의 마음인지에 대해 물으니, 이황은 그렇다고 간단히 답했다. ③"단지 '경敬' 자를 설명한 것이 불분명하다."라는 대목에 주희가 이렇게 말한 이유가 무엇인지를 물었다. 이황은 주희가 이동의 문하에서 '주정존양법主靜存養法'을 터득했으나 '정靜'을 말하는 것이 '경敬'을 말하는 것만 못하다는 정이程頤의 말을 따른 것이라고 했다.[39]

사실 이황은 ①에서 이동이 주희의 미발과 이발의 구분이 공부론에서 크게 의미가 없다는 말을 강조하고 싶었던 것이다. 이는 그가 미발의 존양공부와 이발의 성찰공부는 별개가 아닌 하나로 이어져 있다는 것에 동의할 뿐만 아니라 자신의 공부론을 언급할 때 미발과 이발을 경으로 일관할 것을 주장

39) 『德溪先生文集』 권6, 「延平答問質疑, 問目」, "發憤忘食, 言其求道之切, 所謂聖人自道理中流出, 猶言由仁義行, 非行仁義者乎? … 所引由仁義行, 非行仁義之說, 以明延平之意, 得之. …"; "就本源處, 指恭順謹畏之心乎? 是."; "只爲說敬字不分明, 朱子每以謂得李先生後成就所學, 而猶有少此之意乎? … 朱子於延平之門, 得靜中有主宰存養之法. …"

한 근거가 되었다. 그런 점에서 ③에서 언급한 주정법은 매우 중요하다. 바로 이동이 말한 혼연한 하나의 기상을 갖기 위한 공부법이기 때문이다. 여기서 주정이란 미발의 상태에서 정좌하여 몸과 마음이 수렴되어 천리가 내 마음의 본원에 이르게 되는 공부를 말한다. 또한 본원은 바로 ②에서 말한 것으로 정이란 말이 다소 불교적 혐의를 받을 수 있기에 경으로 바꾸어 말한 것일 뿐 그 의미는 비슷하다고 했다.

이를 보면 이황은 『연평답문』에 대한 이해가 녹록지 않았음을 알 수 있다. 당시 이황은 이동의 주정主靜을 중시하는 천리체인天理體認의 공부법에 상당히 경도되어 있었으며, 자신의 경공부가 여기에 근거하고 있음을 은연중에 드러내기도 했다.[40] 더불어 자신을 찾아온 오건에게도 이러한 학문적 색깔을 분명히 함으로써 그 길에 함께 하기를 권유하고 있는 것이기도 하다.

그런 점에서 오건 또한 이러한 이황의 가르침에 따른 영향이 없지 않았다. 그의 학문적 지향, 특히 성리학에 대한 탐구에서 많은 부분이 닮아 있음을 볼 수 있기 때문이다. 다음 시는 이를 단적으로 보여준다.

> 요부堯夫는 시 읊기를 좋아하지 않고,
> 다만 허명하고 쇄락한 것을 좋아했네.
> 남긴 시를 읊조리며 공연히 달만 감상하지 말고,
> 맑은 마음으로 고요한 가운데 생각하길.[41]

이 시는 오건이 성주 향교에 교관으로 있을 때 한 학생에게 지어준 것이라고 한다. 이 학생이 바로 정구鄭逑이다. 정구는 당시 오건을 따라 향교에서

40) 추제협, 「이황의 사단칠정론과 마음공부」, 『안동학』 13, 한국국학진흥원, 2014, 149~152쪽.

41) 『德溪先生文集』 권1, 「詩○七言絶句, 星學, 贈學子」, "堯夫非是愛吟詩, 只愛虛明灑落時, 莫把遺詩空玩月, 好將清意靜中思."

녹봉정사로 옮겨 배움을 이어갈 정도로 열혈제자였다. 그가 밤에 소옹邵雍의 「청야음淸夜吟」을 읊고 있기에 이 시로써 화답했다고 한다. 그럼 어떤 가르침을 담았을까. 시의 내용은 이렇다.

요부는 소옹을 말하는데, 소옹은 시를 읊조리기보다 허명虛明하고 쇄락灑落한 것을 사랑한다고 했다. 여기서 '허명'과 '쇄락'은 마음의 상태를 이르는 말로, 주자학에서 흔히 말하는 연비어약鳶飛魚躍, 제월광풍霽月光風과 비슷한 뜻으로 쓰인다. 특히 쇄락은 이동이 강조한 말이다. 즉 천리의 마음이 깃든 것으로 어디에도 막히지 않는 공정한 마음의 상태로 성인의 마음을 말한다. 이 마음을 갖기 위해서는 정일집중, 궁리와 거경의 방법을 통해 자연의 리와 마음의 리가 하나가 되는 심여리일心與理一의 경지에 이르기를 생각하라고 했다.

이러한 경지는 이황이 『성학십도聖學十圖)에서 제시한 성인의 학문과 크게 다르지 않다. 즉 몸의 주재인 마음을 경공부로 일관하되 진적역구眞積力久하여 구인지학求仁之學을 체득하는 것인데, 이는 마음공부를 바탕으로 사물공부를 더함으로써 심여리일의 경지에 이르는 것이기도 하다. 이황이 말한 "도체는 일상생활을 하는 사이에 유행하여 잠시라도 쉼이 없기에 반드시 일삼음이 있어 잊지 말아야 한다. 조금의 안배按排를 용납하지 않기에 옳게 하거나 조장하지 말아야 한다. 그런 연후에 비로소 마음과 리가 하나가 되어 나의 도체가 흠이나 막힘이 없게 되는 것이다."[42]라고 한 것이 바로 이를 설명한다.

이상의 내용을 정리하면, 오건은 황준량과 마찬가지로 이미 자신의 학문

42) 『退溪先生文集』 권25, 「書, 答鄭子中別紙」, "道體流行於日用應酬之間, 無有頃刻停息, 故必有事而勿忘. 不容毫髮安排, 故須勿正與助長. 然後心與理一, 而道體之在我, 無虧欠, 無壅遏矣."

적 성취가 이루어진 후 조식과 이황을 차례대로 만나게 된다. 그러나 이들의 영향을 간과할 수 없는 것이 그의 이후 행적에 이들의 모습이 투영되어 있기 때문이다. 학문 탐구에서는 이황의 심학적 전통이 강하게 느껴지며 주정과 궁리를 통한 정일집중의 방법으로, 벼슬에 나아가서는 조식의 경의정신을 바탕으로 한 현실에 대한 강한 비판적 태도를 견지하고 있다. 이러한 영향에서 그는 경의협지의 사상을 통해 수기와 치인을 조율하고 있다고 생각한다.

4. 낙중학, 퇴계학의 남전과 녹봉정사

황준량과 오건의 사상, 그 학문적 연원에 대한 검토를 바탕으로 이제 이들의 학문이 녹봉정사의 건립을 계기로 칠곡을 중심으로 한 낙동강 중류지역의 유학을 어떻게 이끌고 있었는지를 살펴보기로 한다.

오건은 1559년 그의 나이 39세 때 성주 향교의 교관으로 온다. 당시 성주목사였던 황준량과 교유하여 학문을 강론하며 서로의 공감대를 형성한다. 특히 학문공간의 필요성을 절감한 그들은 힘을 합쳐 2년 뒤인 1561년에 녹봉정사를 건립했다. 물론 당시 성주에는 노경린이 세웠던 영봉서원迎鳳書院을 중수했던 터라 또 다른 서원이 필요한지에 대한 의구심이 들기도 한다. 그러나 거리상 구미, 선산 등과 인접한 지역에 이렇다 할 학문적 연결고리가 없었고, 낙중학, 즉 퇴계학 또는 퇴남학의 전파 및 확산을 위해서라도 필요한 공간이기도 했다.

급기야 황준량은 이황에게 이러한 소식을 전하면서 편액을 부탁하기에 이른다. 이황 또한 이를 기뻐하며 기꺼이 요청에 응하여 성정당誠正堂을 비롯해 시습재時習齋, 양정헌養正軒, 양호루養浩樓, 관물대觀物臺 등을 직접 지어 보내는 정성을 보였다.

> 녹봉정사 건립은 참으로 잘된 일입니다. 그곳 선비들이 이러한 생각을 낸 것은 사군과 교관이 앞장선 데 말미암은 것입니까? 이쪽에 속된 기풍보다 훨씬 훌륭합니다. 편액은 부탁한 대로 하겠습니다. 다만 호연루浩然樓의 '연루' 두 글자는 서로 연접하여 부르는 음이 분명하지 않으니 양호루養浩樓 하는 것이 어떻겠습니까?[43]

이러한 녹봉정사는 앞서 영봉서원과 마찬가지로 황준량이 지도 및 감독을, 오건이 훈도를 맡아 제자 교육을 총괄했다. 평소 강독은 물론 서신을 통해 문답을 주고받는 등 학문적 교류가 활발했던 그들이었기에 교육의 방향 및 지침 또한 합의된 생각이었을 것이다.

그럼 이들은 어떤 교육을 실시했을까. 이는 앞서 살펴본 그들의 학문적 성격인 퇴남학의 계승을 염두에 두면서 어떠한 학문적 태도를 갖고 있었는지를 살펴보면 대략 알 수 있다. 우선 오건의 언급에 주목해 보자.

> 선생은 일찍이 문하의 제자들에게 "옛사람 말에 '글을 천 번 읽으면 그 뜻이 저절로 드러나니, 경학은 스승에게 배우는 것을 귀하게 여기지 않는다.'라고 했다. 요점은 스스로가 정밀하게 생각하고 익숙하게 읽는 데 있으니, 둘 다 그 공부를 극진히 할 뿐이다. 너희들은 오로지 스승의 입만 쳐다보고 조금도 생각하지 않으며 겨우 열 번 남짓 읽고 나서는 스스로 이미 의심나는 데가 없다고 여긴다. 그러니 오래도록 읽으면 읽을수록 의심이 생기고 많이 읽을수록 더욱 생각한 뒤에야 거의 의심이 없는 경지에 이른다는 것을 알지 못한다. 이것은 내가 평생 이미 경험

43) 『退溪先生文集』 권20, 「書, 答黃仲擧」, "鹿峯精舍事, 甚善甚善. 彼中士人, 乃發如此之願慕, 將由使君與敎官倡作之力耶? 勝於此間之俗, 遠矣. 扁額當依示. 但浩然樓然樓二字, 相接呼之, 音不響亮, 作養浩樓何如?"

했던 것이니 너희들은 이 점을 소홀하게 여기지 말라."라고 했다.[44)]

문인 오한吳僩의 기록이다. 앞서 언급한 대로 그는 수학기에 경사자집經史子集을 독학한 것으로 알려져 있다. 집안의 서책을 뒤지다 우연히 발견한 『중용』이 계기가 되어 일 년에 천 번을 외우니 여러 경전을 읽을 때에도 자연스레 깨우치게 되었다고 했다. 아마도 그는 반복된 독서 과정을 통해 이러한 깨달음에 이르렀을 것이다. 바로 자득지학自得之學이라 할 수 있겠는데. 그는 스승의 가르침만을 따르기보다 스스로 읽어 의심나는 것을 해결하는 과정이 중요하다고 보았다.

그러면서 오건은 주자학의 학문방법인 거경궁리居敬窮理를 강조하기도 했다. 여기서 거경은 마음의 덕성함양을, 궁리는 사물과 독서를 통한 이치탐구를 말한다. 흔히 이 둘은 분리되는 것이 아닌 하나로 인식하는 것이 일반적이다. 다만 주희는 후자에, 이황과 조식은 전자에 좀 더 무게를 두는 듯하다. 그럼 그는 어떻게 이해하고 있었을까. 다음 글을 보자.

> 학문의 도는 다름 아닌 거경居敬과 궁리窮理일 뿐입니다. 선유들 중에 "책을 읽어 의리를 밝히기도 하고, 고금의 인물을 논하여 그 시비를 분별하기도 하며, 사물에 접하여 마땅하고 그렇지 못함을 판단하기도 한다."라고 했는데, 이것이 '궁리'의 일입니다. 선유들 중에 "주일무적主一無適을 말하기도 하고, 정제엄숙整齊嚴肅을 말하기도 하며, 상성성법常惺惺法을 말하기도 하고, 기심수렴其心收斂, 불용일물不容一物"을 말하기도 했는데, 이것이 '거경'의 공功입니다. 이 두 가지는 수레의 두 바퀴, 새의 양

44) 『德溪先生文集』 권7 外集, 「行錄」, "先生嘗謂門弟子曰, 古人云讀書千遍, 其義自見, 經學不貴承師. 要在自己精思熟讀, 兩盡其功而已. 爾等專仰師口, 略不思索, 纔閱十餘遍, 自以爲已無所疑. 殊不知讀之愈久愈有疑, 而愈讀愈思, 然後庶幾至於無所疑矣. 此吾平生所已驗者, 爾等忽焉."

날개와 같아서 하나라도 빠뜨릴 수 없는 것입니다. 이것은 본원本原을 함양하고 배움으로 들어가는 곳으로서 천하의 모든 일이 여기에서 나오며 치란治亂과 흥망興亡이 나누어지는 곳이기도 합니다.[45]

성학聖學의 근본은 본원의 함양에 있고, 이는 거경궁리에 달려 있다고 하면서 현시점에서 임금이 가장 시급히 행해야 할 일은 바로 '정일집중精一執中'이라고 했다. 여기서 '정精'은 궁리이며, '일一'은 거경을 뜻한다.[46] 그러면서 송나라 이종理宗을 예로 들었다. 이종은 정주학을 숭상하였음에도 이를 제대로 실천하지 않아 시비가 분명하지 않고 취사가 전도되는 데 이르렀다고 했다. 그러니 이러한 역사적 사례를 거울삼아 정일집중을 힘써 실천해야 한다고 강조한 것이다.

이것이 비록 오건이 조강朝講에서 한 말이긴 하지만 임금에게만 해당되는 것은 아니다. 선비의 목표가 성학에 있음을 전제할 때, 이는 유생들에게도 긴요한 말이다. 더불어 자신의 학문적 입장, 즉 학문적 뿌리가 주자학에 있음을, 그 방법으로 거경궁리를 중요하게 생각하고 있음을 알 수 있다.

이러한 점에서 보면 오건은 유생들에게 주자학의 거경궁리를 따르되 자득지학을 중요하게 생각하는 학문 태도를 유지하기를 당부하였음이 분명하다. 이는 황준량의 말에서도 비슷하게 나타난다는 점에서 더욱 설득력을 갖는다. 그는 녹봉정사의 유생들에게 보낸 편지에서 다음과 같이 말한다.

45) 『德溪先生文集』 권3, 「疏箚, 請窮理居敬箚[隆慶戊辰四月二十一日朝講]」, "學問之道無他, 窮理居敬而已. 先儒曰, 或讀書而講明義理, 或論古今人物而別其是非, 或應接事物而裁其當否, 此則窮理之事也. 先儒有以主一無適言之者, 有以整齊嚴肅言之者, 有曰常惺惺法者焉, 有曰其心收斂, 不容一物者焉, 此則居敬之功也. 二者如車兩輪, 如鳥兩翼, 不可闕其一也. 此乃涵養本原地, 爲學入頭處, 天下萬事之所從出, 治亂興亡之所由分也."

46) 『德溪先生文集』 권3, 「疏箚, 請窮理居敬箚[隆慶戊辰四月二十一日朝講]」, "精卽窮理之謂也, 一卽居敬之功也."

> 여러분들의 학업은 단지 구두점이나 찍어 해석하여 명성과 이익이나 취하는 데에 그치지 않습니다. 명교名教 가운데에 절로 즐거움이 있는 법이니, 부디 '제일의第一義'를 다른 사람에게 양보하지 마십시오. 나머지는 견실하게 앉아서 각고면려刻苦勉勵하여 멀리서 발돋움하며 기대하는 나의 소망에 부응하시길 바라며 이만 줄입니다.[47]

황준량은 유생들에게 과거지학이 아닌 성인지학을 해야 한다고 강조한다. 진정한 학문의 즐거움이 거기에 있다고 본 것이다. 그러기 위해서는 '제일의第一義'에 힘써야 한다고 했다. 여기서 '제일의'란 바로 주자학이며, 그 학문방법인 거경궁리를 의미한다.[48] 즉 그는 성인의 학문에 이르기 위해서는 거경궁리를 거치지 않고는 불가능함을 새삼 강조하고 있는 것이다. 이러한 점은 영봉서원의 유생들에게 보낸 편지에서도 언급되고 있기에 그의 일관된 생각이었을 것으로 짐작된다.

> 성인의 문으로 들어가는 길은 고원高遠한 데에 있지 않습니다. 일상생활에 한가하고 정일한 가운데 수양修養하고 배우고 묻고 생각하고 분변하는 사이에서 밝혀 내외가 모두 반듯해지고 잊어버리지도 조장하지도 않아야 한다. 이를 따라 나아가면 높게는 성인聖人과 현인賢人이 될 수 있고 낮게는 훌륭한 사람과 착한 선비가 되는 데 틀림이 없을 것입니다. 오직 걱정할 바는 마음 쓰는 것이 굳건하지 못한 점입니다. 제현諸賢께서는 아마도 이미 마음으로 깊이 깨달아 제가 운운하는 것을 기다리지 않아도 되리라 여깁니다.[49]

47) 『錦溪先生文集』 권4, 「雜著, 與鹿峯精舍諸生書」, "諸君課業, 非翅講解口讀, 要取聲利. 名教中自有樂地, 莫將第一義, 讓與別人. 餘冀堅坐刻厲, 以副遐跂."

48) 『退溪先生文集』 권19, 「書, 答黃仲擧」, "正如盛諭, 程朱論學, 固以居敬窮理爲第一義."

49) 『錦溪先生文集』 권4, 「雜著, 與迎鳳書院諸生書」, "聖門路陌, 不在高遠. 養之於燕閒靜一之中, 明之於學問思辨之際, 內外交修, 勿忘勿助. 循此而進, 高可爲聖賢, 下不失爲吉人善士, 所患用心之不力耳. 諸賢想已神會不待云云."

그는 성인의 학문에 이르는 길을 하학상달下學上達로 설명했다. 하학을 통해 상달에 이르는 길은 거경궁리, 즉 일상에서 늘 정일공부를 통해 마음수양을 하면서 박학博學, 심문審問, 신사愼思, 명변明辯, 독행篤行을 통해 궁리공부를 하는 것일 뿐이라고 했다. 다만 이러한 학문에도 반드시 순서와 차례가 있어야 한다고 하면서 강독의 순서를 다음과 같이 언급했다.

> 반드시 먼저 『소학小學』을 읽어서 떳떳한 인륜과 일용의 상도常道, 절차와 행동거지의 준칙에 근본을 세우고 하나하나 강론하여 밝혀, 실천이 견실하게 정해지고 함양이 순수하고 익숙해지도록 해야 합니다. 『대학大學』의 성공은 다만 그 정채精彩를 발산하는 것일 뿐이고, 실로 차례를 뛰어넘어 나아갈 수는 없습니다. 주경공부主敬工夫는 동정動靜을 관통하고 내외를 합하여 마치 흠결을 보완할 수 있을 듯합니다. 그러나 사람이 통상 행하는 절목을 애초에 강구해두지 않으며, 이미 근거할 본령本領이 없어 마침내 치지致知와 역행力行의 바탕을 만들 수 없습니다. 비록 흐트러진 마음을 수습하여 그 덕성을 기르고자 한들 또한 어렵지 않겠습니까? 그리하여 정자程子가 "쇄소응대灑掃應對가 곧 형이상形而上이다."라고 말했고, 주자朱子도 만년에 "근자에 바야흐로 『소학』을 일삼아 전날의 거칠고 소략하였던 허물을 보완하고 있다."라고 말했습니다. 대개 성현들의 일용日用은 늘 비근한 데에 있었으니 가까운 데 있는 것을 가벼이 여기는 것은 근본에 힘쓰는 것이 아닙니다. 고인들이 늙으면 각오 또한 사라지므로 먼저 입지를 정한 뒤에 차례를 따라 차츰 나아갔던 것이 대개 이 때문이었습니다. 여러분들도 이미 지나간 것은 후회해도 소용이 없으니, 다만 열흘이나 한 달 공력을 들여 그 마음을 살펴야 합니다. 피부와 근골을 단단하게 결속하고 양지良知와 양능良能의 근본을 길러 뿌리를 북돋우고 가지를 뻗게 하는 도구로 삼는다면 보완하는 공功이 역시 늦었다고 한탄할 것이 없을 것입니다. 여러분들이 젊은 날 이미 읽었다 하더라도 필히 힘쓸 자리를 이해하지 못하였을 터이니, 지금에 이르러 더욱 이해를 하여 고인이 교육을 세운 근본을 상고하고 『근사록近思錄』을 참조하여 그 의리의 지취를 넓

> 혀나가면 학문의 본말이 거의 아울러 이루어질 것입니다. 또 『심경心經』 한 부는 비록 산만한 듯하지만 선유들의 격언을 부주附註하여 오로지 마음공부를 위주로 하되, 주경궁리主敬窮理의 요체가 거의 미진함이 없습니다. 더욱이 심술心術의 은미할 때에 대해서는 힘껏 드러냈으니, 즉 '일병일약一病一藥'이라는 것으로 또한 강론하지 않을 수 없습니다. 이 세 책을 통해 연찬硏鑽의 공력을 쌓은 연후에 사서四書에서 그 극極을 모으고 그 선후 차례를 문란하게 하지 않으면 사변思辨의 공력이 외울 때와는 훨씬 다를 것입니다. 그리고 안과 밖, 정밀함과 거침, 전체全體와 대용大用이 찬란하고 명백하게 하나로 꿰어지게 될 것이며, 훗날의 사업 또한 이를 들어서 저곳에 적용하는 데에 지나지 않게 될 것입니다. 이는 마치 재인梓人, 장인匠人, 윤인輪人, 여인輿人이 반드시 규구規矩에 맞추어 물건을 만들어 교묘하고 졸렬한 차이는 있을지라도 모두 알맞게 쓰일 만한 물건이 되는 것과 같으니, 어찌 고원高遠하여 행할 수 없다고 할 수 있겠습니까?50)

다소 길게 인용한 이 말에서 황준량은 강학의 필수 교재로 『소학』, 『근사록』, 『심경』을 선택하고, 이를 깊이 공부한 후에 사서로 나아가야 한다는 점을 분명히 했다. 좀 더 자세히 보면, 『소학』은 성리학의 기본적 실천 덕목

---

50) 『錦溪先生文集』 권4, 「雜著, 與迎鳳諸賢書」, "必須先讀小學, 以立根基於彝倫日用之常, 節次容止之則, 一一講而明之, 使踐履堅定, 而涵養純熟. 至於大學之成功, 特出其精彩而已, 誠不可凌躐而進也. 主敬之功貫動靜, 合內外, 若可以補欠缺. 而於人倫常行節目, 初未嘗講究, 則已無本領之可據, 而終無以爲致知力行之地. 雖欲收其放心, 而養其德性, 不亦難乎? 故程夫子云, '灑掃應對, 便是形而上者', 朱夫子晩年亦云, '近方從事小學, 以補前日粗疏脫略之咎'. 蓋聖賢日用, 常在卑近, 易於近者, 非務本者. 所以古人到老, 覺悟亦消, 先定脚跟, 然後循序漸進, 蓋爲是也. 諸君今已蹉過, 不及追悔, 只用旬月之功, 玩心其中. 固肥膚筋骸之束, 養良知良能之本, 以爲培根達支之具, 則補塡之功, 亦不恨其晩也. 諸君小日, 雖已讀過, 必未會用力之地, 及今更加理會, 稽古人立教之本, 而參諸近思錄, 以博其義理之趣, 則學之本末, 庶乎其兼擧矣. 且心經一部, 雖若散漫, 而附註先儒格言, 專以治心爲主, 主敬窮理之要, 殆無餘蘊. 而尤痛著於心術隱微之際, 所謂一病一藥者, 亦不可以不之講也. 於此三書, 兼做鑽硏之功, 然後會其極於四書, 不紊其先後之序, 則思辨之功, 逈異於記誦之時. 而表裏精粗, 全體大用, 可以粲然明白而一以貫之, 他日事業, 亦不過擧此而措之耳. 正如梓匠輪輿, 必以規矩, 雖巧拙有異, 而皆可爲適用之器, 豈可謂高遠而不可行哉."

을 제시한 수신지학의 필독서라면, 『심경』은 성학의 근본인 경에 대해 집중적인 언급이 실려 있는 책이다. 이 두 책은 서로 상호보완적인 관계이다. 왜냐하면 실천의 근거는 마음의 순선함에서 비롯될 때 비로소 명분을 얻을 수 있고, 마음의 순선함은 도덕적 실천으로 드러날 때 온전해질 수 있기 때문이다. 여기에 『근사록』을 연결고리로 삼은 것은 이러한 관계의 형이상학적 바탕을 간과하지 않도록 하려는 배려로 보인다. 말하자면 이 세 권의 필독서는 인간의 도덕적 본성과 실천의 문제를 탐구하는 데 필요한 것이며, 이 공부가 성숙될 때 비로소 사서의 진미를 느낄 수 있다고 보았던 듯하다.

이러한 교육의 목적과 과정 아래에 「백록동규」나 이황이 작성한 이산서원伊山書院의 학규를 바탕으로 기존 서원의 운영 방식을 그대로 채용했다. 훈도를 중심으로 박문강독博文講讀과 암송暗誦, 지강指講을 겸하되 매월 통강通講을 열어 그동안 학습한 내용을 평가하는 방식이었다.

여기에 참여한 인물로는 금계종가에서 소장하고 있던 『녹봉정사사적鹿峰精舍事蹟』에 근거하여 살펴보기로 하자.[51] 우선 〈강사록講舍錄〉에는 78명이 확인된다.[52] 즉 목사牧使 3명, 교수敎授 3명, 훈도訓導 1명, 정자正字 1명, 진사進士 5명, 생원生員 2명, 유학幼學 5명, 그 외에 선비 59명이 있다. 구체적인 명단은 아래와 같다.

목사牧使 : 황준량, 김취문金就文, 하진보河晋寶
교수敎授 : 오건, 황수량黃秀良, 곽응기郭應機
훈도訓導 : 이유李瑜
정자正字 : 이경명李景明

---

51) 『鹿齋講舍錄』에는 〈訪舍錄〉과 〈入舍錄〉으로 구분했고, 『鹿峰精舍事蹟』과 분류한 명단에 차이가 있는데, 이에 대해서는 구본욱, 2019, 8~10쪽 참조.

52) 『鹿峰精舍事跡』, 44~49쪽.

진사進士 : 이인박李仁博, 전경창全慶昌, 김진양金震, 박한기朴閑驥),
채응룡蔡應龍

생원生員 : 김담수金聃壽, 주신언朱愼言

유학幼學 : 서흡徐洽, 김진장金震章, 김종무金宗武, 이함李涵, 이천석李天錫

선비士 : 김징金澄, 이홍량李弘量, 이침李忱, 배운裵澐, 한세련韓世璉, 김재金載, 장곤張崑, 이윤李潤, 이순李淳, 송기宋麒, 김강金疆, 이민덕李民德, 여침呂沈, 박잠朴潛, 박렴朴濂, 이응춘李應春, 이달생李達生, 박경연朴慶延, 이태춘李泰), 정흔鄭忻, 이충준李忠俊, 장율張律, 김대유金大遊, 이덕혼李德混, 서흘徐屹, 김수성金遂性, 김존성金尊性, 이응기李應箕 등

그리고 〈입사록入舍錄〉에는 86명이 확인된다.[53] 모두 유학幼學이며 성주 56명, 대구 14명, 인동 8명, 개녕 3명, 상주 2명, 거창, 청도, 미상이 각 1명이다. 등재된 유생 중 대표적인 인물로는 이원경李遠慶, 정구鄭逑, 이등림李鄧林, 이천배李天培, 이천봉李天封, 정사철鄭師哲, 정광천鄭光天, 류요신柳堯臣, 서사원徐思遠, 이응조李應祖, 손처눌孫處訥, 이봉경李逢慶, 장용한張龍翰 등이 보인다.

이 중 특히 정구, 이천배와 이천봉, 정사철, 서사원 등은 주목할 필요가 있다. 녹봉정사에 수학할 당시 이들의 나이가 20세 전후인 것을 고려하면 자신의 학문 형성에 이때가 중요한 시기였음을 알 수 있다. 이후 이들은 성주, 대구를 중심으로 퇴계학과 남명학을 회통하여 낙동강 중류지역의 유학을 이끄는 데 주도적인 인물로 성장한다. 알다시피 정구는 이황의 직전 제자로, 성주에 이어 대구를 중심으로 그 세를 확장함으로써 영남의 종장으로 거듭나게 된다. 여기에 이천배, 이천봉 형제는 성주를 중심으로 노곡정사 화재 때 소실된 스승의 저작 복원과 간행, 회연서원과 신도비 건립 등 정구의 현양

53) 『鹿峰精舍事跡』, 49~52쪽.

사업을 통해 정구와 한강학의 존재를 강화하는 데 기여했다.[54] 또한 정사철과 서사원은 퇴계학을 계승하면서 성주에 이어 대구가 한강학의 확산에 중요한 거점이 되는 데에 많은 공헌을 하게 된다.[55] 이러한 점에서 이곳이 당시 교육기관으로서 어떤 위치에 있었는지를 짐작해 한다.

이상의 내용을 보면, 황준량과 오건의 학문적 특성이 녹봉정사의 강학에 짙게 드리워져 있음을 알 수 있었다. 과거지학이 아닌 성인지학을 목표로 하되 거경궁리과 자득지학을 중요한 학문적 방법으로 언급하고 있다는 점에서 그러하다. 이는 곧 이황과 조식의 학문적 계승에 근원하고 있음은 물론이며, 정구와 서사원 등의 후예들을 통해 낙중학, 또는 퇴남학의 전통으로 고스란히 전승 및 확산되고 있음을 알 수 있다.

5. 맺음말

녹봉정사는 성주 팔거현, 즉 경북 칠곡군 지천면 창평리에 위치한 교육기관이다. 이 정사는 1561년 당시 성주목사였던 황준량과 향교 교관인 오건이 주도하여 세운 것으로, 현재는 그 터만 덩그러니 남아 그날의 규모를 짐작해 한다. 그럼에도 이 정사는 이황의 서원설립운동과 관련하여 퇴계학의 남전南傳과 무관하지 않고, 여기에 남명학과의 회통이란 특징을 함께 드러내고 있다는 점에서 매우 중요한 의미를 갖는다.

그런 점에서 이 글은 녹봉정사의 가치를 황준량과 오건이란 인물에 주

54) 김학수, 「이천배·천봉의 한강학 계승과 한강학파에서의 역할과 위상」, 『영남학』 28, 경북대 영남문화연구원, 2015, 79~84쪽.

55) 추제협, 「조선중기 한강학파의 전개에서 본 대구지역 성리학의 특징 -곽재겸, 서사원, 손처눌을 중심으로」, 『국학연구』 36, 한국국학진흥원, 2018, 237~245쪽.

목하여 밝히고자 했다. 이들이 이황과 조식의 문하에 그 사상적 영향을 받아 자신의 사상을 이룬 만큼 녹봉정사의 강학활동에도 이러한 사상적 흐름이 분명 존재하리란 생각에서이다.

황준량의 사상적 특징은 '주정지경主靜持敬'으로 요약된다. 그는 이황과 친밀한 관계를 유지하면서 서원설립운동과 『주자서』 출간에 주도적인 역할을 담당했을 뿐만 아니라 이황의 심학적 특징을 착실히 계승하는 가운데 미발시의 주정을 통한 경공부를 핵심으로 하는 자신의 사상을 열어갔다.

한편 오건의 사상적 특징은 '경의협지敬義夾持'로 요약된다. 그는 조식과 이황의 문하에 차례로 나아가 배움을 청했다. 이러한 인연으로 인해 그는 '정일집중精一執中'과 '의단義斷'을 통해 수기와 치인을 조율하고 있다. 즉 이황의 심학적 특징인 거경에 궁리를 더한 정일집중공부가 강하게 느껴지면서도 조식의 경의정신을 바탕으로 한 현실에 대한 강한 비판적 태도를 견지하고 있는 것이다.

이러한 학문적 특징은 녹봉정사의 강학에도 중요하게 작용하고 있다고 판단된다. 과거지학이 아닌 성인지학을 목표로 하되 거경궁리와 자득지학을 중요한 학문적 방법으로 언급하고 있다는 사실이 그러하다. 이는 곧 이황과 조식의 학문적 계승에 근원하고 있을 뿐만 아니라 정구와 서사원 등의 후예들을 통해 낙중학, 또는 퇴남학의 전통으로 전승 및 확산되고 있음을 알 수 있다.

이상의 내용을 종합해 볼 때, 녹봉정사의 공간적 의미에 대해 속단하기는 아직 이르다 하더라도 다음과 같은 평가는 할 수 있을 듯하다. 즉 녹봉정사는 당대의 퇴계학이 남쪽으로 전파됨은 물론 남명학과 회통하는 지점에 위치한다. 이는 낙상, 낙하와 분별된 낙중학만의 통합적 학문 경향을 형성 및 성숙시키는 데에 일익을 담당하는 계기로 작용했다. 더불어 다양한 인물들의 학문적 교유의 장이 되었으며, 이후 이 지역의 유학을 이끌어 갈 많은 학자들을 배출하는 데에도 일익을 담당했다. 이러한 점은 녹봉정사가 낙중지역 퇴남학의 전승 공간으로서 매우 중요한 의미를 갖는다는 사실을 말해준다.

참고문헌 reference

『鹿峰精舍事跡』.

李滉, 『退溪先生文集』.

黃俊良, 『錦溪先生文集』.

吳健, 『德溪先生文集』.

曺植, 『南冥先生文集』.

李珥, 『栗谷先生全書』.

구본욱, 「녹봉정사의 설립과 경영 및 강학」, 『녹봉정사와 낙중학의 전개 발표자료집』, 계명대 한국학연구원, 2019.

구완회, 「금계 황준량의 관력과 목민 활동」, 『영남학』 63, 경북대 영남문화연구원, 2017.

김강식, 「덕계 오건의 학문 경향과 현실개혁방안」, 『조선시대사학보』 20, 조선시대사학회, 2002.

김시황, 「금계 황준량 선생과 풍기지역 퇴계학맥」, 『퇴계학과 유교문화』 30, 경북대 퇴계연구소, 2001.

김종석, 「금계 황준량의 사상과 퇴계학 계승 양상」, 『퇴계학보』 136, 퇴계학연구원,

2014.
김학수, 「이천배·천봉의 한강학 계승과 한강학파에서의 역할과 위상」, 『영남학』 28, 경북대 영남문화연구원, 2015.
이수환, 「금계 황준량의 서원활동과 교육론」, 『영남학』 66, 경북대 영남문화연구원, 2018.
이희평, 「덕계 오건의 철학사상 고찰」, 『덕계 오건과 수우당 최영경』, 서울: 예문서원, 2009.
정석태, 『소백산이 품어 안은, 영주 금계 황준량 종가』, 대구: 경북대 출판부, 2018.
정우락, 「오건의 문학사상과 그 형상 원리」, 『남명학파의 문학적 상상력』, 서울: 역락, 2009.
추제협, 「『심경발휘』와 정구의 심학」, 『한국학논집』 51, 계명대 한국학연구원, 2013.
______, 「이황의 사단칠정론과 마음공부」, 『안동학』 13, 한국국학진흥원, 2014.
______, 「조선중기 한강학파의 전개에서 본 대구지역 성리학의 특징 -곽재겸, 서사원, 손처눌을 중심으로」, 『국학연구』 36, 한국국학진흥원, 2018.

【 저자 소개 】

홍원식 E-mail: wsh683@kmu.ac.kr

고려대학교 철학과를 졸업하고 같은 대학에서 「주자학의 거경궁리설 연구」로 철학박사 학위를 받았으며, 현재 계명대학교 철학윤리학과 교수로 재직하고 있다. 동양철학 전반에 걸쳐 관심을 가지고 있으며, 『한주 이진상의 생애와 사상』, 『동도관의 변화로 본 한국 근대철학』, 『조선시대 가문의 탄생』등 30여 권의 저 · 역서(공저 포함)와 80여 편의 논문을 발표하였다.

구본욱 E-mail: bonwkoo@hanmail.net

계명대학교 철학과와 영남대학교 대학원을 졸업하였다. 철학박사. 대구가톨릭대 산학협력 교수로 있다. 10여 년간 四書와 三經 등 한학을 공부하였다. 연경서원 등 대구지역의 유학을 중심으로 퇴계학을 연구하였다. 〈대구지역의 성리학을 연 溪東 全慶昌〉, 〈연경서원의 경영과 조선 중기 대구지역의 유학〉 등 30여 편의 논문과 『임하 정사철과 낙애 정광천 선생』 등 20여권의 저서와 번역서가 있다.

정석태 E-mail: suktae22@hanmail.net

고려대학교 국어국문학과를 졸업하고 같은 학교 대학원에서 석사(1988), 박사(2000) 학위를 받았다. 현재 부산대학교 점필재연구소 연구교수로 재직하고 있다. 대학원에 진학한 이후 줄곧 퇴계학을 공부하다가, 현재는 경상도 지역의 유현과 유교문화에 관심을 가지고 공부하고 있다. 저서로는 『퇴계선생연표월일조록』(1-4), 『소백산이 품어 안은, 영주 금계 황준량 종가』, 『도산서원을 통해 본 조선후기 사회사』(공저) 등이 있고, 논문으로는 「서간 중심의 문집 출현과 퇴계집」, 「퇴계 이황의 한시작품 개고와 그 의미」, 「퇴계 이황의 주역 공부」, 「소눌연보와 소눌 문인록」, 「신산서원 관련자료」, 「영남루문단의 형성과 전개양상」 등이 있다.

추제협 E-mail: jhchoo@kmu.ac.kr

계명대 국어국문학과를 졸업하고 같은 대학원 철학과에서 철학박사학위를 받았다. 경북대 대학원 국어국문학과에서 석사과정을 수료했다. 현재 계명대 철학윤리학과 조교수로 재직하고 있다. 저서로는 『남명학과 현대사회』(공저), 『약포 정탁』(공저), 『한국철학을 다시 만나다』(공저), 『한강 정구의 삶과 사상』(공저),『서유자를 흠모하며 거경궁리의 학문을 이루다, 의성 천사 김종덕 종가』 등이 있고, 논문으로는 「이익의 사단칠정설과 성호학파의 사상적 분기」, 「이익의 격물설에 나타난 윤휴와 이만부의 사상적 영향」, 「조선중기 한강학파의 전개에서 본 대구지역 성리학의 특징 - 곽재겸, 서사원, 손처눌을 중심으로」 등이 있다.

『녹봉정사사적鹿峰精舍事蹟』(금계종가 소장본)

『녹봉정사사적』은 황준량의 유일한 수택본으로 필사본 1책이다. 이 책은 황준량이 성주목사로 재직하던 1561년에 녹봉정사를 창건하고 이와 관련된 자료를 모아놓은 것이다. 여기에는 녹봉정사를 방문한 이를 기록한 「방사록訪舍錄」과 이곳에 기거하며 강학과 통강을 한 이를 기록한 「입사록入舍錄」을 비롯해 정사의 운영 규정, 보관 서적, 생활 도구와 물품 등 살림살이, 관련 통문 등이 담겨 있다. 전체적인 필적으로 보아 기록한 이는 따로 있는 듯하며 표지 이면에 기록된 시 한 수는 황준량이 직접 쓴 것으로 추정된다. 이 시는 『금계선생문집』에도 수록되지 않는 것으로 귀중한 자료이다.

鹿峯精舍新成與吳教官子強謹構其中書
示學徒

千年白鹿愛佳名精舍如今喜易成廢刹
幻開興學地明窓好聽讀書聲先風懷存
傳遺趣淸水高山遠世情珍重此間眞樂在
莫將切利累虛靈

上退溪先生書
在錦溪先生集中

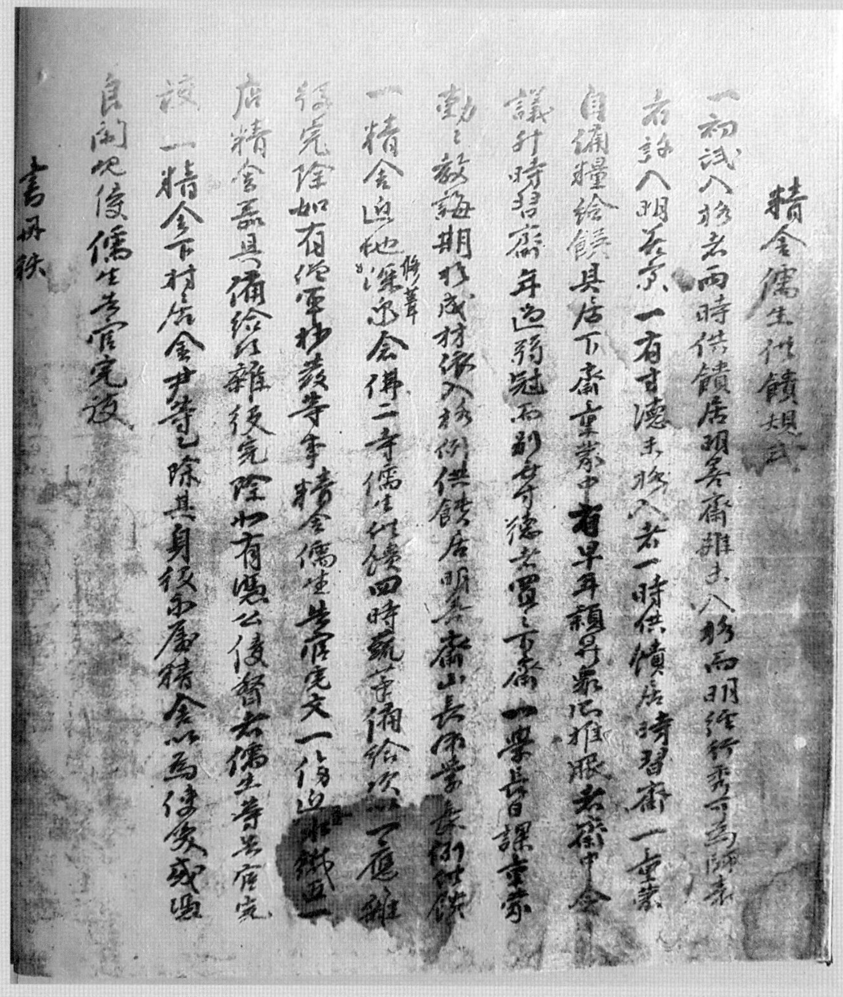

精舍儒生供饋規式

一初試入格者兩時供饋居明善齋雖未入格而明經行義可爲師表者許入明善齋 一有才德未入格者一時供饋居時習齋 一童蒙自備糧給饌具居下齋 童蒙中有早年穎悟[illegible]雅服者齋中令議升時習齋 年過弱冠而别無才德者置之下齋 一學長[illegible]日課童蒙勤勤教誨期於成材從入格例供饋居明善齋 山長師長[illegible]例供饋

一精舍與他[illegible]寺[illegible]合[illegible]二寺儒生供饋四時祭享補給次一應雜役完除如有役軍抄發等事 精舍儒生[illegible]文一依[illegible]鐵[illegible]一依精舍器具補給雜役完除如有憑公侵督者儒生等告官完役 一精舍下村居人尹等[illegible]除其身役而屬精舍以爲使令或[illegible]官[illegible]侵儒生告官完役

書[illegible]帙

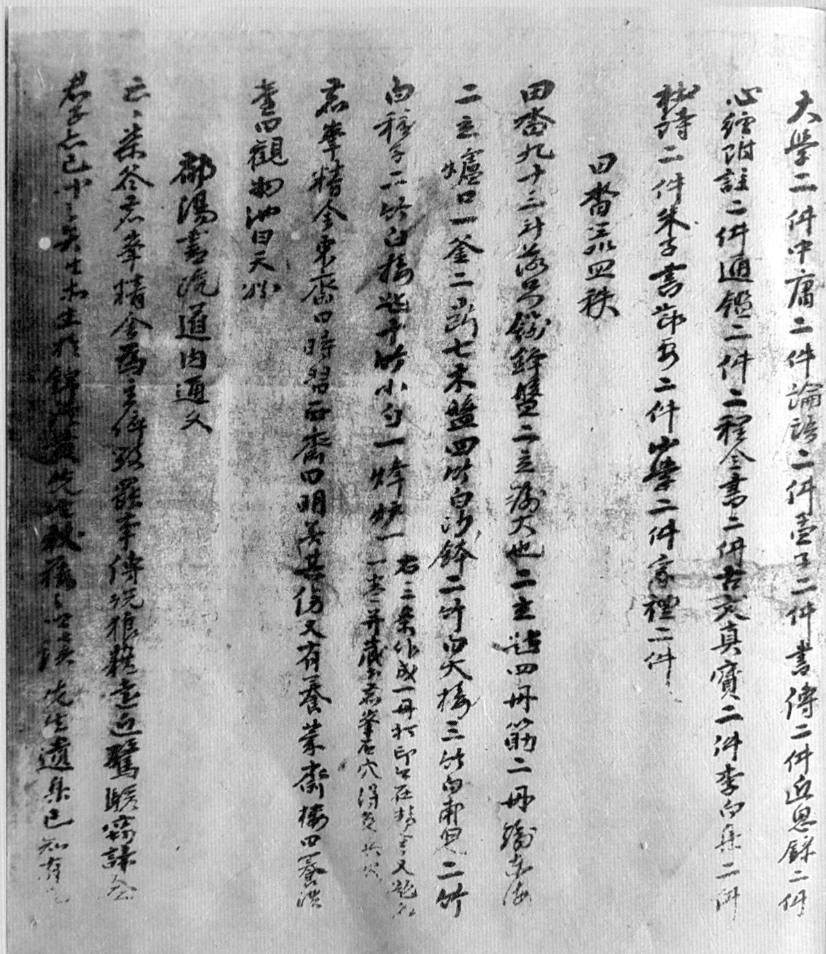
大學二件中庸二件論語二件孟子二件書傳二件近思錄二件
心經附註二件通鑑二件二程全書二件古文真寶二件李白集二冊
杜詩二件朱子書節要二件小學二件家禮二件
嘉峯精舍東齋曰時習西齋曰明善
臺曰觀物池曰天淵

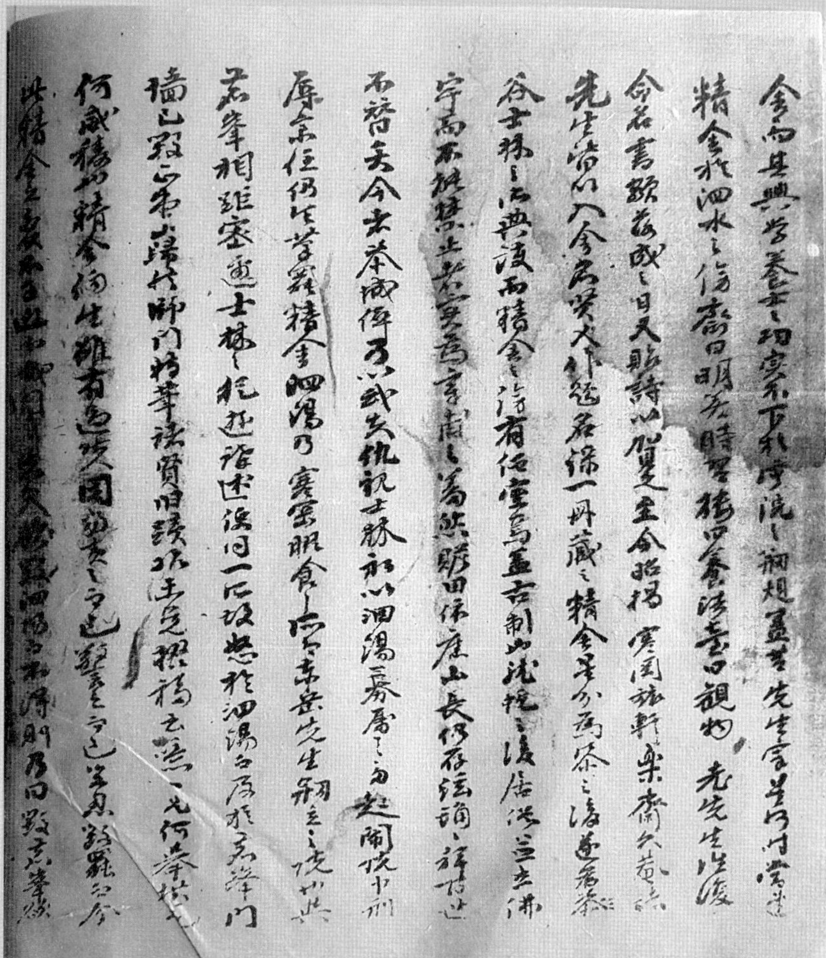

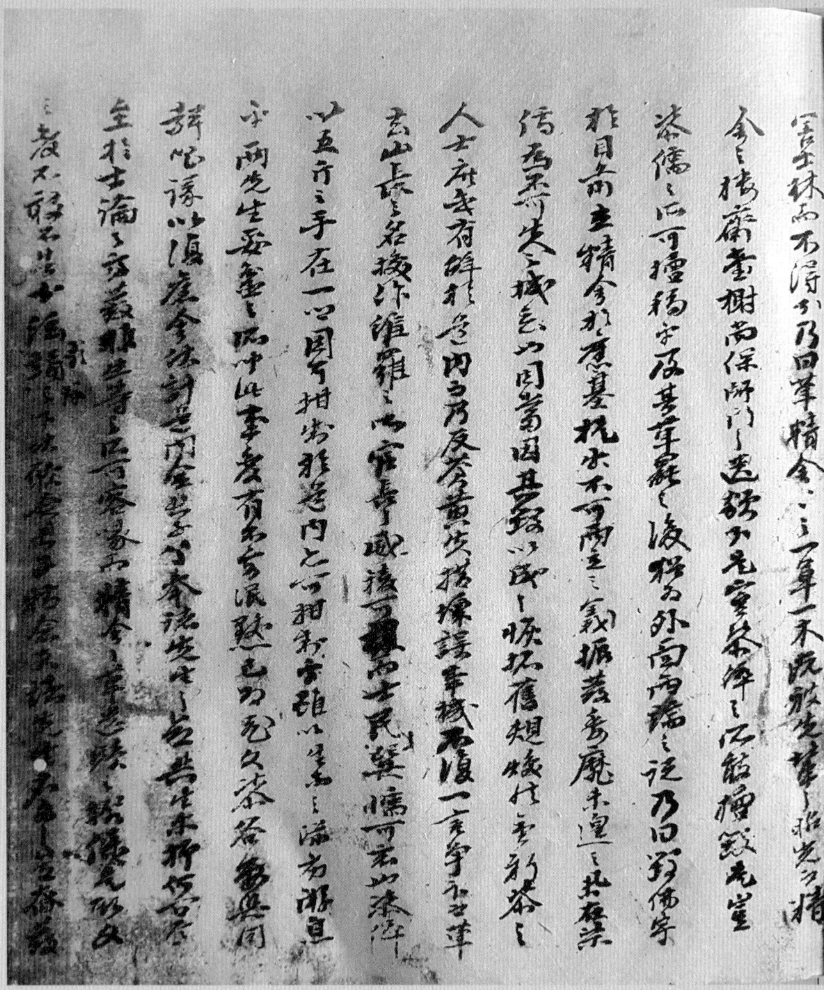

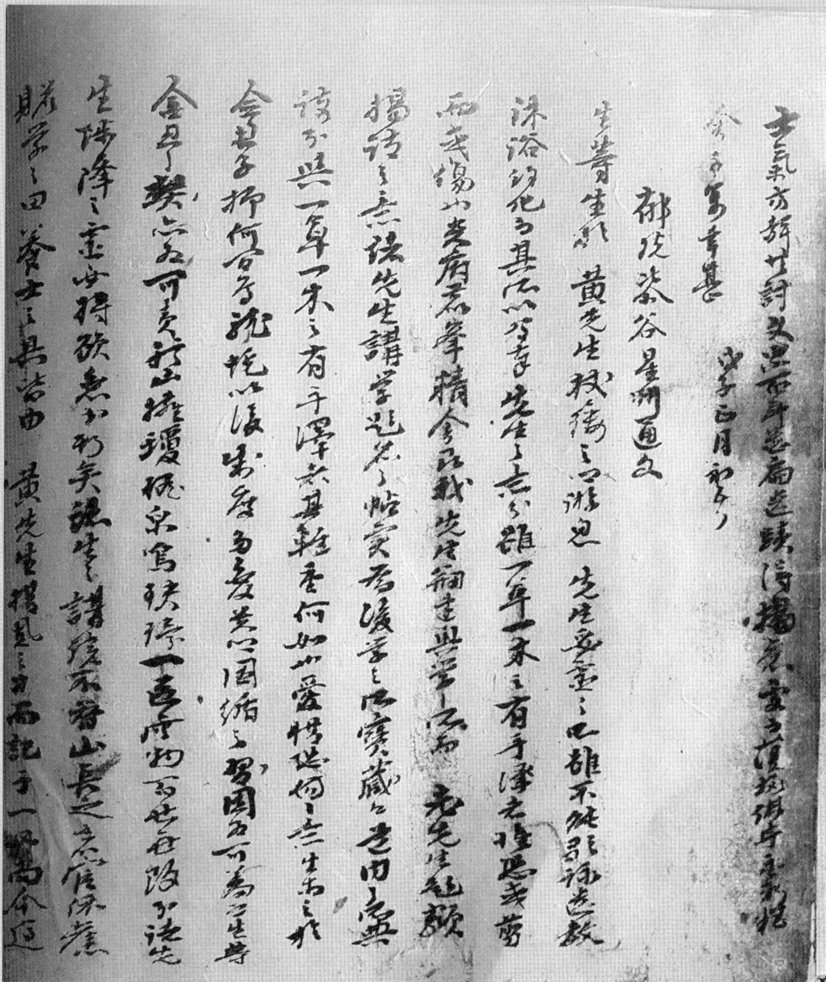

泰則累百年絃誦之地鄒魯[illegible]羅[illegible]如一天[illegible][illegible]侍[illegible]泗陽講[illegible]

及於精舍擬稱然後及速始於泗陽[illegible]先行奉安[illegible]所或稱於

泗陽既是 寒岡鄭先生肥遯之所而東岳李先生創立之後[illegible]

守之重地而豈可以今屬人亦李刑房[illegible]且[illegible][illegible]亦更使[illegible]守[illegible]

吾人隨從而以其他而所存之餘已極之心至於精舍遊在上

林園講之地豈不[illegible]而[illegible]之事而恐其稱已費[illegible]致羅泗陽

之宗經山有之[illegible]士[illegible]親[illegible]者[illegible][illegible]系[illegible]主倚以[illegible]擬可擬京[illegible]

日[illegible]奉教主倚回[illegible][illegible]可稱京[illegible]口識如教其所以[illegible][illegible]刑[illegible]識

而諸行無在所書先輩之[illegible]何如也合于以謂[illegible][illegible]之聽[illegible]

於吾門[illegible]之將泯然[illegible]生[illegible]之[illegible]何[illegible]詩[illegible]亦[illegible]

更而國不可隱者而外而內諸之說[illegible]錄自擇[illegible]容

有問[illegible]之後重而更立精舍擬[illegible]之論[illegible]也不可再[illegible]

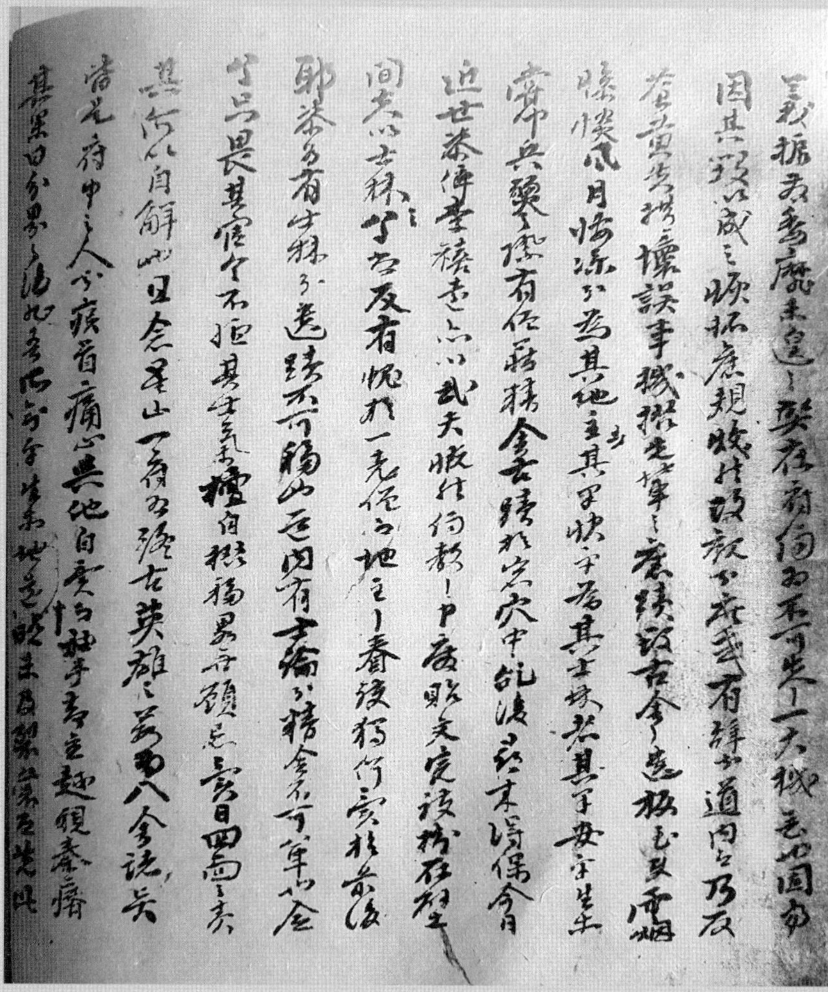

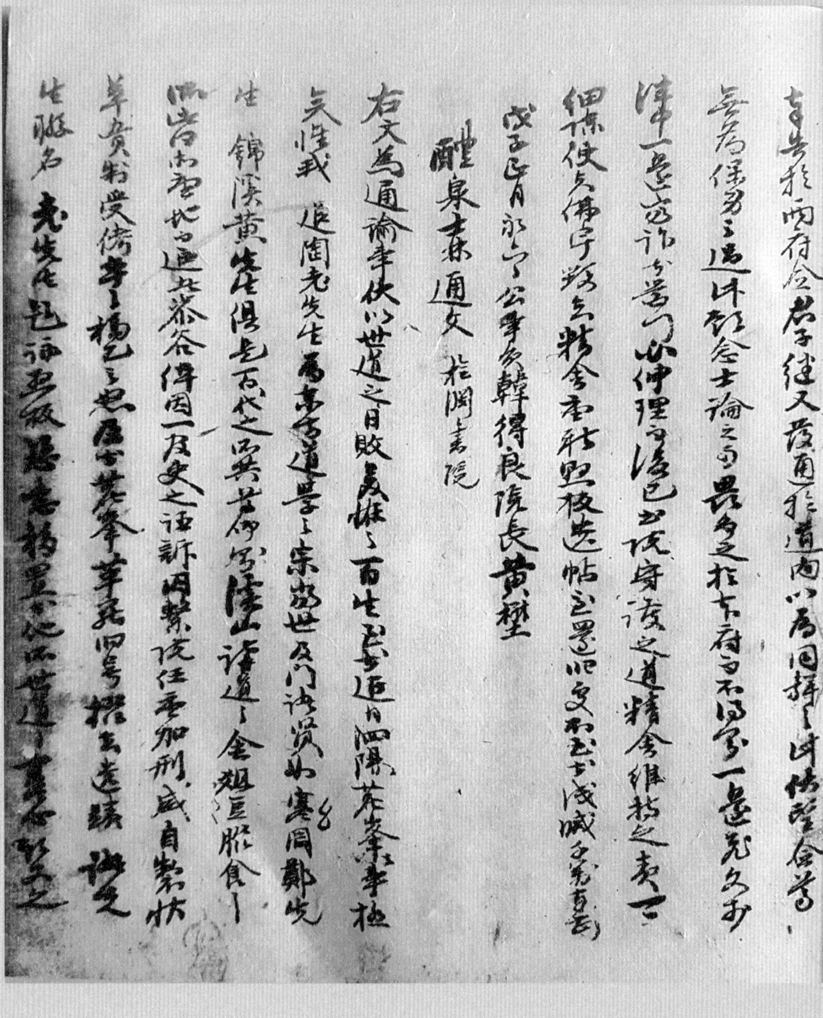

[illegible]於兩府僉 君子 [illegible]又發通於道內以為[illegible]
[illegible]為保[illegible]之[illegible]此[illegible]僉士論之[illegible]
[illegible]一邑[illegible] 必伸理而後已[illegible]道精舍維持之[illegible]
[illegible]使[illegible]精舍[illegible]帖[illegible]
戊子正月[illegible]公事[illegible]韓得良院長 黃[illegible]
醴泉[illegible]通文 花開書院
右文為通諭事 伏以世道之日敗[illegible]而生[illegible]道[illegible]四隅[illegible]
矣惟我 退陶老先生 為東方道學之宗[illegible]世[illegible]門[illegible]
生 錦溪黃 先生[illegible]百代之[illegible]
而[illegible]道[illegible]一[illegible]之[illegible]加刑[illegible]自[illegible]
華[illegible]
生[illegible]名 先生[illegible]世道[illegible]

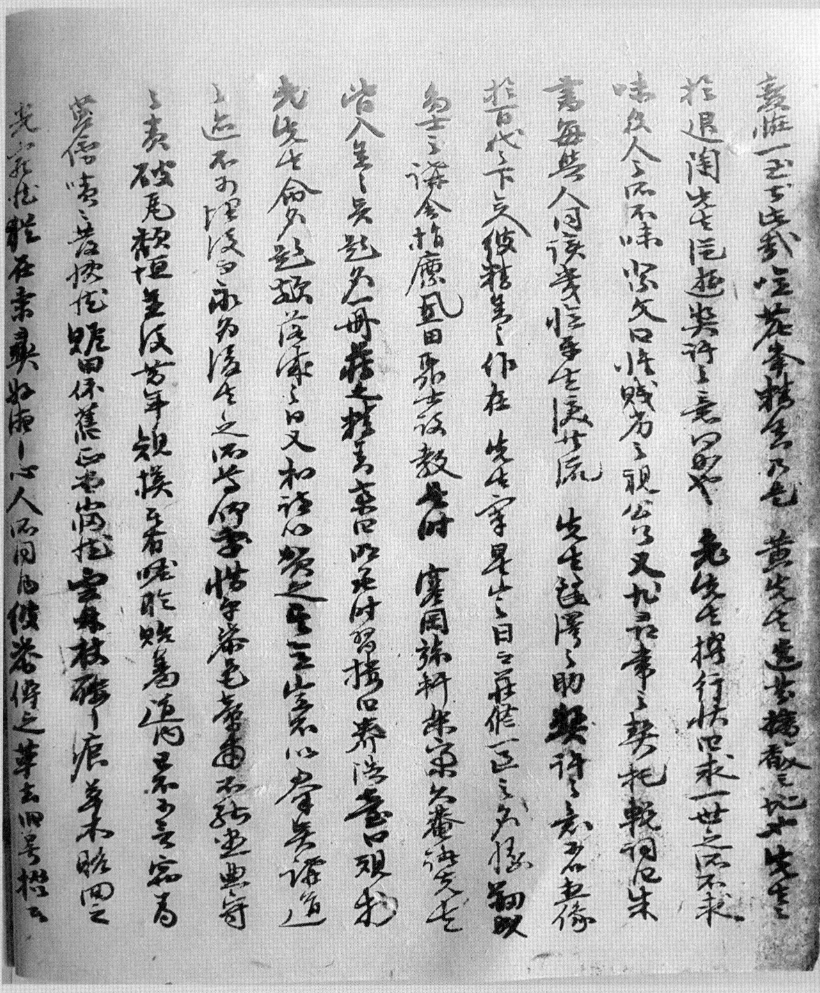

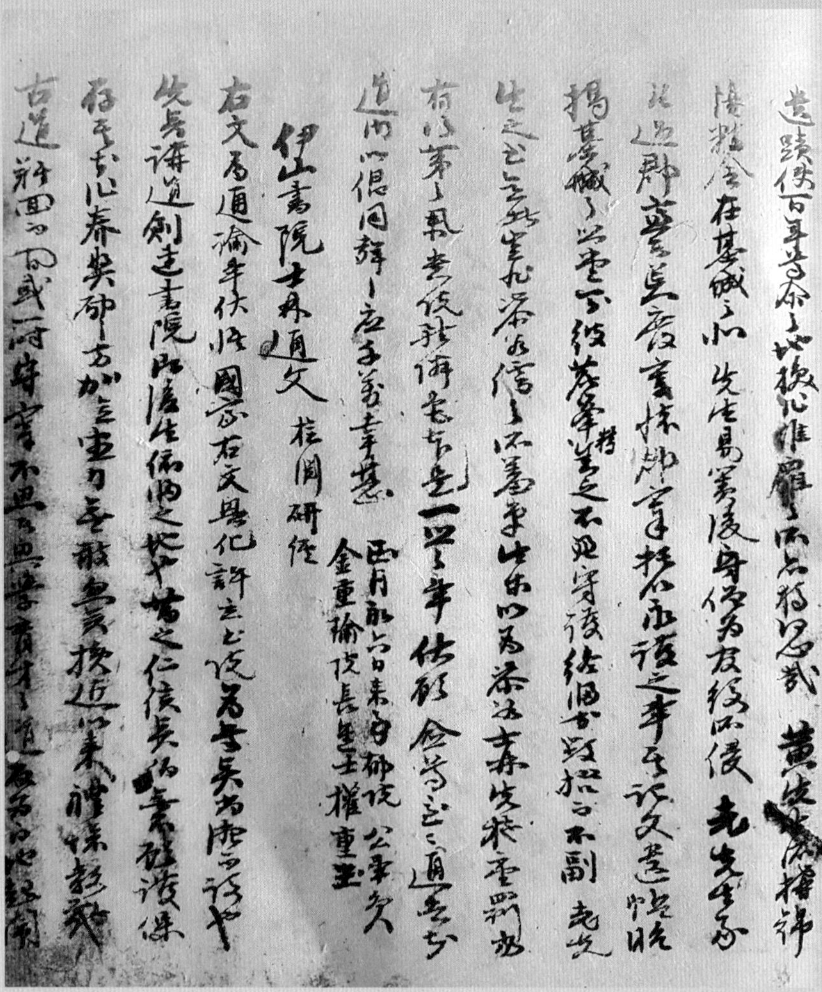

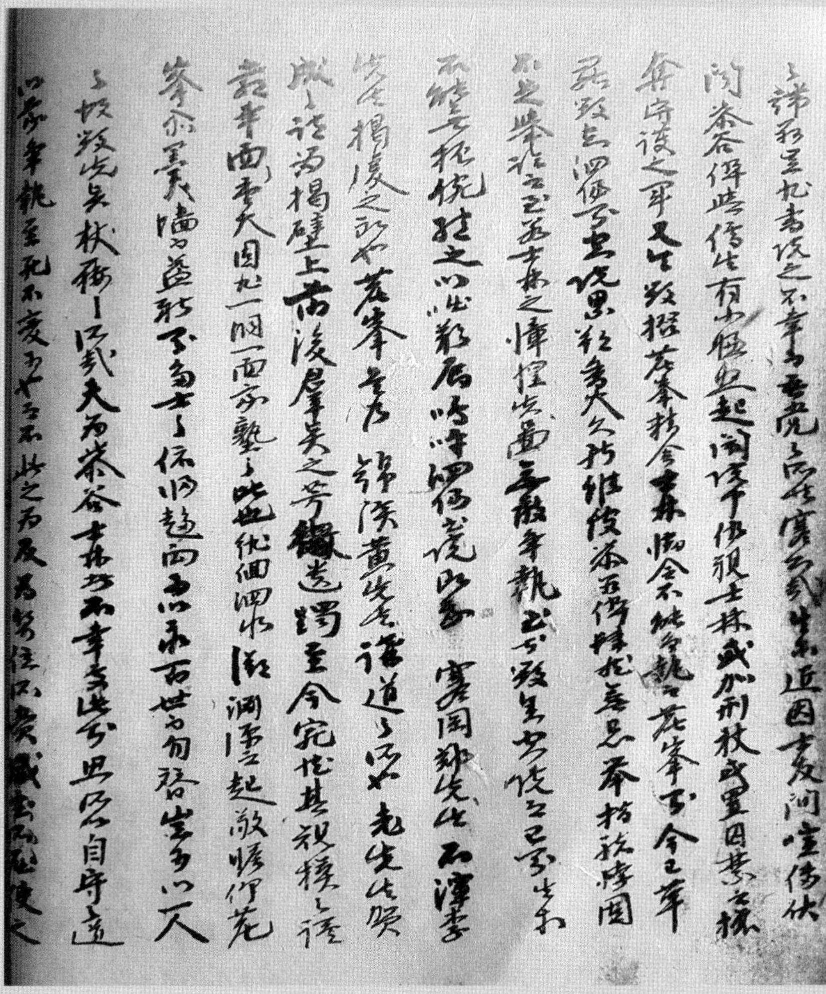

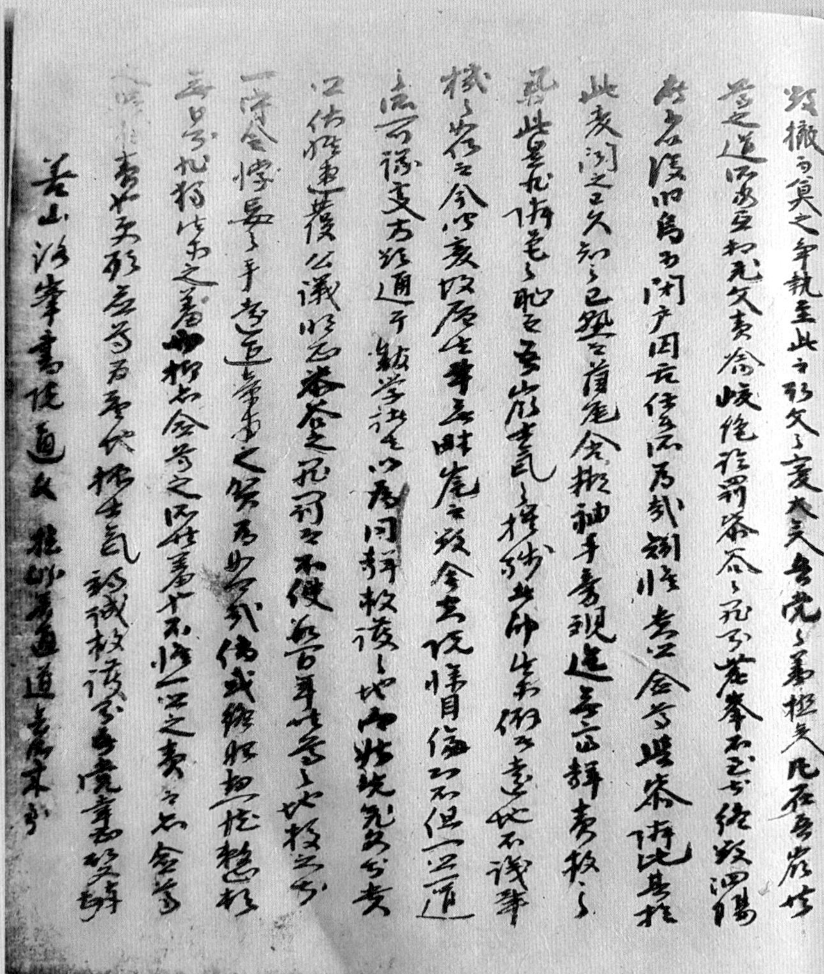

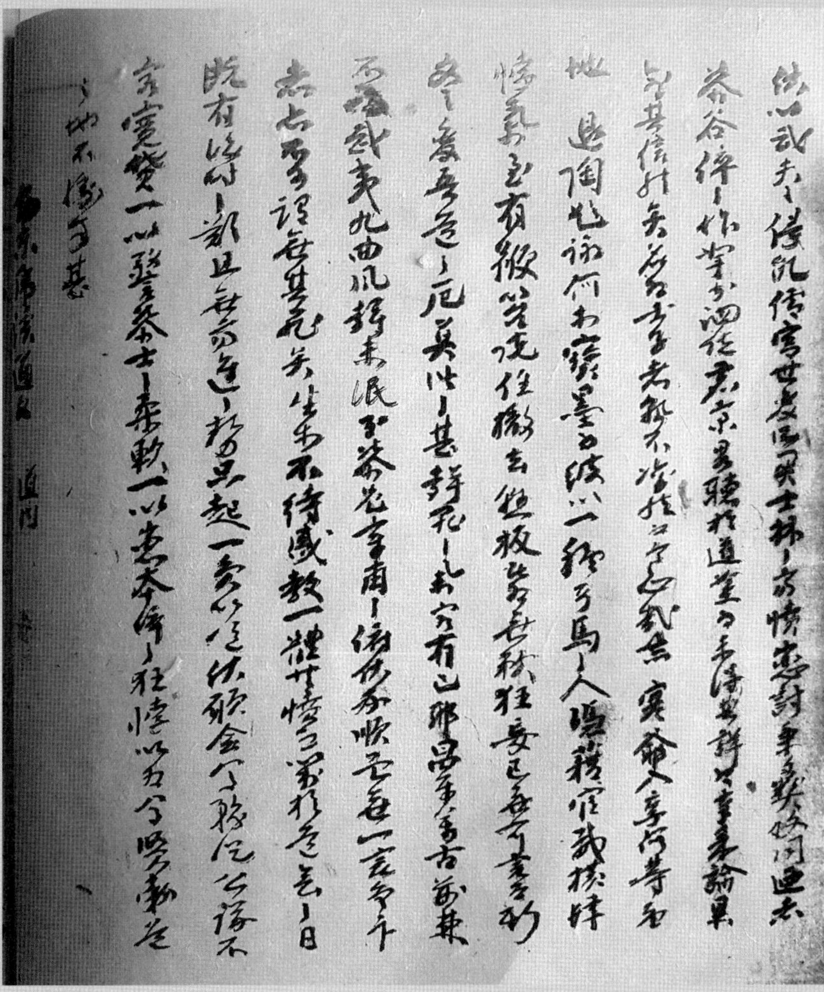

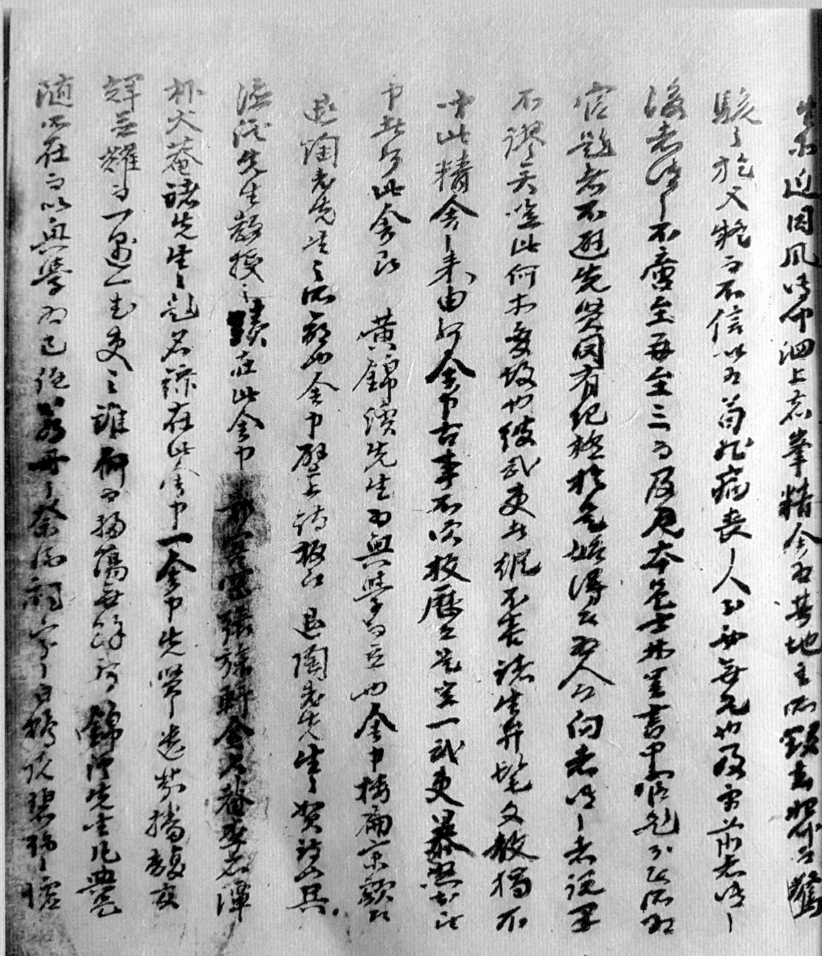

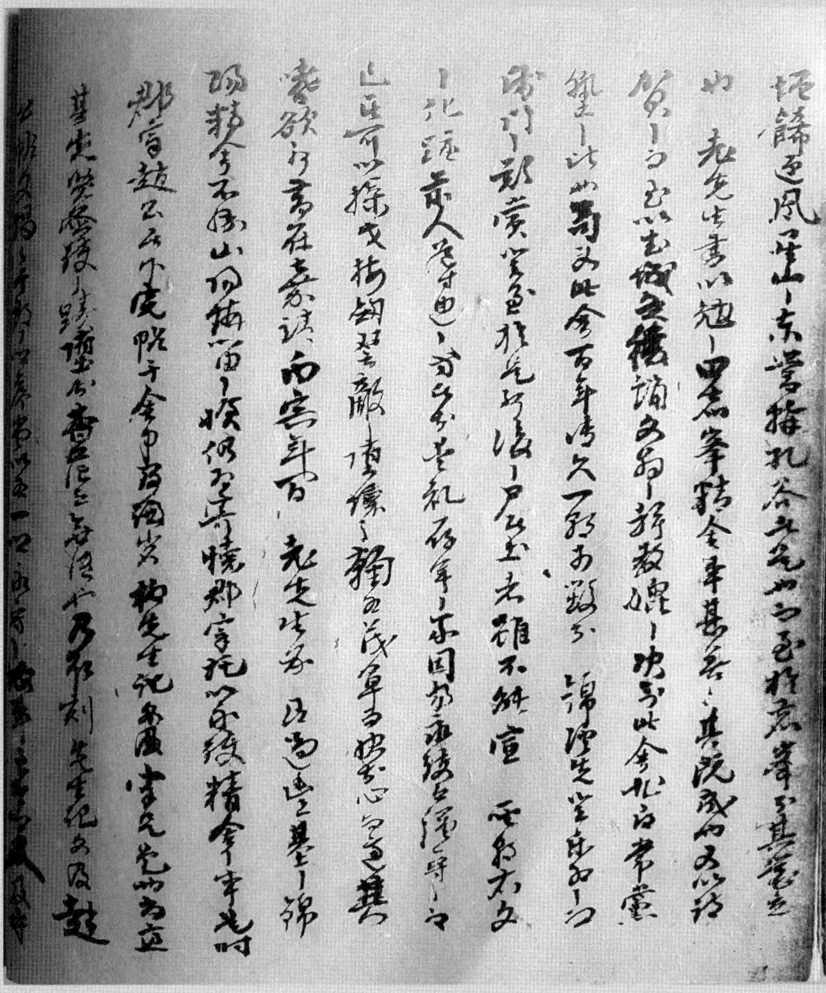

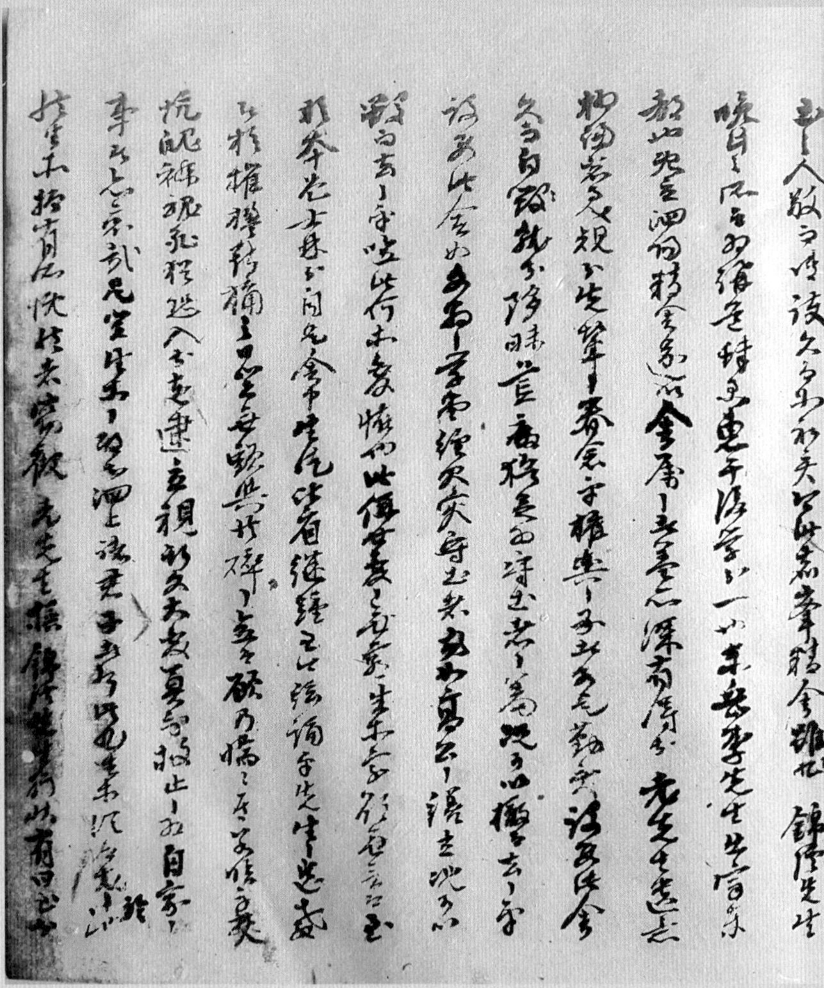

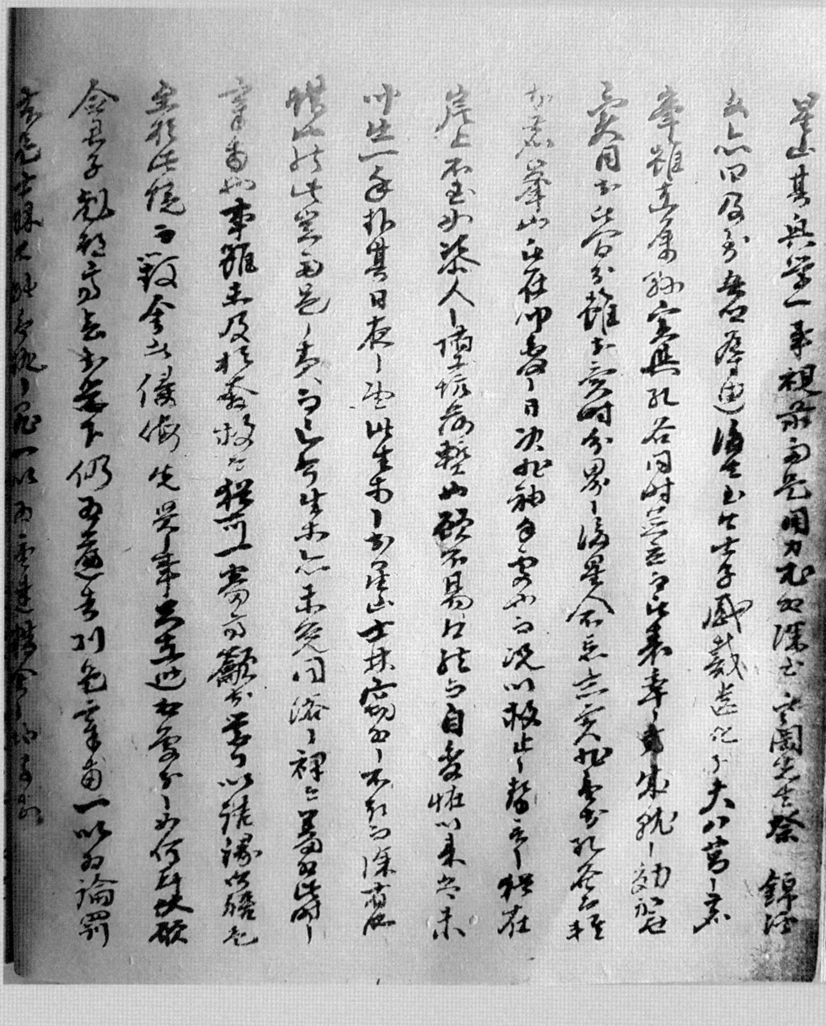

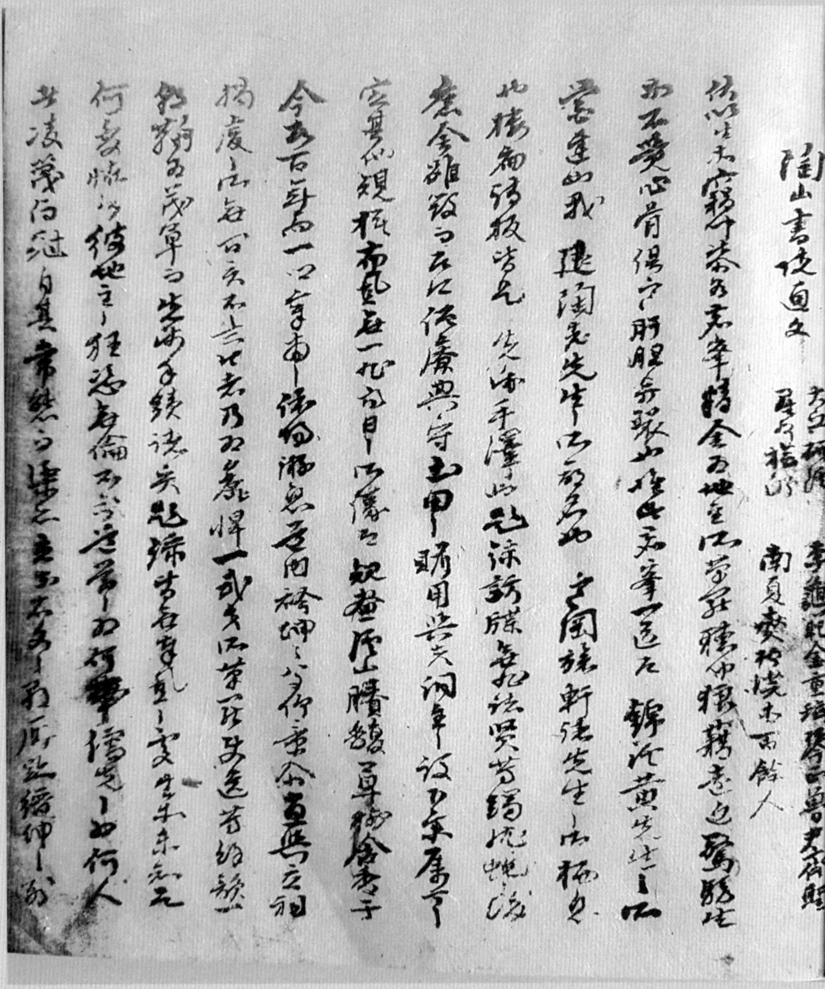

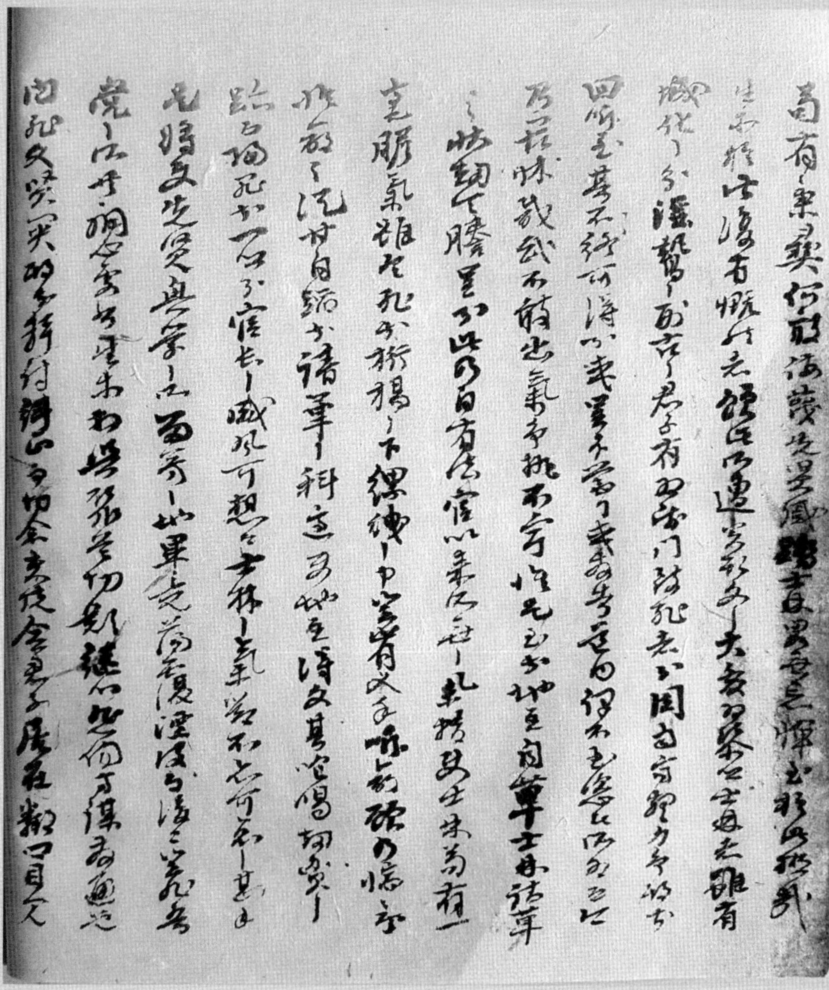

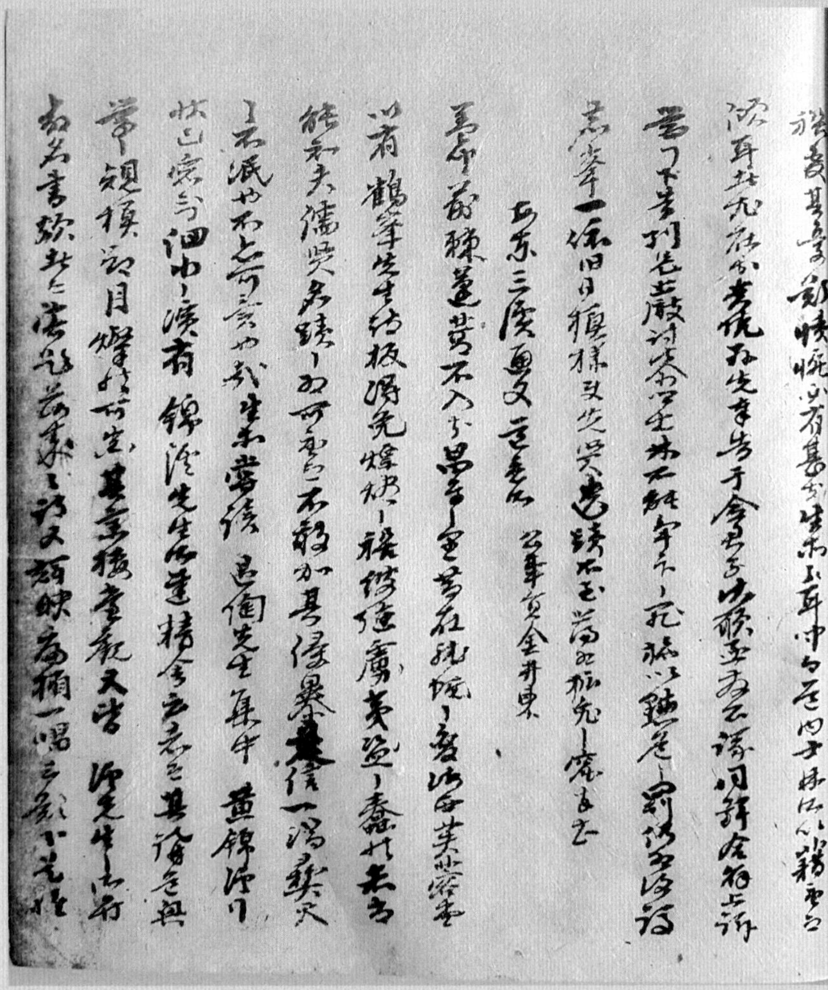

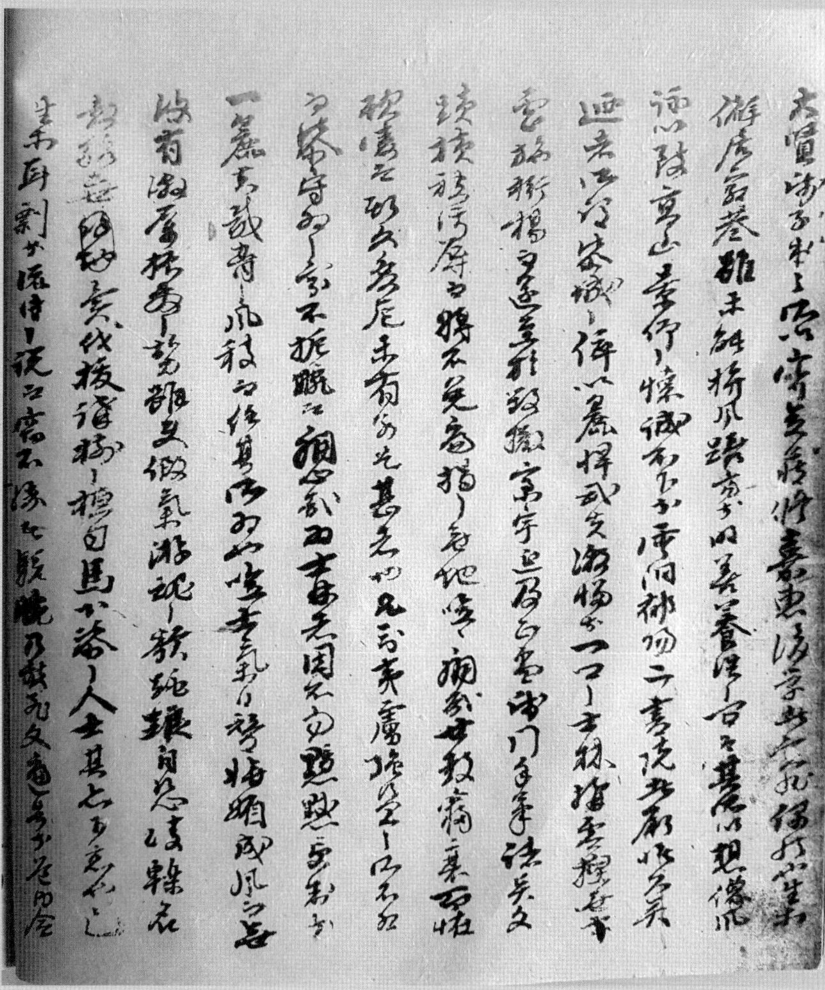

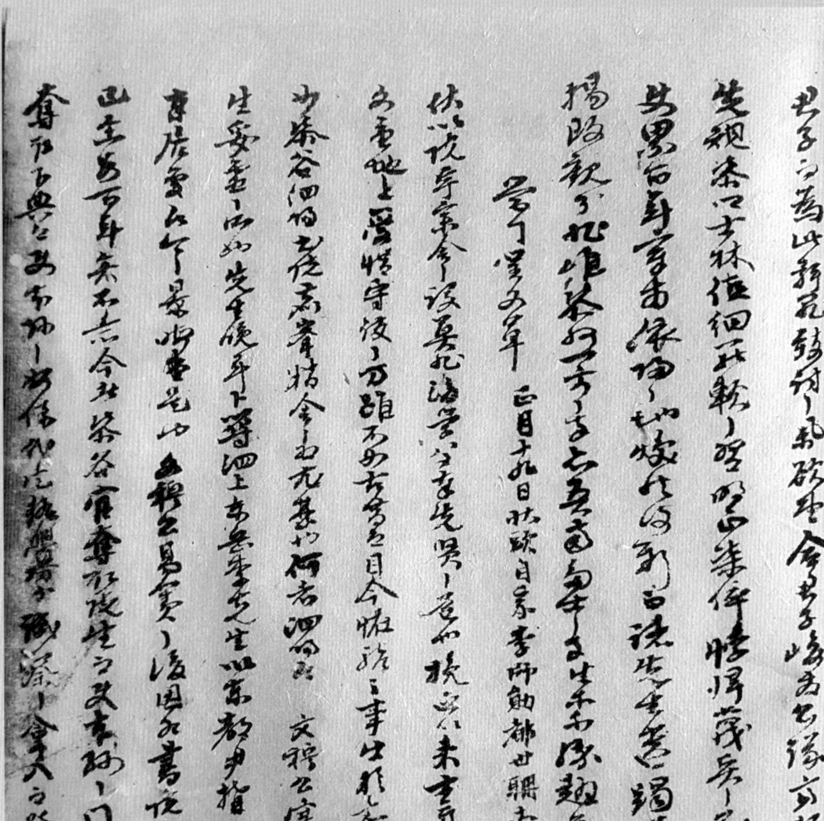

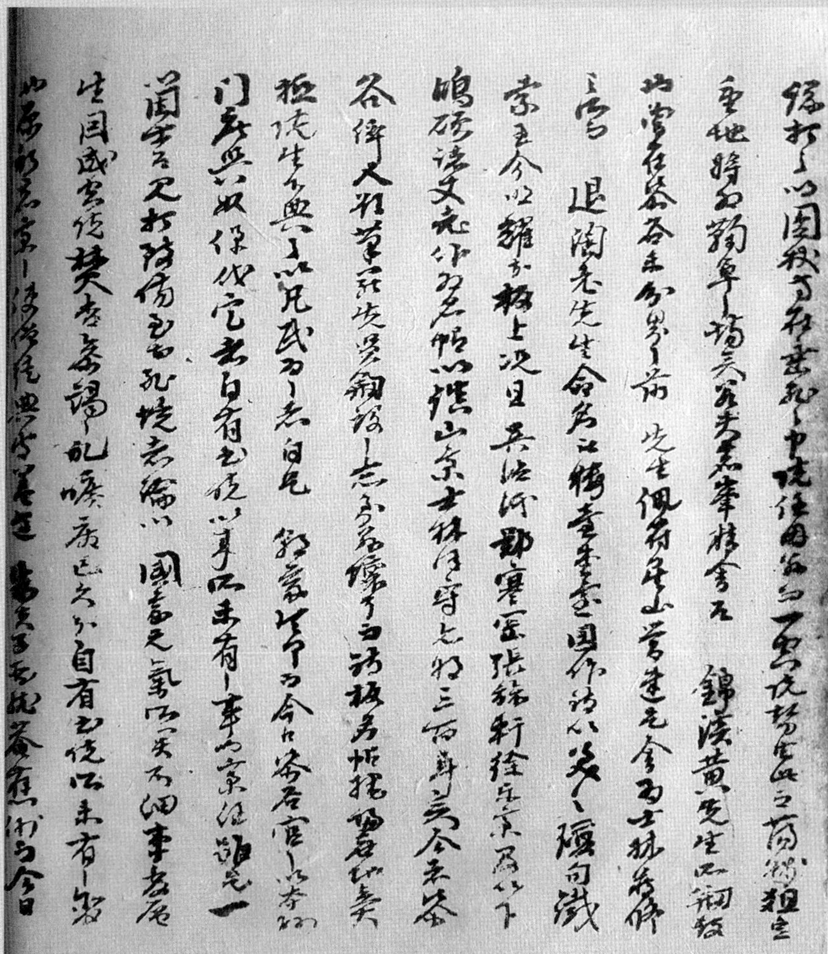

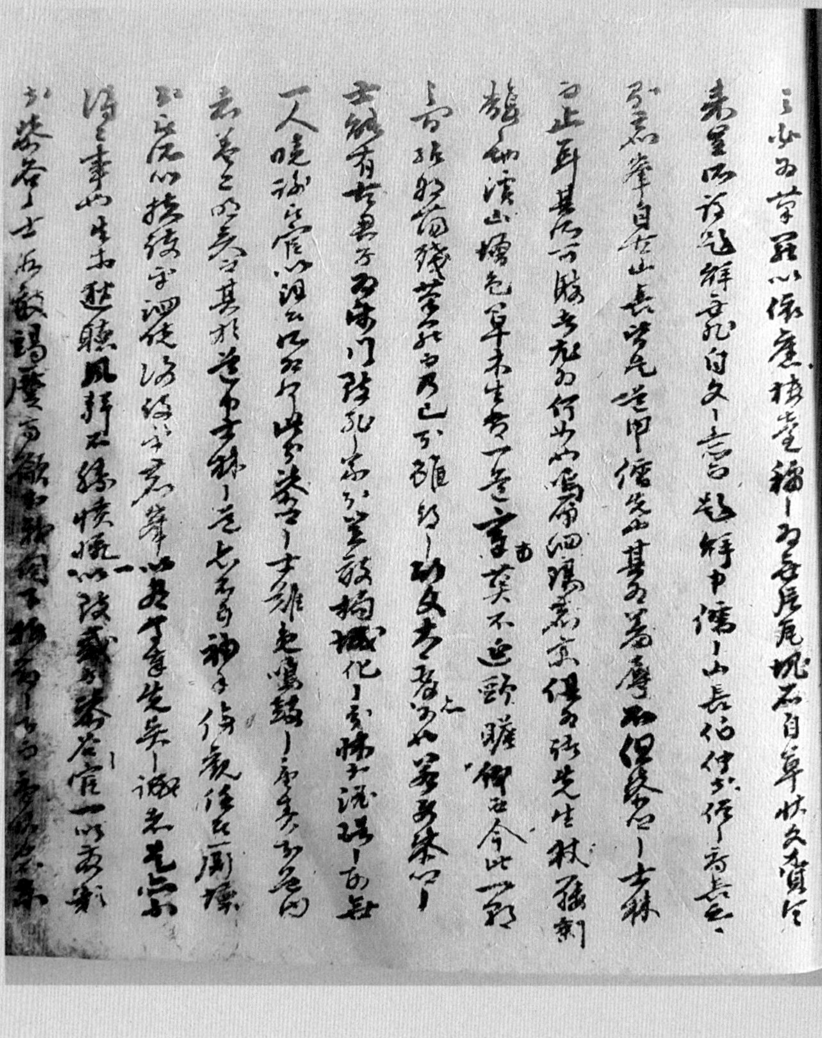

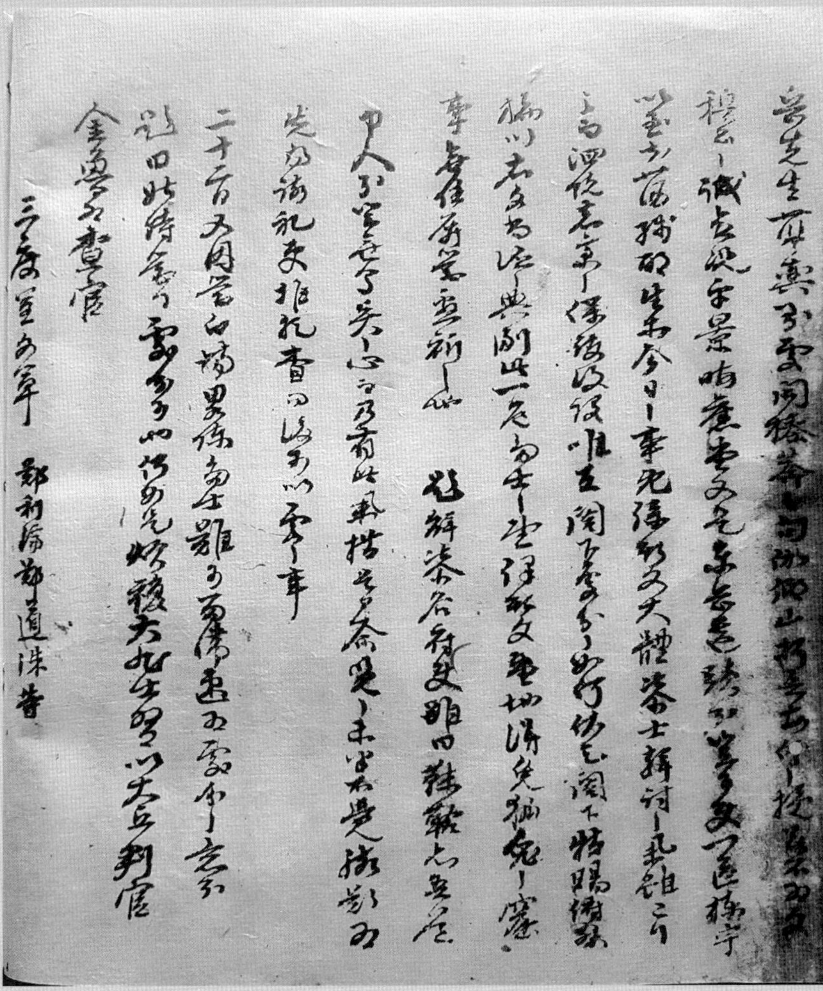

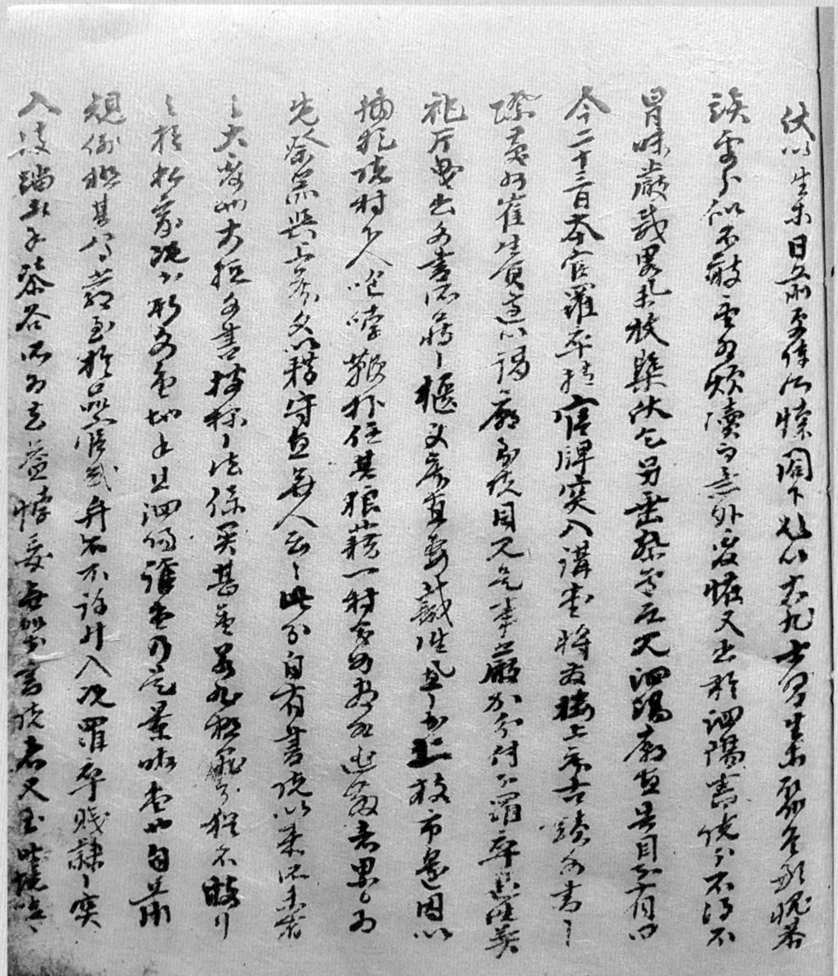

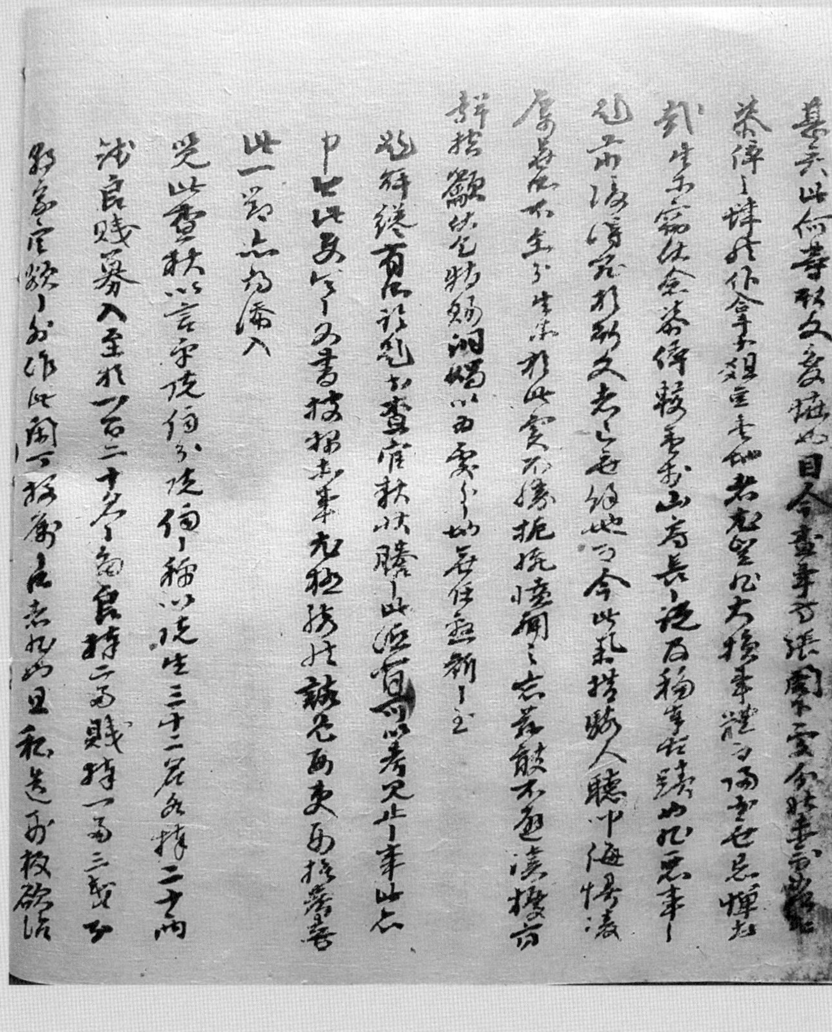

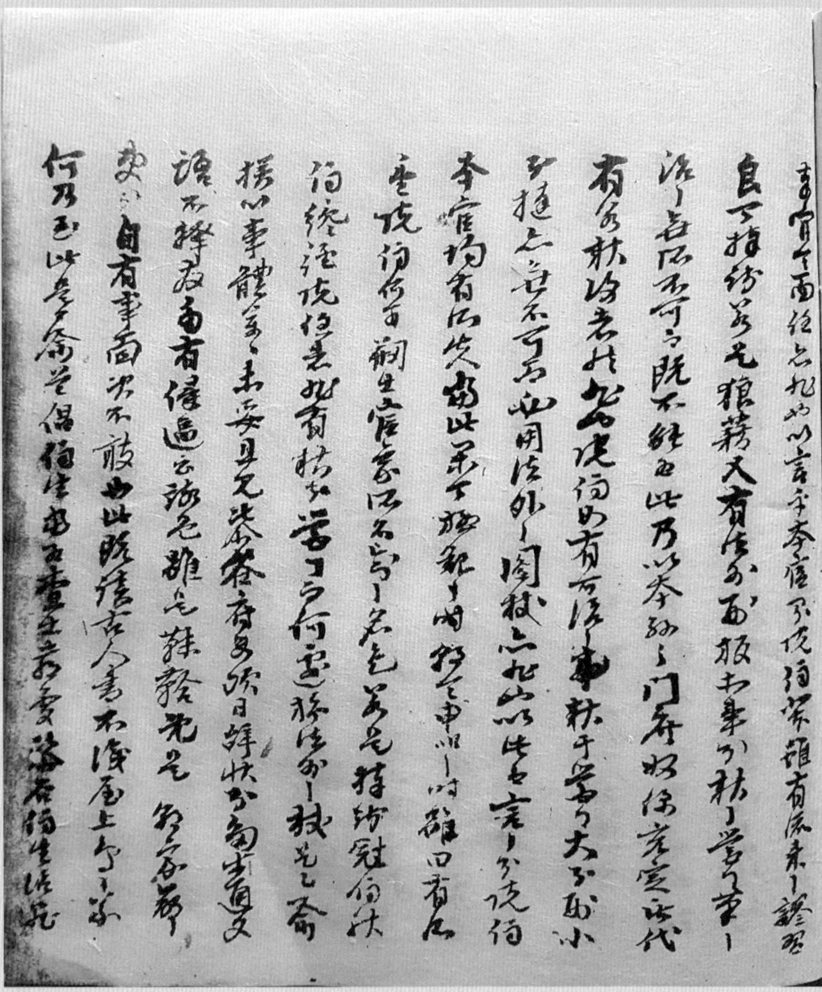

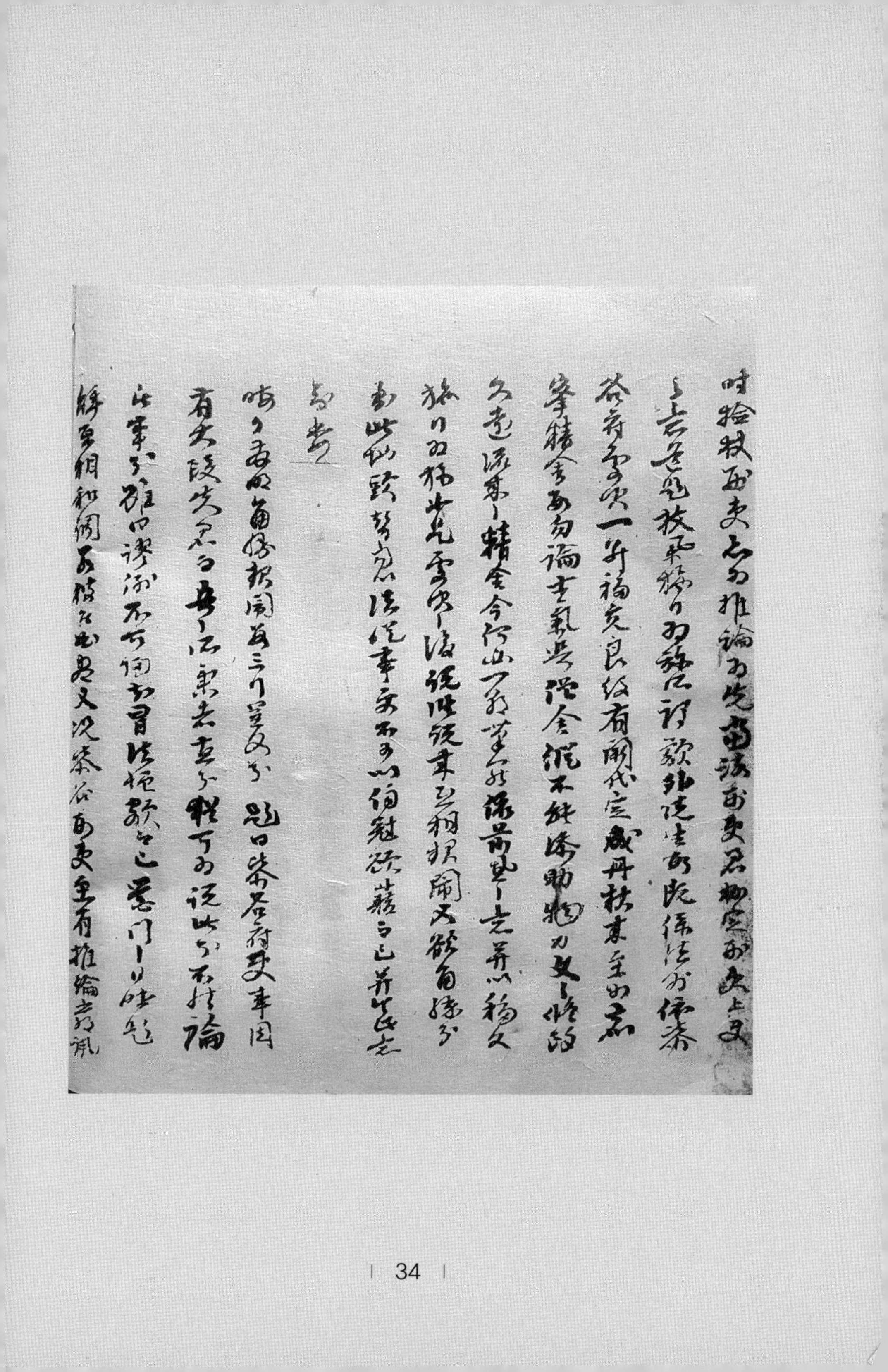

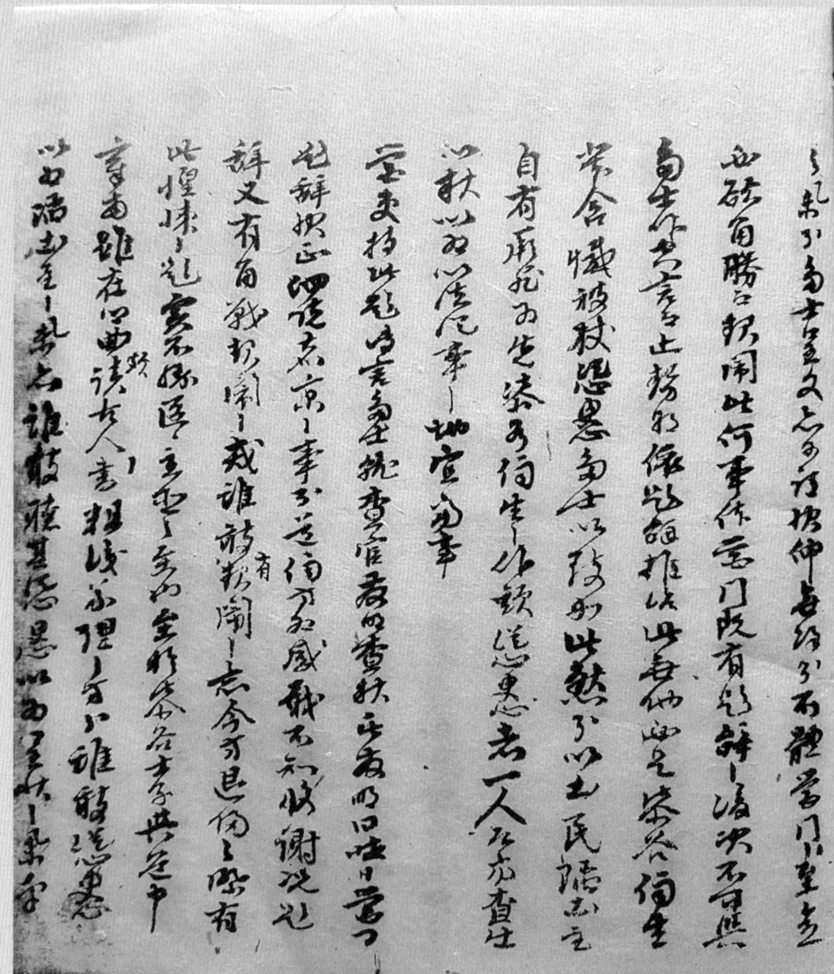

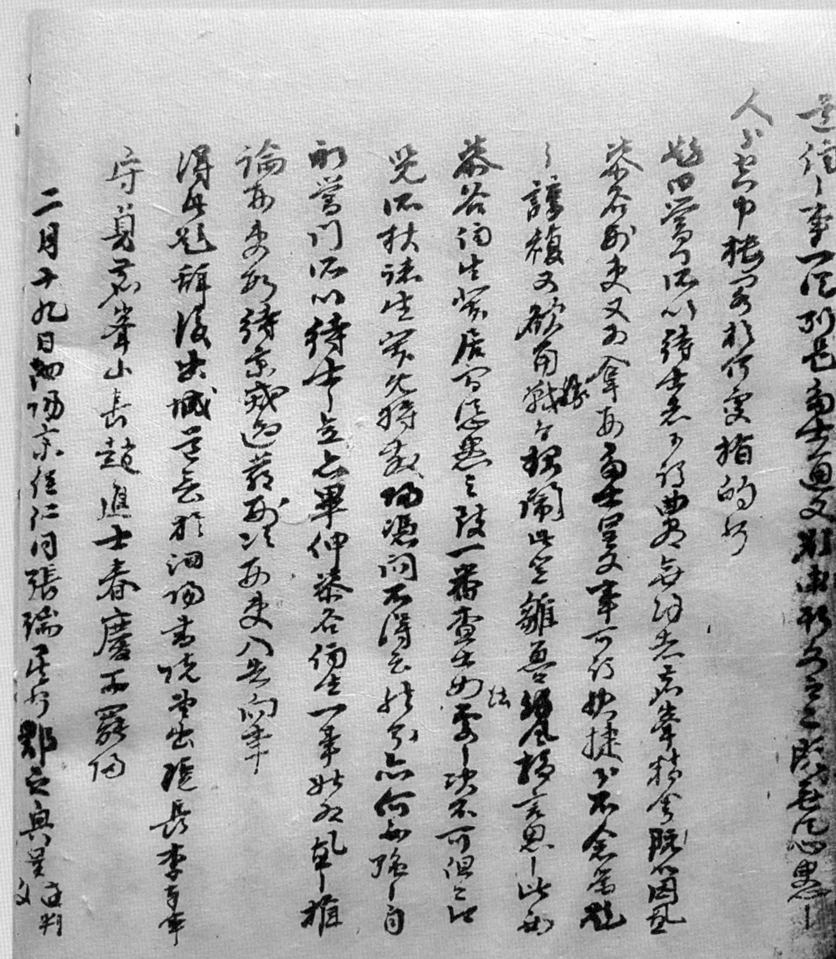

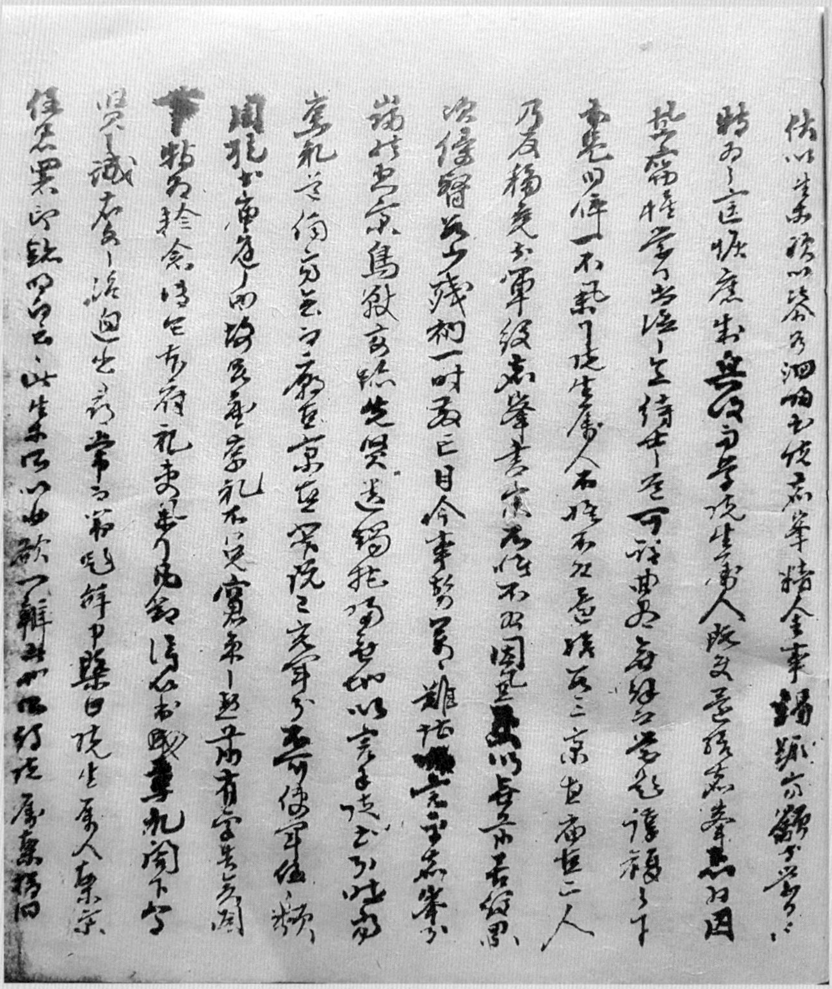

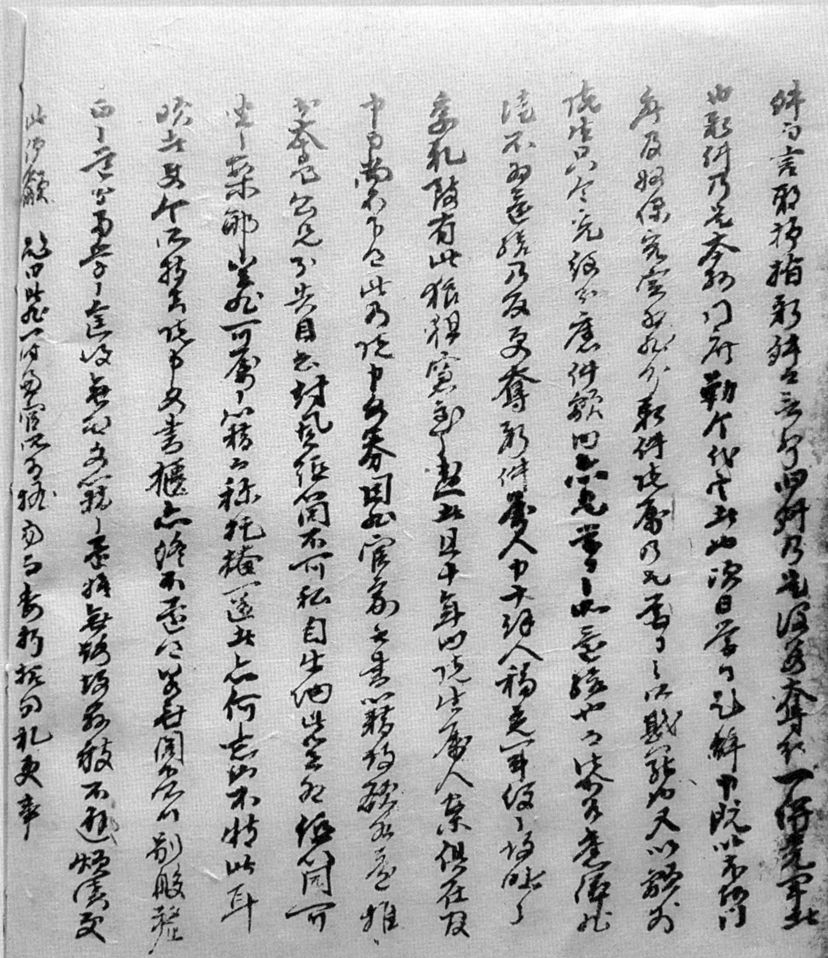

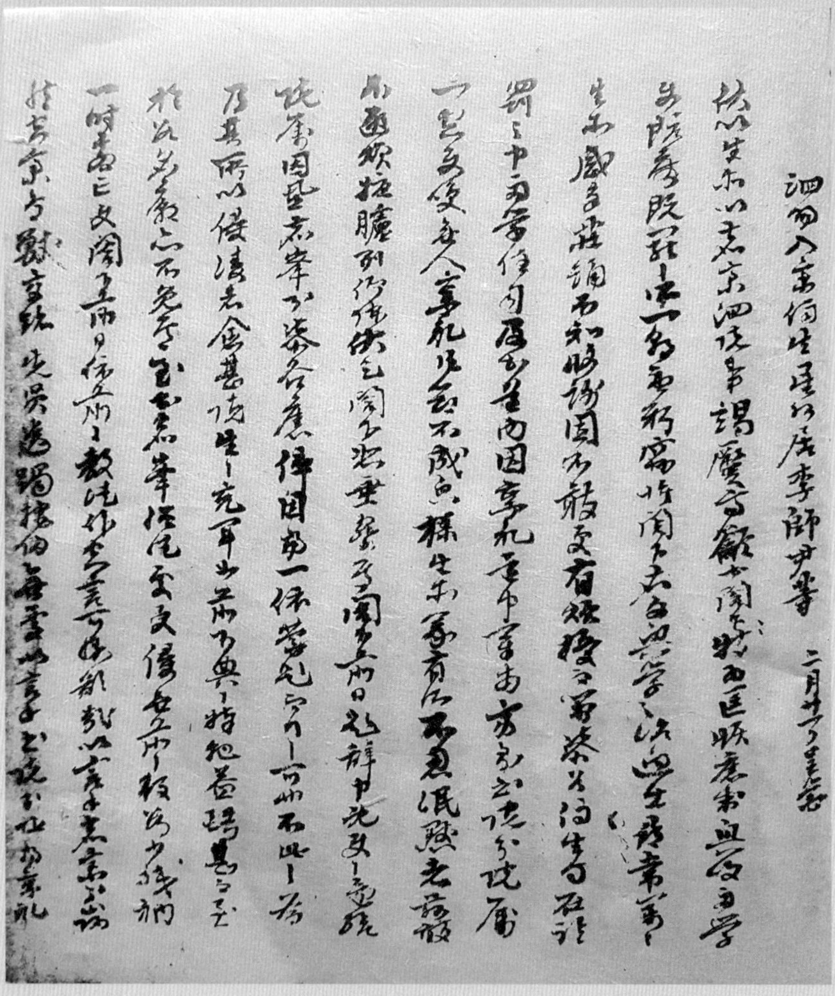

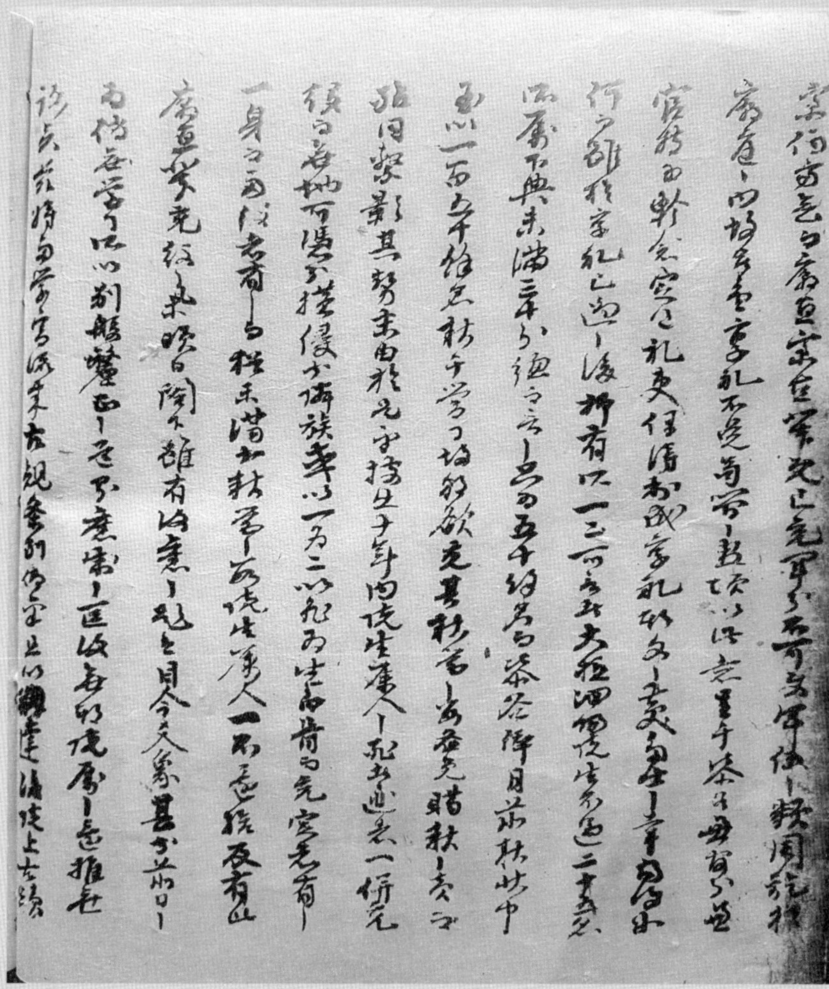

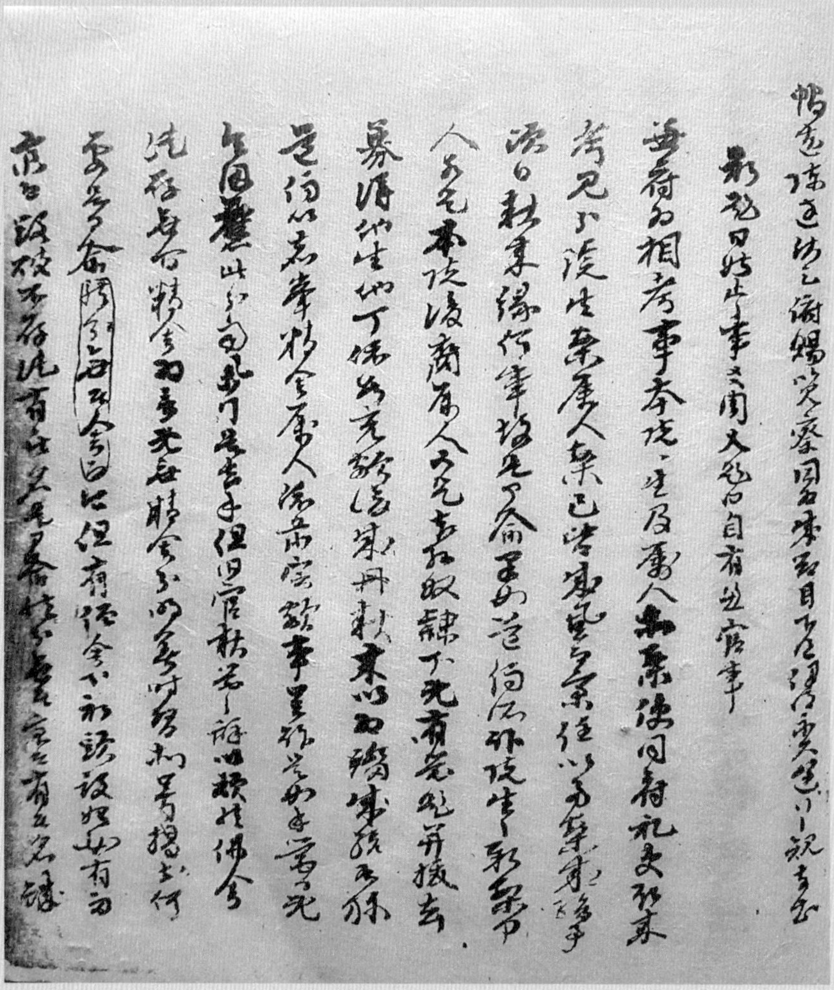

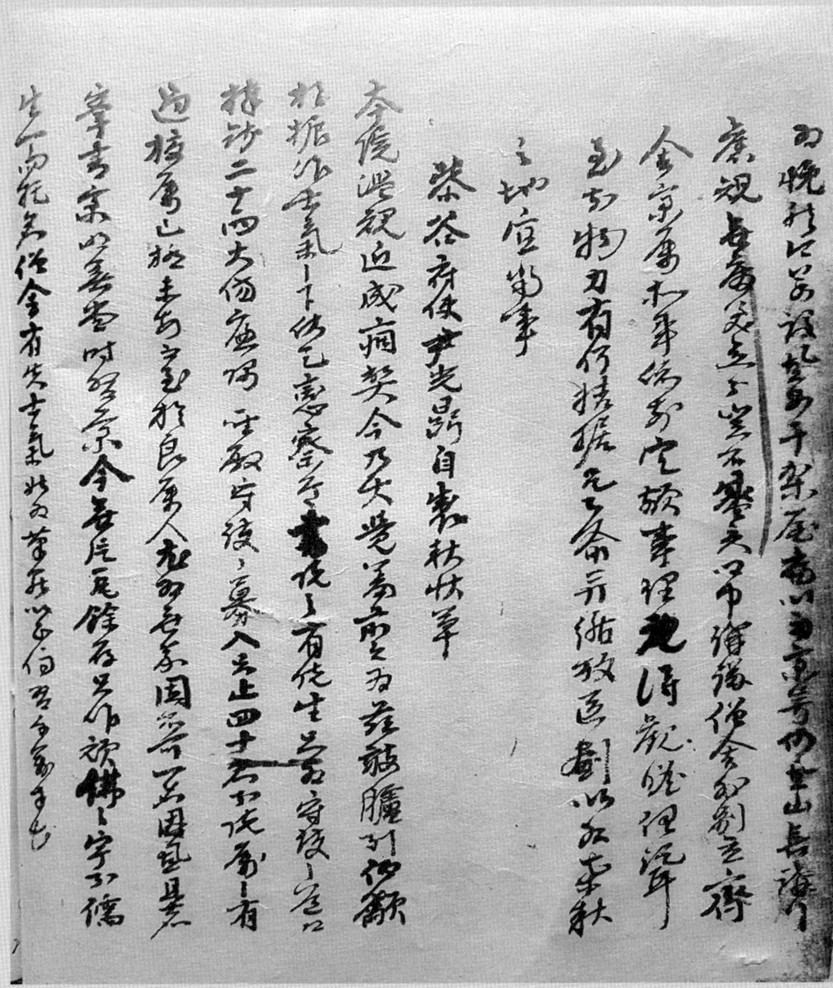

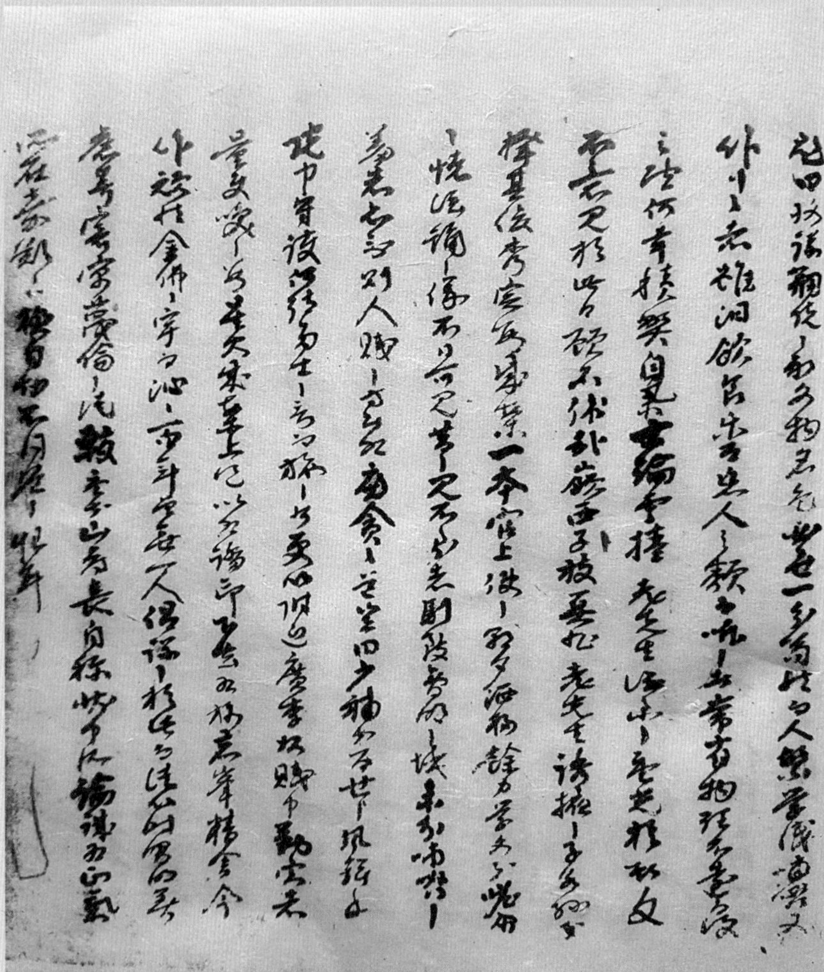

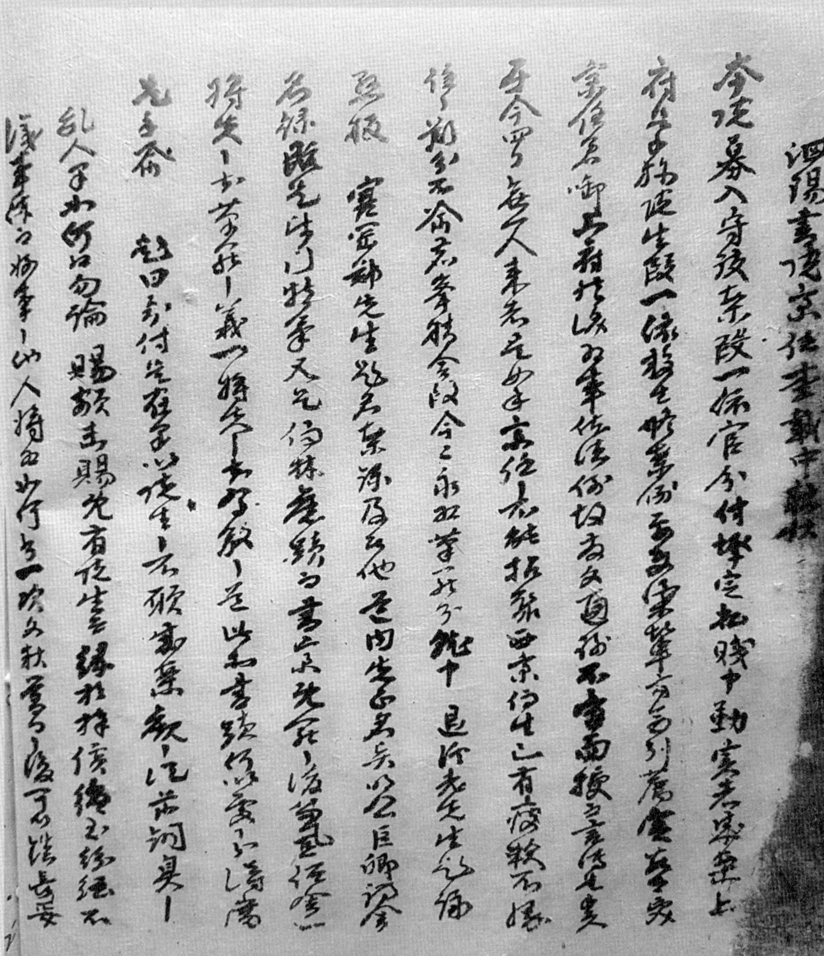

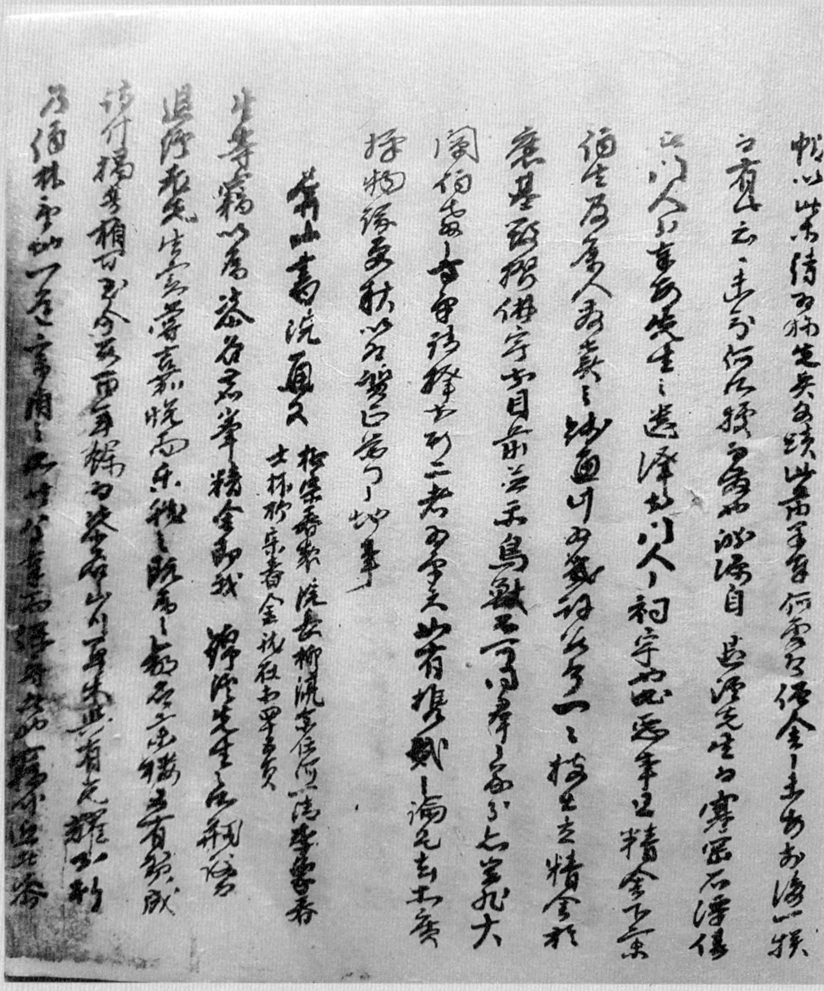

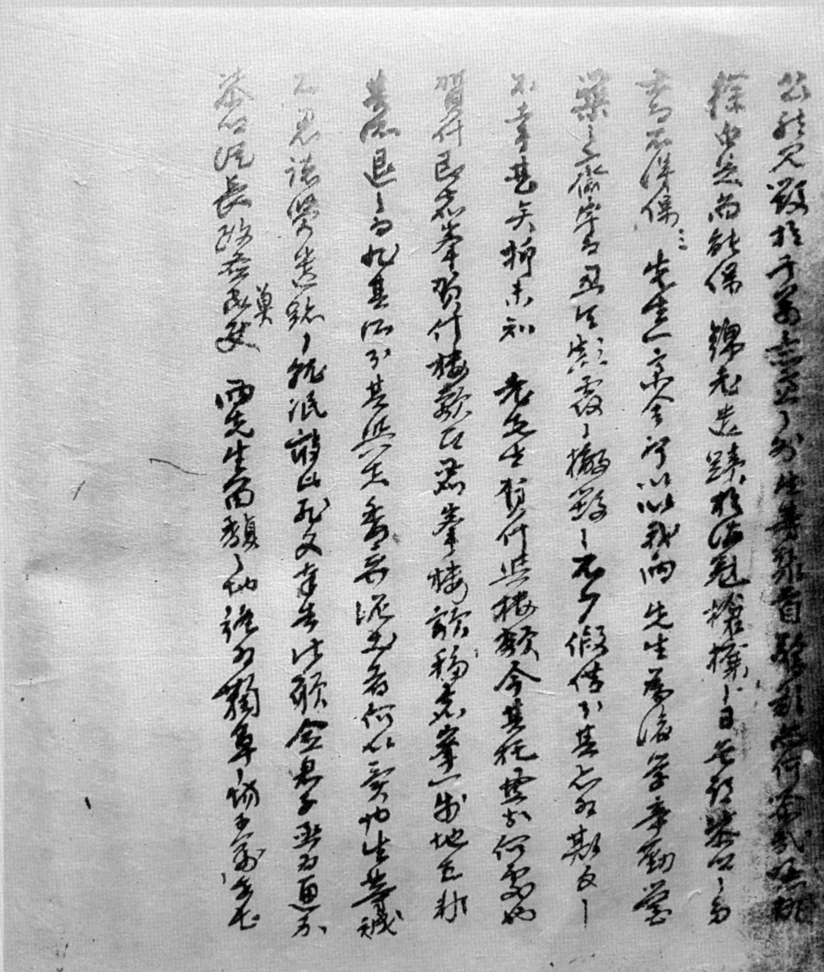

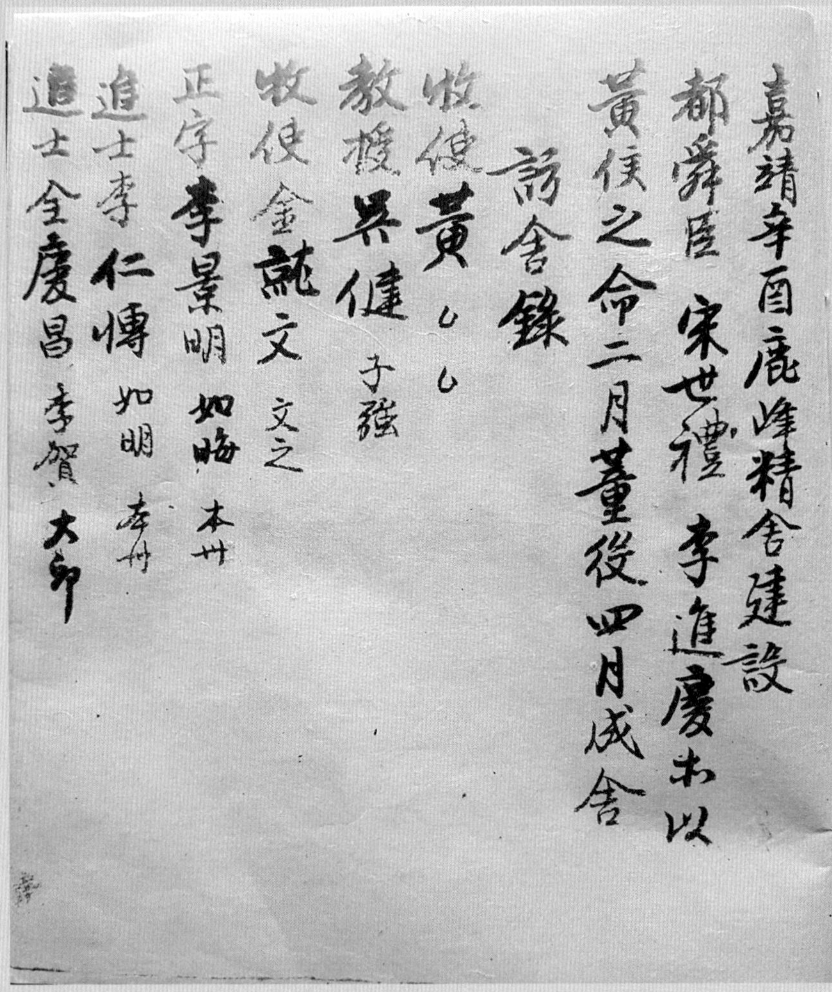

嘉靖辛酉鹿峰精舍建設

都舜臣 宋世禮 李進慶 等以

黃侯之命二月董役四月成舍

諸舍錄

牧使 黃 乚乚

教授 吳健 子強

牧使 金就文 文之

正字 李景明 如晦 本州

進士 李仁傳 如明 本州

進士 全慶昌 季賀 大邱

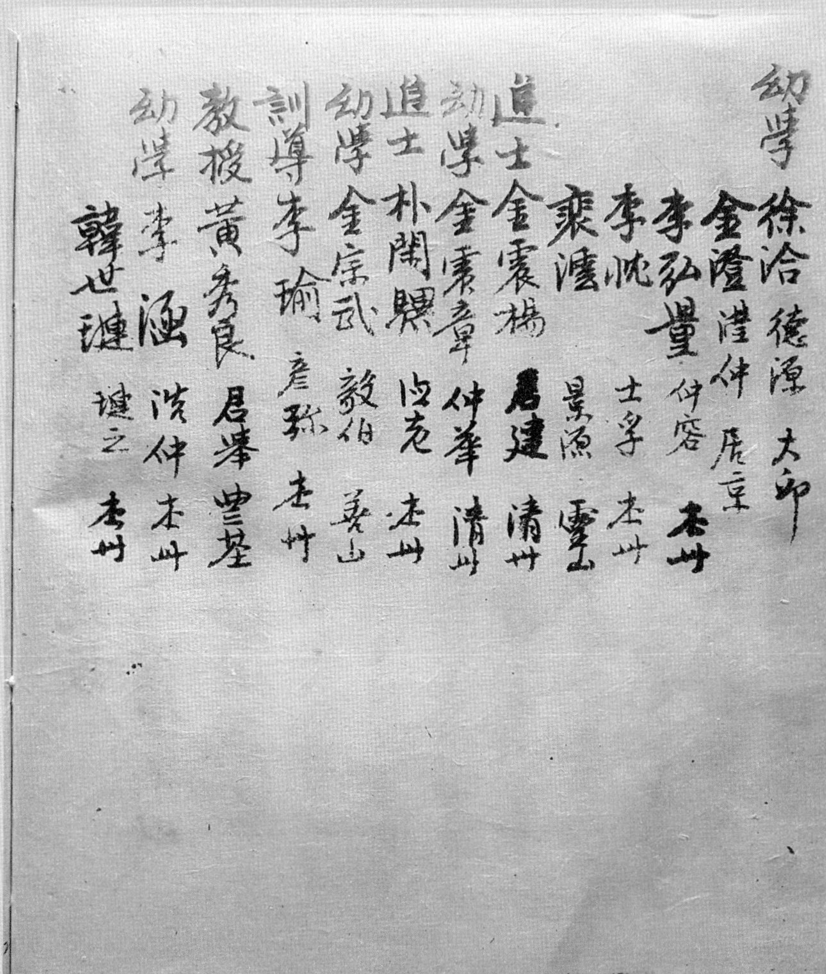
幼學 徐洽 德源 大邱
金澄 澄仲 居京
李弘量 仲容 本州
李忱 士孚 本州
爽瀗 景源 靈山
進士 金震楊 君建 清州
幼學 金秉章 仲華 清州
進士 朴閑鼎 汝克 本州
幼學 金宗武 敎伯 善山
訓導 李瑜 彥琢 本州
敎授 黃秀良 君擧 豐基
幼學 李涵 汝仲 本州
韓世璉 璉之 本州

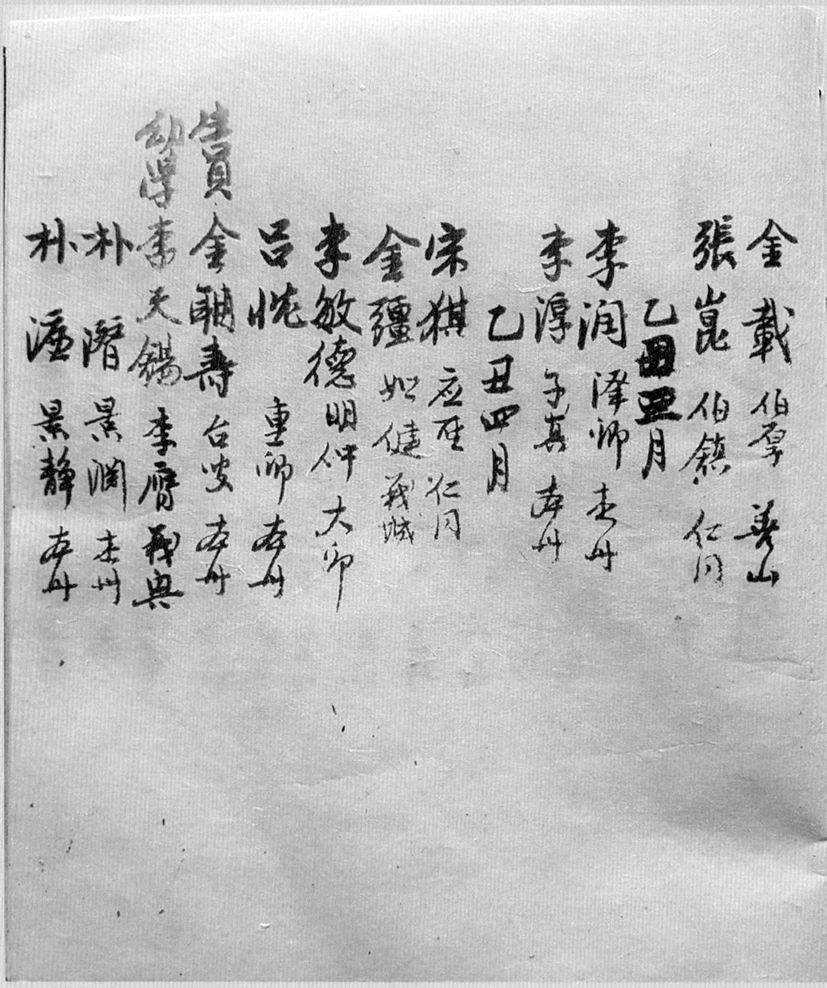
金載 伯亭 善山
張崑 伯鎭 仁同
乙丑四月
李潤 澤卿 未詳
李淳 子真 未詳
乙丑四月
宋猶 應亞 仁同
金纏 如健 義城
李敏德 明仲 大師
呂恍 重卿 未詳
貢 金聃壽 台叟 未詳
幼學 李天錫 李齊興
朴瑨 景潤 未詳
朴涵 景静 未詳

李應春 仁甫 晉州

李達生 大觀 龜山

朴膺遠 維仲 清道

李泰春 伯郁 安州

秦應琥 重瑞 大邱

進士 河晉寶 汝式 晉州

牧使 郭應禮 彥英 玄風

教授 鄭忻 彥喜 晉州

李忠後 敬而 安州

張嵂 仲鎮 仁同

金大遊 泳而 清州

李德混 景澤

生員 朱慎言 訥之 大邱

徐需 休應 永川

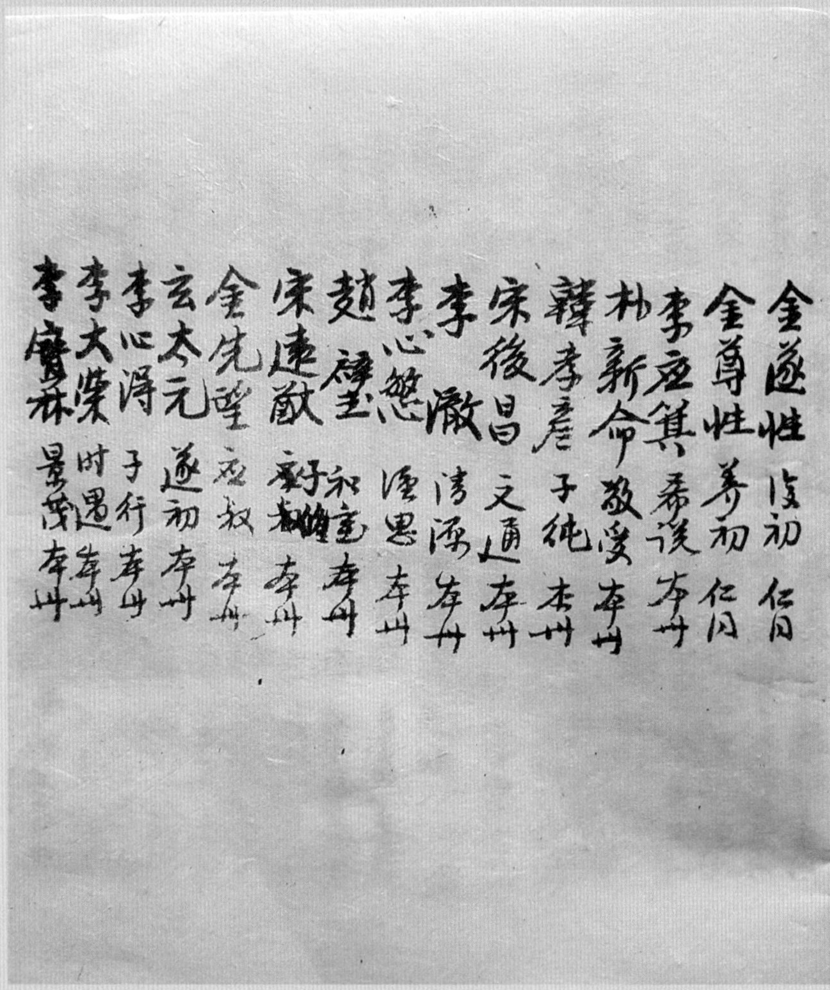

姓名	字	本貫
金遂性	汝初	仁同
金尊性	善初	仁同
李應箕	希説	本州
朴新命	敬受	本州
韓孝彦	子純	本州
宋後昌	文通	本州
李澈	淸源	本州
李心愨	溫思	本州
趙璧	和[illegible]	本州
宋遠猷	[illegible]	本州
金先望	[illegible]叔	本州
玄太元	遂初	本州
李心得	子行	本州
李大榮	時遇	本州
李實林	景[illegible]	本州

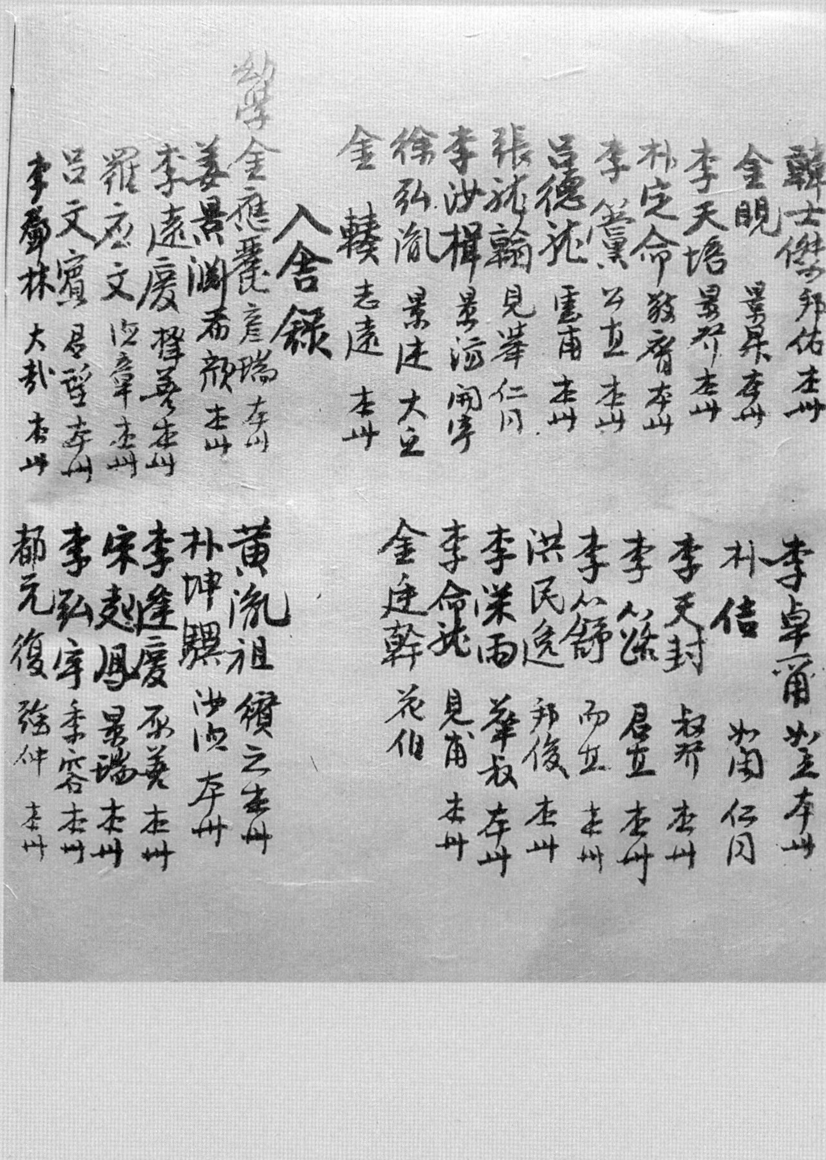

韓士傑 邦佑 本州
金晛 景昇 本州
李天培 景初 本州
朴定命 敎甫 本州
李簀 公直 本州
呂德沇 憲甫 本州
張沇翰 見華 仁同
李汝楫 景涵 開寧
徐弘澈 景廷 大丘
金轃 志遠 本州

入舍錄

幼學金應璧 彥瑞 本州
姜景淵 希穎 本州
李遠慶 聲善 本州
羅應文 汝章 本州
呂文寶 君望 本州
李夢林 大哉 本州

李卓甯 士直 本州
朴信 汝周 仁同
李天封 叔齊 本州
李以綏 君直 本州
李以靜 而立 本州
洪民逸 邦俊 本州
李渫雨 華叔 本州
李命兆 見甫 本州
金廷幹 花伯

黃沇祖 續之 本州
朴坤熙 汝浹 本州
李逢慶 承善 本州
宋起鳳 景瑞 本州
李弘寧 季容 本州
都元復 強仲 本州

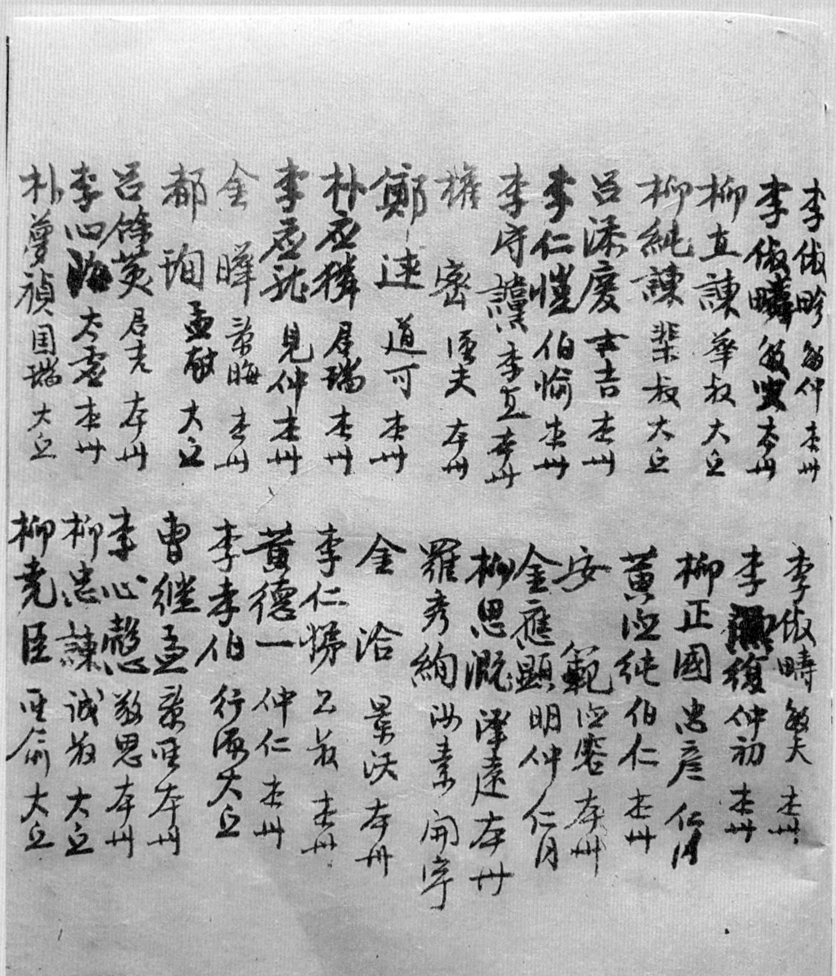

李依盼 叙仲 奉州
李依曦 叙雲 奉州
柳直諫 華叔 大丘
柳純謙 棐叔 大丘
呂添慶 吉吉 奉州
李仁惺 伯愉 奉州
李守謙 季直 奉州
權 密 順夫 奉州
鄭 逑 道可 奉州
朴應犨 厚瑞 奉州
李應沈 見仲 奉州
金 曄 茅晦 奉州
都 詢 孟敬 大丘
呂偉英 居先 奉州
李心淵 大壺 奉州
朴夢禎 國瑞 大丘

李依晴 叙夫 奉州
李□禎 仲初 奉州
柳正國 忠彥 仁同
黃以純 伯仁 奉州
安 範 以馨 奉州
金應顯 明仲 仁同
柳思淑 澤遠 奉州
羅秀絢 汝素 開寧
金 洽 景沃 奉州
李仁勝 子叔 奉州
黃德一 仲仁 奉州
李孝伯 行源 大丘
曹繼孟 彔臣 奉州
李心懿 叙思 奉州
柳忠謙 誠叔 大丘
柳堯臣 匪俞 大丘

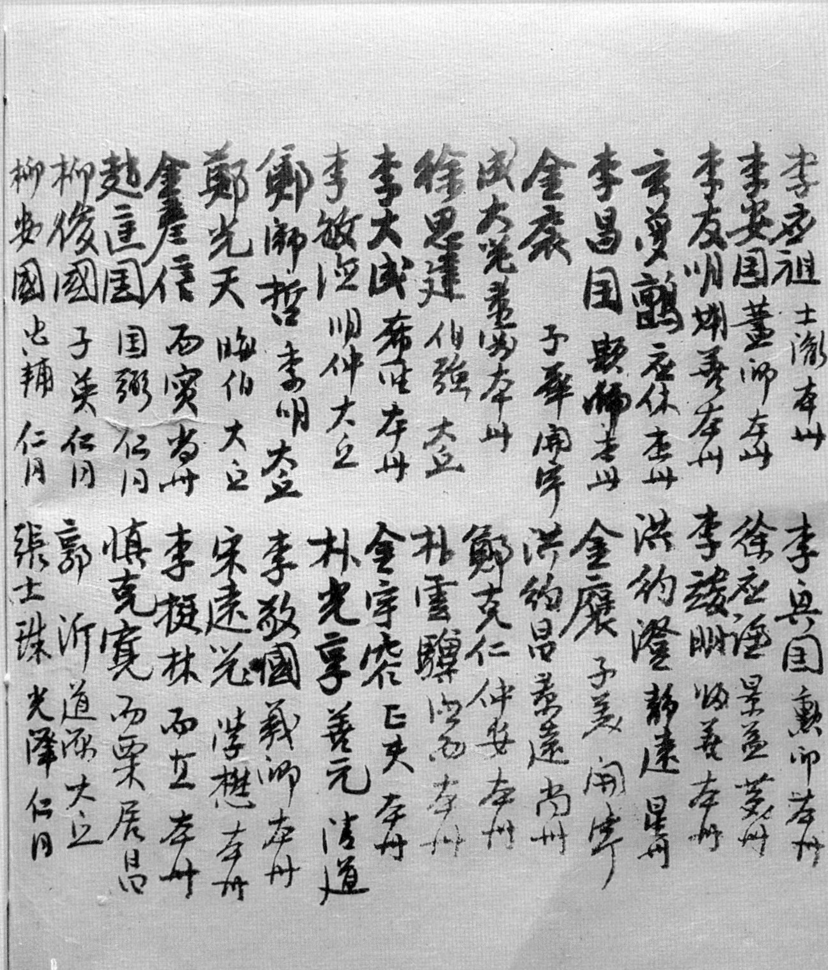

李彦祖 士徵 本州
李安國 蓋卿 本州
李友明 [illegible] 本州
高彥鵬 應休 本州
李昌國 興卿 本州
金泰 子華 開寧
成大先 [illegible] 本州
徐思建 伯强 大丘
李大武 希仕 本州
李敏迪 明仲 大丘
鄭卿哲 季明 大丘
鄭光天 臨伯 大丘
金應信 而實 尚州
趙達國 國卿 仁同
柳俊國 子英 仁同
柳安國 忠輔 仁同

李興國 熏卿 本州
徐應淹 景益 善州
李[illegible] [illegible] 本州
洪約澄 靜遠 星州
金慶 子美 開寧
洪約昌 景遠 尚州
鄭克仁 仲安 本州
朴雲鵬 [illegible] 本州
金宇宏 巨夫 本州
林光亨 善元 淸道
李敬國 義卿 本州
宋遠光 [illegible] 本州
李挺林 而直 本州
慎克寬 而栗 居昌
郭沂 道源 大丘
張士珠 光澤 仁同

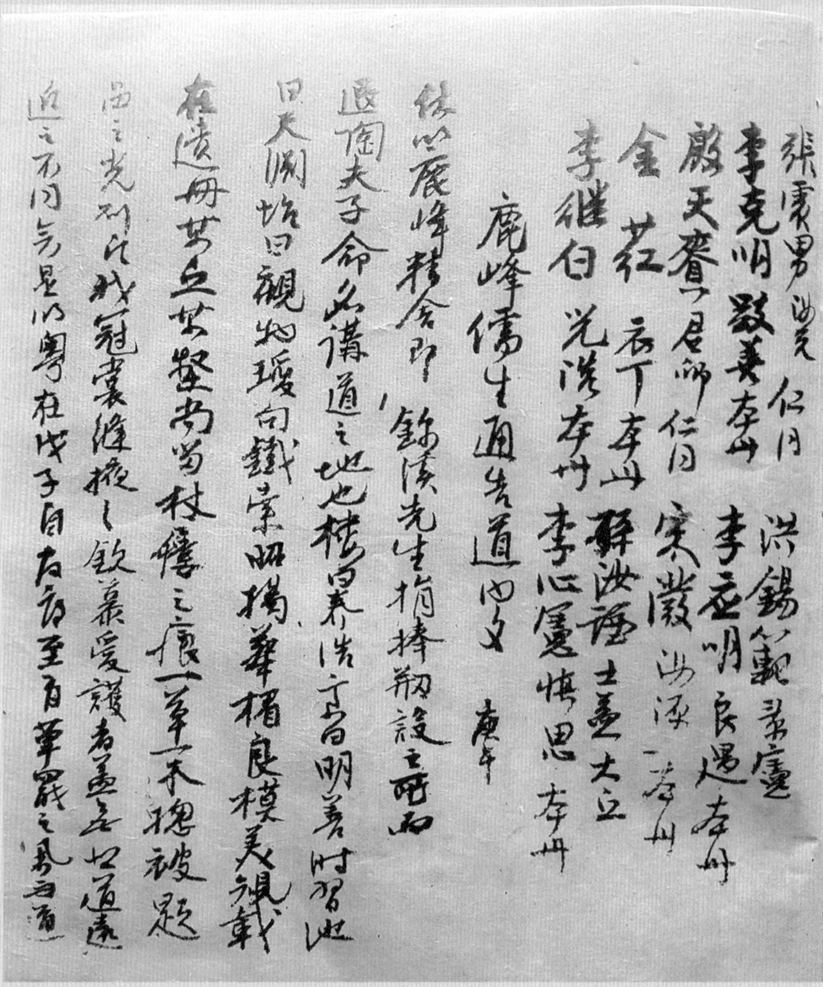

張震男 海光 仁同 洪錫觀 景廬
李克明 敬義 本州 李在明 良遇 本州
嚴天奎 居[illegible] 仁同 宋巖 海深 本州
金莊 長下 本山 [illegible]汝謹 士善 大丘
李繼白 光浚 本州 李心憲 惟思 本州

鹿峰儒生通告道內文 庚午

維此鹿峰精舍即 錦溪先生指捧翔設之所而
退陶夫子命名講道之地也桂[illegible]春[illegible]方[illegible]明善時習淵
日大[illegible]坊曰觀物[illegible]白鐵業明獨華[illegible]良模美規載
在遺册其立其整尚留杖屨之處一草一木總被題
品之光則此我冠裳縫掖之欽慕愛護者無不如道遠
近之不同矣是以粵在戊子自右方至百華巖之[illegible]西[illegible]

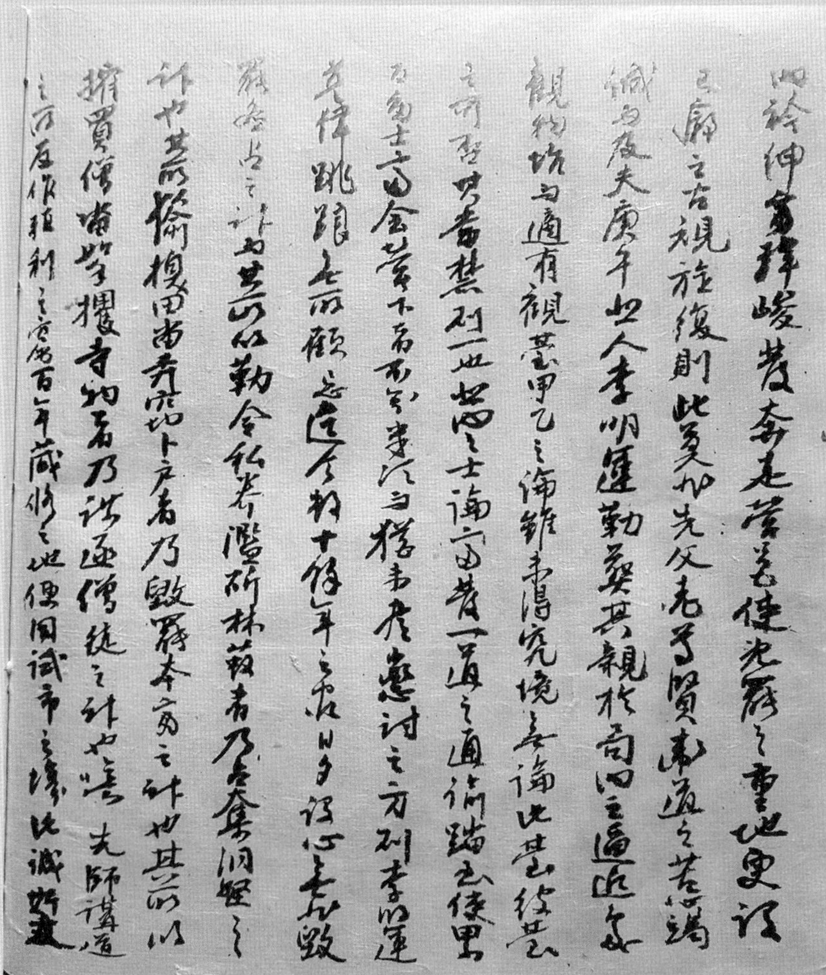

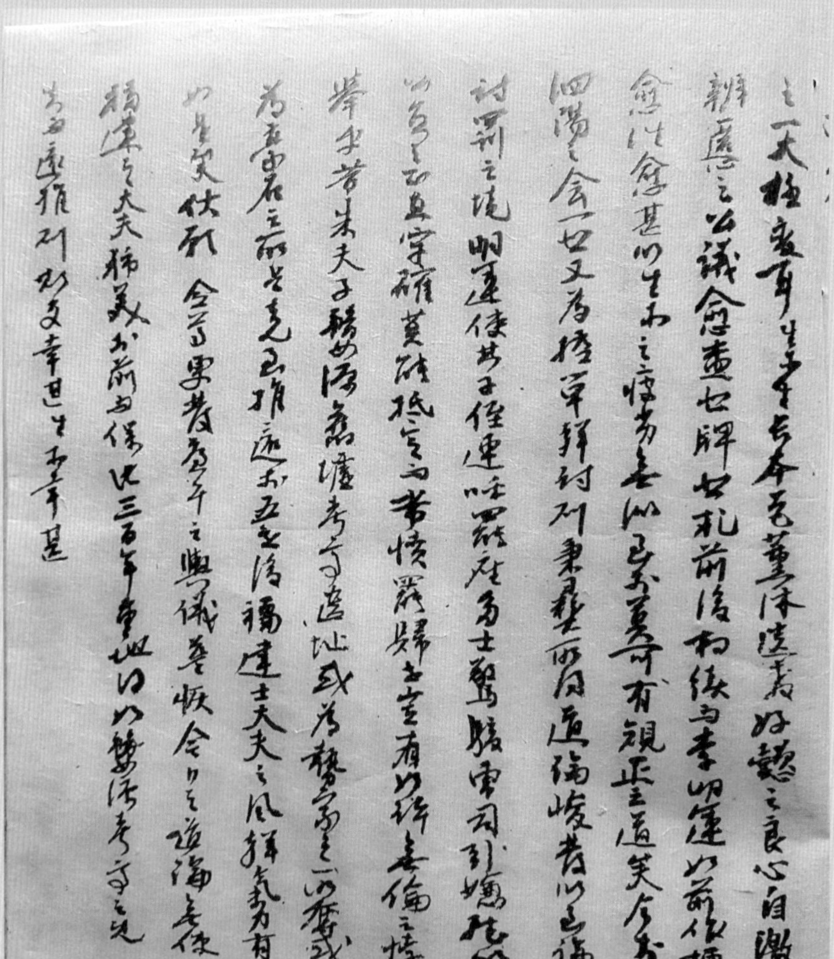

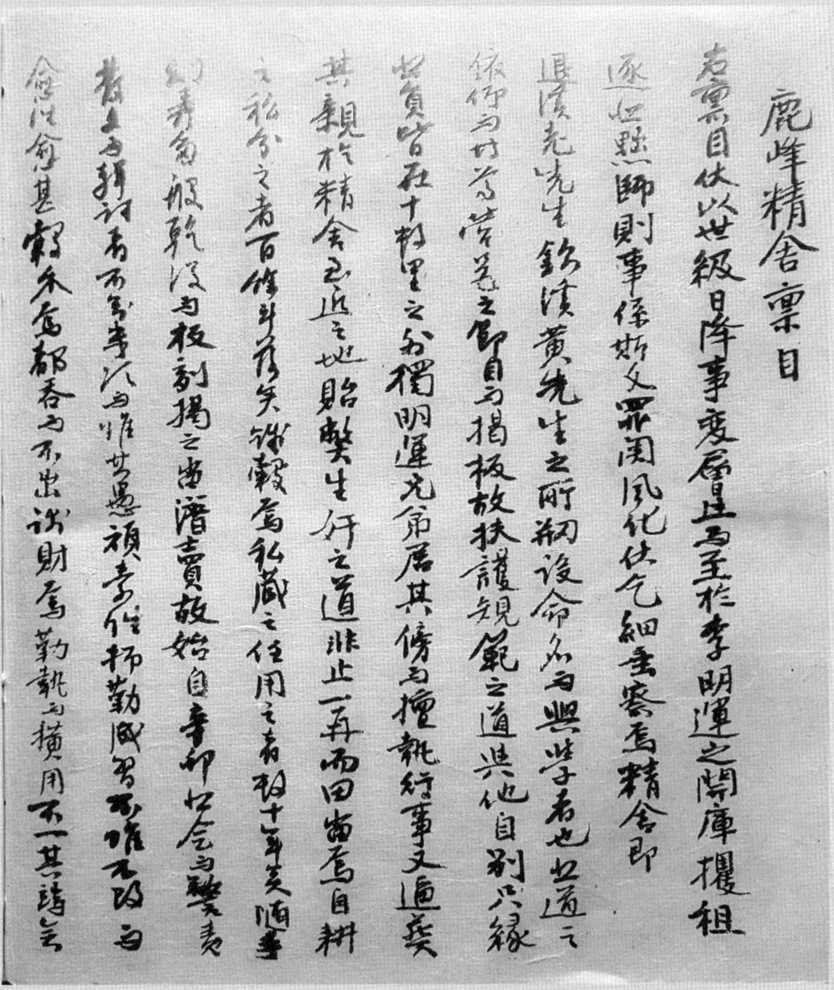
鹿峰精舍稟目

右稟目伏以世級日降事變層生而至於李明運之開庫攫租
逐出懸鄉則事係斯文罪関風化伏乞細垂察焉精舍即
退陶老先生 錦溪黃先生之所刱設命名而興學者也其道之
繼往而開來崇慕之節自而揭板故扶護規範之道與他自別只緣
出費皆在士林里之分獨明運先爲居其傍而擅執行事又逾歲
其親於精舍至近之地貽弊生存之道非止一再而田畓爲自耕
之私分之者百餘斗存矣錢穀爲私藏之任用之者指十年矣隨事
幻弄而服乾沒而板刻揭之出潛賣故始自辛卯秋會而聲責
其罪而拜討者不當事以而惟其愚頑者作梗勸減習以難不改而
今此會甚於前日都會之不出謝財爲勒執而擅用不一其端云

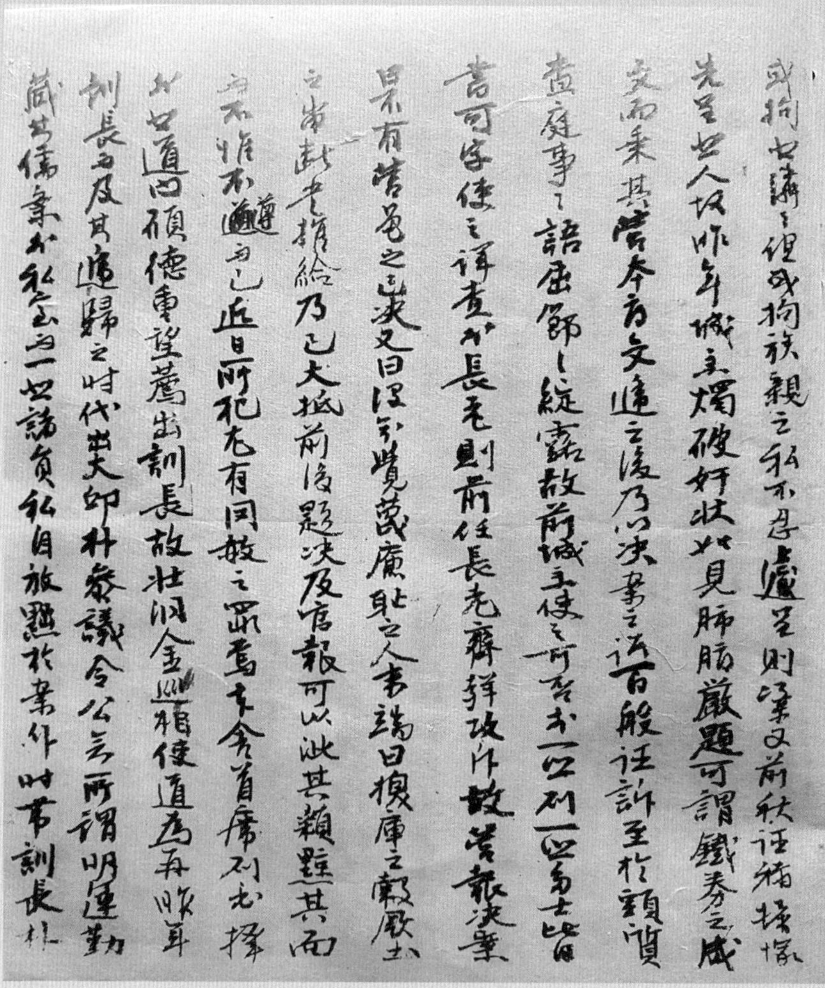
或拘乎情々俚或拘族親之私不思遠害則從文前秋任緒接
先生世人故昨年城主獨破奸狀如見肺肝嚴題可謂鐵劵之威
更而乘其釁今方文遆之後乃以決案之誌百般任許至於頹隤
査庭事々語屈節々綻露故前城主使之所答書一以列一以為士階
書可字使之詳查於長老則前任長老齊聲改作故營議決案
果有情弊之決又曰況於營處廣恥之人書端曰換庫之毅歟
之常戱者搭給乃已大抵前後題決及官報可以洞其類點其面
之不惟不遵(導)之已近日所犯尤有同敎之罪焉夫今首席列也擇
於世道以碩德重望薦出訓長故壯洞金巡相使道為再踐耳
訓長之及其遆歸之時代出大邱朴參議令公之所謂明達勤
藏其儒業於私家之一切諸負私自放懸於案作時事訓長林

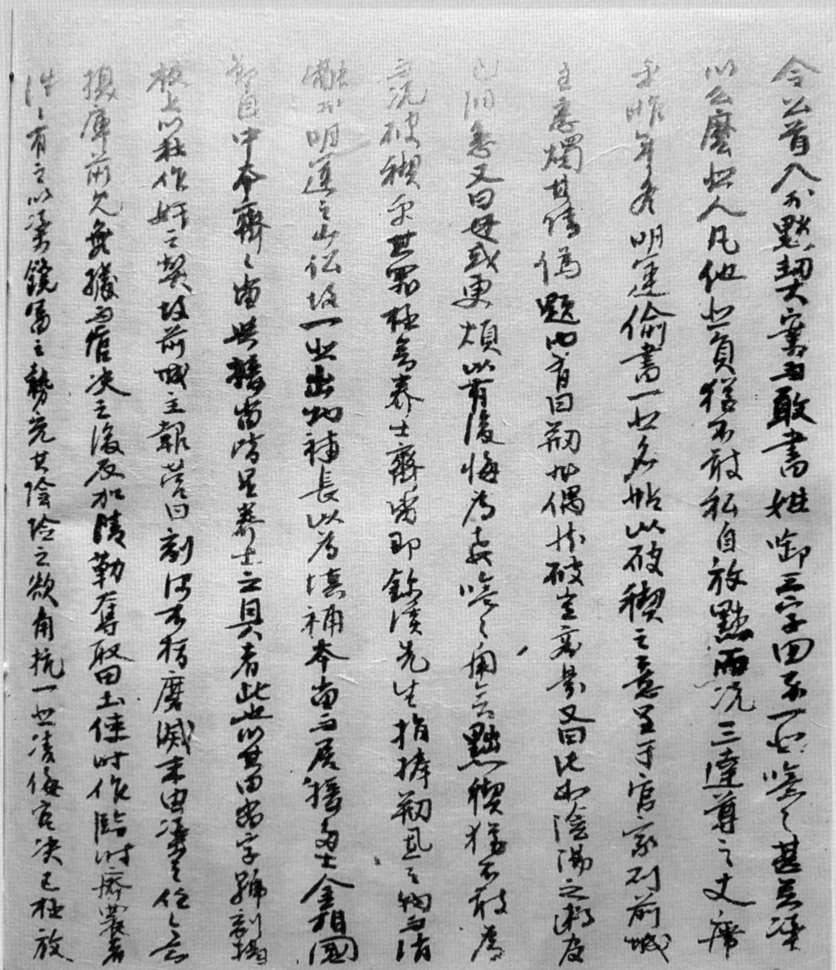

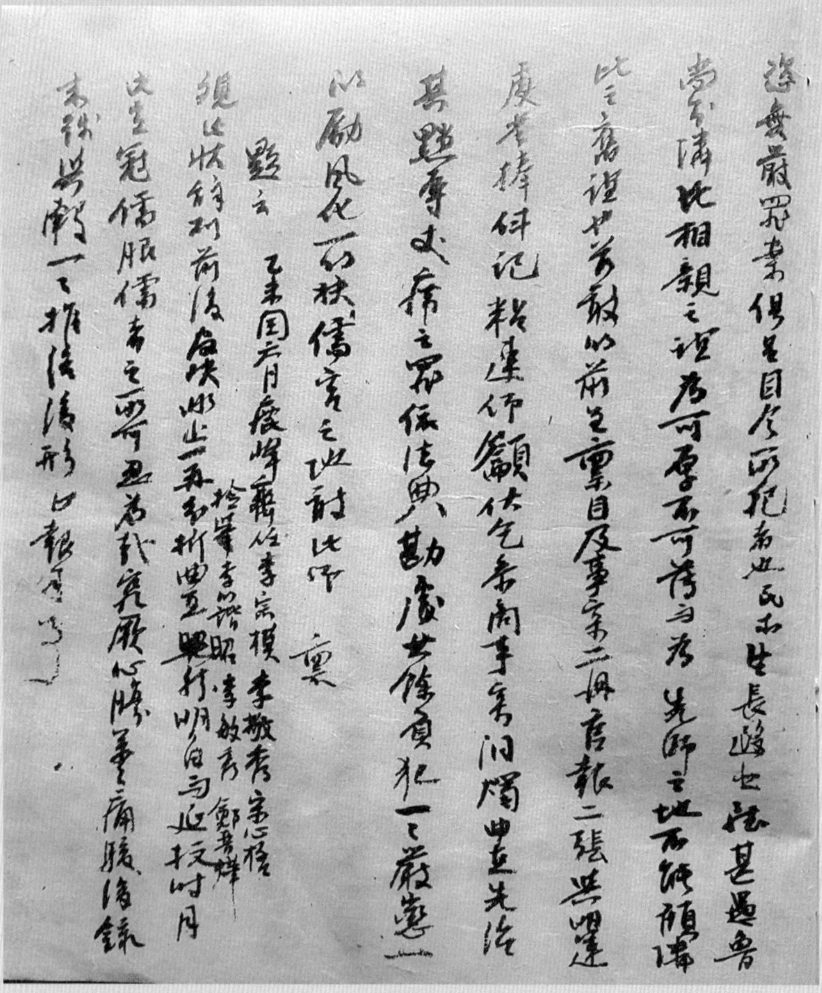

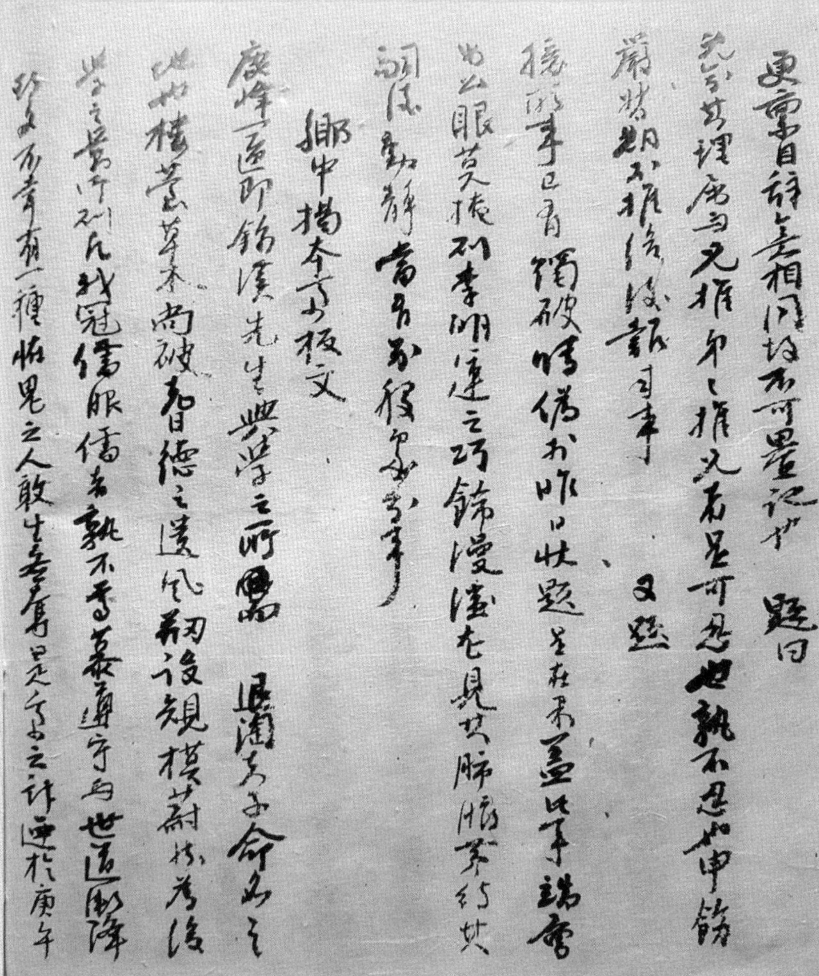
更有自辭之之相同故不可畧記也　題曰
先公其理廣而見推者之推又有足可思也孰不思於申錫
嚴然期於非後後歲　又題
機微李已有獨破情偽於昨日壯題　至在未盡此事端會
出公眼莫能相李明達之巧飾漫淺者見其肺腑蔡約其
洞悉勤靜者有其彼卽如其事
鄉中揭李方女板文
廣峰一處卽錦溪先生興學之所慮　退溪李子命名之
此地楼臺草木尚被吾德之遺風剏設規模蔚於為後
世之其考則凡我冠儒服儒者孰不香慕遵守而世道隆降
於是方今有一種悖鬼之人敢生無嚴足下之計遍於庚午

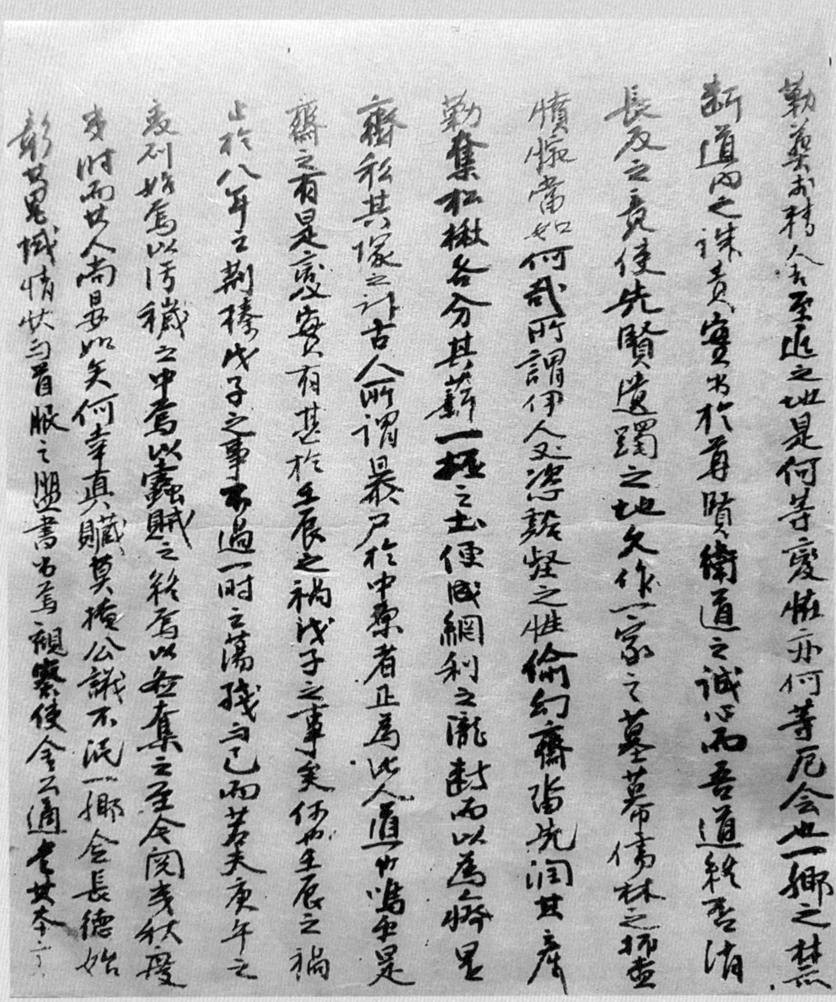
勤義者精金至此之地是何等處所亦何等危会也一鄉之若
新道內之誅責實出於前賢衛道之誠心而吾道終昔清
長及之責使先賢遊躅之地久作一家之墓幕儒林之拆壞
憤慨當如何哉所謂伊人又浮躁輕之性偷約齋皆先悶其庠
勤集松楸各分其薪一極之土便成網利之藪封而以為齋是
齋私其塚之計古人所謂暴尸於中原者正為此人道也嗚乎是
齋之有是處及實有甚於壬辰之禍戊子之事矣何也壬辰之禍
止於八年之荊榛戊子之事不過一時之蕩殘而已而若夫庚年之
處則始為以汚穢之中為以贓賦之終為以無集之至今閱我秋稷
是時而其人尚無如是矣何幸真賊莫掩公議不泯一鄉僉長德始
彰其罪狀情狀与首服之盟書為視察使令之適也其本

訓長而重疏之鄕目識往來及鄕去錄腦後當本所而釋討展罷
林德清契伍者我惜利之人無所事於世比美於先賢遺躅
入會汚而奈可與士林承謨之識也若錄其所得事亦未及新定
究文節目刻揭于楮上以塞來世之如此人者也

李心運抵鄕中通文

右文爲通告事伏以扶護重所士林之興責遵奉先志
後生之常情夫鹿癈之於吾鄕係累何如先父之所以苦心衛
護者又何如也不幸近年以來紀綱漸弛事端層生以至於莫可
收拾之境覈惟所在孰不抑塞憤歎而至於鄕家則尤不可泯
默而視者矣生請以前後事實畧陳平素秉執僭令尊細

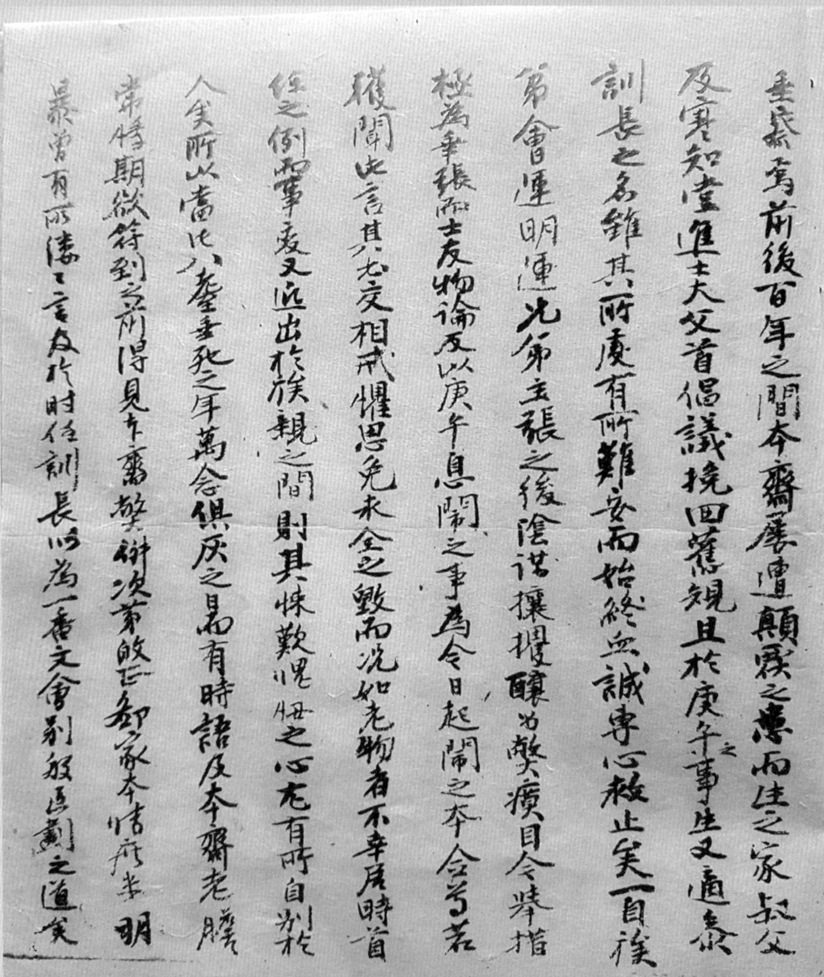
垂歲爲前後百年之間本齋屢遭顚覆之患而生之家與父
及宗知掌進士大父首倡議挽回舊規且於庚午之事生又適叅
訓長之名雖其所處有所難安而始終無誠專心救止矣一自族
弟會運明運兄弟主張之後陰謀攘攫醸出弊瘼目今峰指
極爲爭張而士友物論反以庚午息鬧之事爲今日起鬧之本今号若
獲聞此言其亦尤交相戒懼思免永全之毀而況如老物者不幸居時首
任之例而事変又迫出於族親之間則其悚歎愧恨之心尤有時自劇於
人矣所以當此八耋垂死之年萬念俱灰之餘而有時語及本齋老臆
常恃期欲符到之前得見本齋弊瘼次第敗正卻家本情祈禱 明
景曾有所遠遠言及於時任訓長以爲一番文會剔弊正劃之道矣

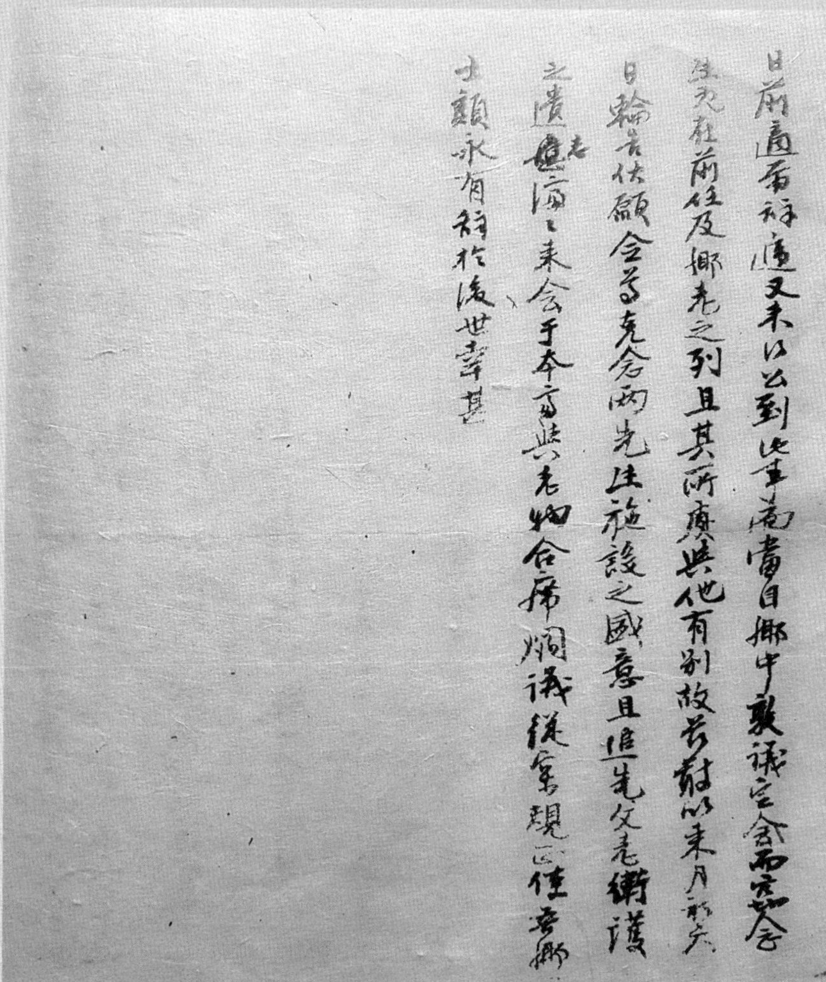
日前適當辭遞又未以公到此事而當自鄕中衆議定會而定矣會
然丸在前任及鄕老之列且其所處與他有別故皆謝以未月初六
日輪香伏願合吾老念兩先生施設之盛意且追先父老衛護
之遺意適適來會于本府與老物合席烟議縱容規正使吾鄕
之事願永有辭於後世幸甚

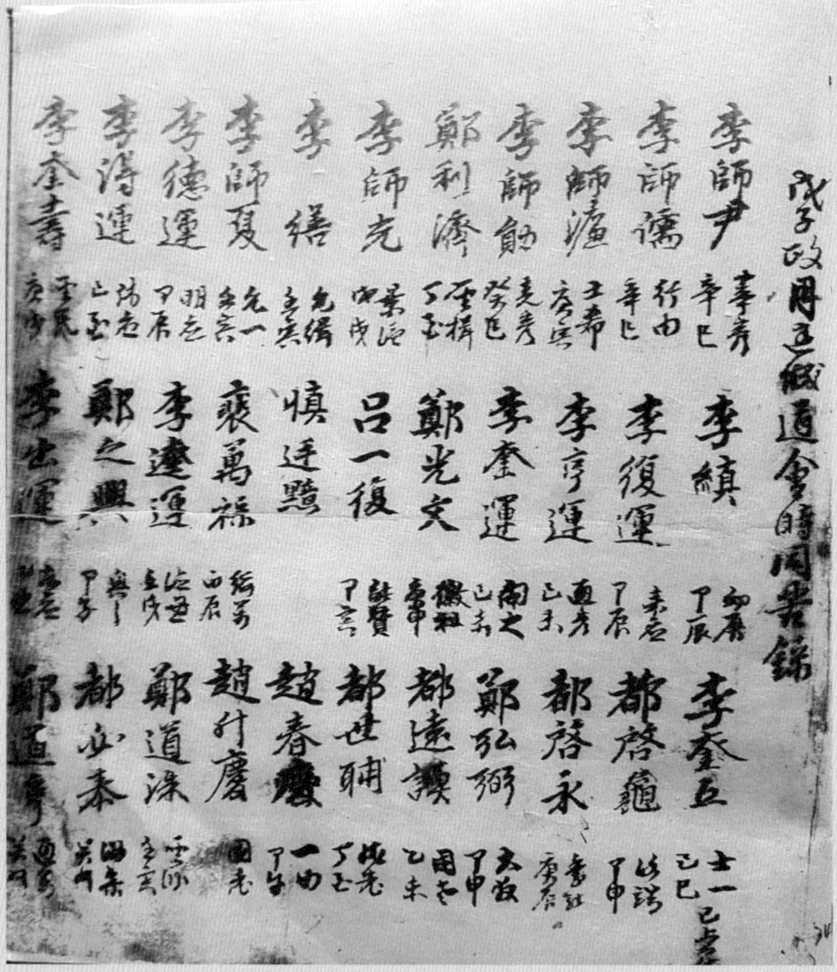
戊子改用道會時同案錄
李師尹
鄭利濟
李師克
李師夏
李德運
李奎壽
李復運
李亨運
李奎運
鄭光文
呂一復
裵萬祿
李達運
鄭之興
李世運
李奎五
鄭啓永
趙行慶
鄭必泰

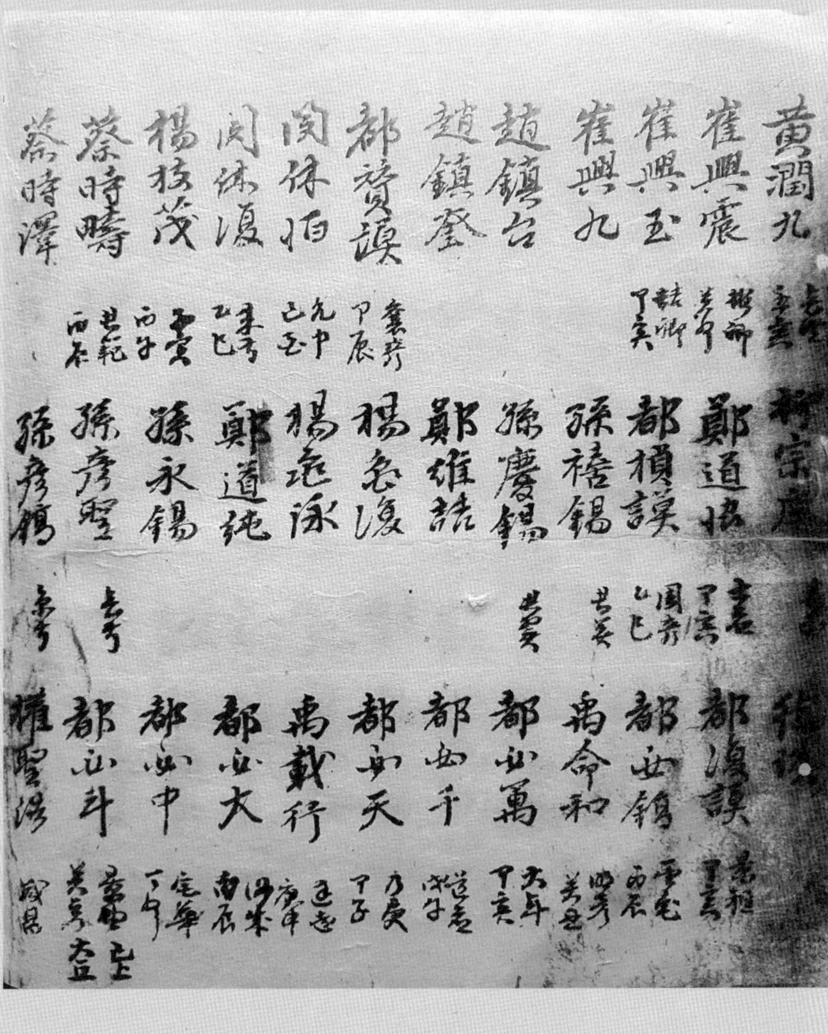
黃潤九
崔興震
崔興玉
崔興九
趙鎭台
趙鎭奎
鄭贊謨
閔休栢
閔休源
楊枝茂
蔡時疇
蔡時澤
鄭道協
鄭楨謨
孫禧錫
孫慶錫
鄭維喆
楊急源
楊璁永
鄭道純
孫永錫
孫彥聖
孫彥鶴
鄭源謨
鄭西錫
禹命和
鄭山萬
鄭西千
鄭西天
禹載行
鄭山大
鄭山中
鄭山斗
權聖陽

『녹재강사록鹿齋講舍錄』(성주도씨 서재문중 소장본)

『녹재강사록』은 대구의 성주도씨星州都氏 서재문중鋤齋門中에 소장된 등본謄本 1책이다. 이 책은 1560년 성주목사로 부임한 황준량이 이 지역의 유생인 도순신都舜臣, 송세례宋世禮, 이진경李眞慶 등에게 녹봉정사 건립에 동역董役을 맡겨 이듬해 2월에 시작하여 4월에 완공했다는 기록이 보인다. 「강사록講舍錄」, 「입사록入舍錄」에 이어 1773년 관찰사 김양순金陽淳이 쓴 완문完文이 수록되어 있다. 특히 완문에는 서문과 함께 정사 운영에 대한 7조목을 기록했다.

鹿齋講舍錄

鹿齋初稠時講舍錄

謄本

嘉靖辛酉都舜臣宋世禮李
進慶等以黃侯之命二月
董役四月成舍

講舍錄

牧使 黃俊良 仲擧 豐基
教授 呉 健 子
牧使 金就文 文之 善山
正字 李景明 如晦 本州

李簵 君直 本州

徐需 体應 永川

金遂性 復初 仁同

金尊性 養初 仁同

李應箕 希說 本州

朴新命 熙甫 改敬受 本州

韓孝彥 子純 本州

宋後昌 文遇 本州

李澈 清源 本州

李心慈 謹思 本州

趙璧 和寶 本州

宋遠猷 子修 本州

金先望 應叔 本州

都元復 强仲 本州

李儆眕 敏仲 本州

李儆疇 敏夫 本州

李俶疇 敍叟 本州
柳直諫 和叔 大丘
柳正國 忠彥 仁同
柳純諫 棐叔
黃德純 伯仁 本州
呂溙慶 士吉 本州
李熙復 仲初 本州
安範 德容 本州

李仁愷 伯愉 本州

金應顯 明仲 仁同

李守讜 季直 本州

柳思漑 澤遠 本州

權 密 謹夫 本州

羅秀絢 汝素 開寧

金 洽 景沃 本州

朴應犇 君瑞 本州

李仁悌 公叔 本州
黃德一 仲仁 本州
李應龍 見仲 本州
金　曄 景晦 本州
朴雲驥 德而 本州
李大成 希聖 本州
金宇容 正夫 本州
李敏德 明仲 大丘

朴光亨　善允　清道

鄭思哲（思後改師）　季明　大丘

李敬國　義卿　本州

鄭光天　晦伯　大丘

宋遠器　子容（改學懋）　本州

金彦信　而實　尚州

李挺林　而直　本州

趙匡國　國卿　仁同

徐應謙 景益 大丘

李友明 期善 本州

李峻明 歸善 本州

玄夢鶴 應休 本州

洪約澄 靜遠 尚州

李昌國 顯卿 本州

金襄 子美 開寧

金衮 子華 開寧

洪約昌 景遠 尚州
成大器 景容 本州
鄭克仁 仲安 本州
徐思達 伯強 大丘
李孝伯 行源 大丘
都 珣 孟獻 大丘
曺繼孟 景聖 本州
呂餘慶 君吉 本州

李心懿 敬思 本州

李心海 大虛 本州

柳忠諫 誠叔 大丘

朴夢禎 國瑞 大丘

柳堯臣 聖俞 大丘

李應祖 士胤 本州

李興國 勳卿 本州

李安國 藎卿 本州

愼克寬 而栗 居昌

柳俊國 子英 仁同

郭　沂 道源 大丘

柳安國 忠輔 仁同

張士珠 光澤 仁同

張震男 汝元 仁同

洪錫範 景憲

李克明 跂善 本州

進士 李仁博 汝約 本州

進士 全慶昌 季賀 大丘

幼學 徐洽 德源 大丘

金澄 瀅仲 居京

李弘量 仲容 本州

李忔 士孚 本州

裵澐 景源 靈山

進士 金震楊 君達 清州

李應明 良遇 本州
殷天賚 君卿 仁同
宋潑 汝源 本州
金葒 衣丁 本州
孫汝謙 士益 大丘
李繼白 器浩 本州
李心憲 愼思 本州
孫汝訥 士敏 大丘

李心宅 子安 本州
李成華 時伯
郭後泰
金大宅 德潤 清州
李達慶 原善 本州
羅應文 德章 本州
宋起鳳 景瑞 本州
呂文賓 君望 本州

李弘宇 李容 本州

李黨 公直 本州

李舒 而直 本州

呂德龍 雲甫 本州

洪民逵 邦俊 本州

張龍翰 見擧 仁同

李榮雨 克和 改華叔 本州

完文漆谷府　　金陽淳

右文爲完護事本邑鹿峰精舍
卽錦溪黃公之剏設興學之地
也退陶夫子之命名講道之所
也士林之崇奉已久營邑之顧
護自別而仄聞年来百弊俱生
至於難支之境營門適當是齋
訓長之任窮不勝慨惜茲以從

便矯弊之意條列完文以爲永
久遵行之道自本邑亦體此意
各別衛護使先賢遊息之地更
無壞廢之患事
一齋生以十員永爲定式是遣
贖人假置亦以二十人定式
而良贖奴贖參半充數是矣
齋生與贖人無有雜役侵責

之患自今以後本官惕念斗
護価布充軍等役一并頓給
俾無渙散之弊是齊

一 本齋數小僧徒尚不暇於供
養多士而或充僧軍有空齋
逃躲之時又於弍年責出軍
器籠及繩索等物至以本齋
物力買籠納官此非愛惜重

所之意也從令以往僧軍與
軍器範繩索等役一切勿侵
以爲保存本齋之意是齊

一 本齋山直四戶庫子路僕各
一戶僻處高山之絶頂生涯
艱乏奔走儒宮之使嘆農作
無暇而每歲糶糴亦及此輩
閒甚矜惻特爲蠲頉俾無雜

畔之弊是齊

一 本齋僧徒零星每年多士居接之時使喚極難至有貫人之弊境内各寺中金谷青蓮道德諸菴僧徒幾名式每依本齋分付收聚盤器以爲居接時供養使喚之地是齊

一 本齋四山局内皆是先賢命

名遺蹟之地也其丘其壑尚
留杖屨之痕一草一木總被
題品之光則其所以守護禁
養之爲尤可各別惕念若有
竊覰丘壑剪伐松楸者自官
從重嚴治以爲保護重地之
道是齊

一 本齋〻畨與接畨皆是養士

幼學 金震章 仲華 清州

進士 朴閑驥 德老 本州

幼學 金宗武 毅伯 善山

訓導 李瑜 彥珎 本州

敎授 黃秀良 君擧 豐基

幼學 李涵 浩仲 本州

韓世璉 璉之 本州

金載 伯厚 善山

張崑 伯鎮 仁同

李潤 澤卿 本州

李淳 子眞 本州

宋猉 應聖 仁同

金彊 汝健 義城

李敏德 明仲 大丘

呂沉 重卿 本州

生員 金聃壽 台叟 本州

幼學

李天錫 季膺 義城

朴潛 景淵 本州

朴濂 景靜 本州

李應春 仁哉 晉州

李達生 大觀 龜山

朴慶延 裕仲 清道

李泰春 伯郁 本州

進士

蔡應龍 雲瑞 大丘

牧使 河晉寶 德哉 晉州
教授 郭應機 彦慶 玄風
鄭昕 彦喜 晉州
李忠俊 致卿 本州
張嵂 仲鎮 仁同
全大遊 泳而 清州
李德混 景澤
生員 朱愼言 訒之 大丘

入舍錄

幼學

姓名	字	本
金應麗	彥瑞	本州
黃胤祖	纘之	本州
姜景淵	希顏	本州
朴坤驥	德汝	本州
李遠慶	擇善	本州
李汝楫	景濟	開寧
李命龍	見甫	本州

鄭述 道可 本州

李鄧林 大材 本州

徐弘胤 景述 大丘

金廷幹 花伯

金轃 志遠 本州

玄太元 遂初 本州

李心得 子行 本州

李大榮 時遇 本州

李寶林 景茂 本州
韓士傑 邦佐 本州
李卓爾 立如 本州
金晛 景昇 本州
朴佶 汝閑 仁同
李天培 景發 本州
李天封 叔發 本州
朴定命 敬膺 本州

之具而如有法久生弊之端
自官釐正是齊
一 右完文刻之兩板一則揭于
本府作廳一則揭于本齋門
樓以為遵守奉行之地是齊
癸巳五月初一日